民國文化與文學^{研究}文叢

四編　南京大學特輯

李怡　沈衛威　主編

第 3 冊

「學衡派」譜系
——歷史與敘事（下）

沈 衛 威 著

國家圖書館出版品預行編目資料

「學衡派」譜系——歷史與敘事（下）／沈衛威 著 -- 初版 --
新北市：花木蘭文化出版社，2014〔民 103〕
目 2+272 面；19×26 公分
（民國文化與文學研究文叢 四編；第 3 冊）
ISBN 978-986-322-797-7（精裝）
1.文學流派 2.文學評論
541.26208   103012899

特邀編委（以姓氏筆畫為序）：

丁　帆	王德威	宋如珊
岩佐昌暲	奚　密	張中良
張堂錡	張福貴	須文蔚
馮　鐵	劉秀美	

民國文化與文學研究文叢
四　編　第三　冊   ISBN：978-986-322-797-7

「學衡派」譜系——歷史與敘事（下）

作　　者　沈衛威
主　　編　李怡　沈衛威
企　　劃　四川大學現代中國文化與文學研究中心
　　　　　北京師範大學民國歷史文化與文學研究中心
總 編 輯　杜潔祥
印　　刷　普羅文化出版廣告事業
出　　版　花木蘭文化出版社
發 行 人　高小娟
聯絡地址　235 新北市中和區中安街七二號十三樓
　　　　　電話：02-2923-1455／傳真：02-2923-1452
網　　址　http://www.huamulan.tw 信箱 hml 810518@gmail.com
初　　版　2014 年 9 月
定　　價　四編 12 冊（精裝）新台幣 20,000 元

「學衡派」譜系
——歷史與敘事（下）

沈衛威　著

第三卷　大學場域

大學理念：人文主義與實驗主義

大學的理想與使命

20 世紀中國文化教育發展史上，最大最重要的事莫過於 1905 年科舉廢止後「現代大學」體制的形成和初具規模。中國社會從幾千年的「官學」與「私學」並存的教育形態，向國民「公學」的社會轉型。從小學、中學到大學的國民教育的公共空間的變化是文明進步的重要體現，也是現代社會生活的基礎建設。亞伯拉罕‧弗萊克斯納在《現代大學論》中引用霍爾丹勳爵《大學和國民生活》中的名言：「大學是民族靈魂的反映。」[註 1] 而靈魂的體現又是在科學與文化的昌盛上。大學的使命體現在其教育職能上：文化的傳授、專業的教學、科學研究和新科學家的培養。

1917 年 1 月 9 日，蔡元培在《就任北京大學校長之演說》中特別強調：「大學者，研究高深學問者也。」[註2] 1918 年 9 月 20 日他在《北京大學一九一八年開學式演說詞》中，進一步闡發了自己的大學理想：「大學爲純粹研究學問之機關，不可視爲養成資格之所，亦不可視爲販賣知識之所。學者當有研究學問之興趣，尤當養成學問家之人格。」[註3] 次年的 9 月 20 日的《北京大學第二十二年開學式演說詞》中，特更明確地指出：「大學並不是販賣畢業

[註 1] 亞伯拉罕‧弗萊克斯納：《現代大學論》（徐輝等譯）第 2 頁，浙江教育出版社，2001。

[註 2] 刊《東方雜誌》第 14 卷第 4 號（1917 年 4 月）。中國蔡元培研究會：《蔡元培全集》第 3 卷第 8 頁，浙江教育出版社，1997。

[註 3] 刊《北京大學日刊》1918 年 9 月 21 日。中國蔡元培研究會：《蔡元培全集》第 3 卷第 382 頁。

證書的機關，也不是灌輸固定知識的機關，而是研究學理的機關。」〔註4〕

　　科學飛速發展的 20 世紀，在現代大學中，科學代表著一所大學的尊嚴與地位，而「文化是每個時代固有的生命體系」，又是「時代賴以生存的生命體系」〔註5〕。是「現代大學」這個新興的場域，將知識、知識分子、公共社會繫聯在一起。

　　從晚清的學堂到民國初現代大學形態的確立，是在受過西學教育的留學生手中完成的。而現代大學又成為現代知識分子活動的公共空間，成了他們思想的發散場地。現代大學與現代知識分子的互動和互為依賴關係，在新文化運動中得到最初也是最為高峰的展示。當留學歸來的胡適借助北京大學登高而招，順風而呼，取得文化—文學革命的巨大成功後，他的命運就與北京大學緊緊地連在一起。以 1921 年僅有的兩所國立大學為例：北京大學的四位校長依次為嚴復、胡仁源、蔡元培、蔣夢麟。東南大學的校長是郭秉文，校辦副主任（相當於副校長）劉伯明。隨後新起的國立大學如清華大學（校長羅家倫、梅貽琦）、武漢大學（校長王世杰、王星拱、周鯁生）、中山大學（校長鄒魯、許崇清）、浙江大學（校長竺可楨），無一不是在留學生手中創制而興。可以說，現代大學的體制是西式的。置身於大學的著名學者大多也是受過西學教育的。以至於說到一個時期的大學精神和校長的關係，便可由蔡元培「思想自由」、「兼容並包」而引出現代大學的基本精神形態（蔣夢麟作為蔡元培的繼任，在《北大之精神》〔註6〕中進一步明確「北大之精神」為：大度包容、思想自由）。

　　從大學校長（如蔡元培、竺可楨）到執教的教授（如陳寅恪），已基本形成了一種共識的大學理念：獨立之精神、自由之思想〔註7〕、求是之態度。而這三者也都是有相對應的存在的指向。前者是相對於大學存在的政治體制，

〔註4〕刊《北京大學日刊》1919 年 9 月 22 日。中國蔡元培研究會：《蔡元培全集》
　　　　第 3 卷第 700 頁。
〔註5〕奧爾特加·加塞特：《大學的使命》（徐小洲等譯）第 82 頁，浙江教育出版社，
　　　　2001。
〔註6〕轉引自劉軍寧主編：《北大傳統與近代中國——自由主義的先聲》584～585
　　　　頁，中國人事出版社，1998。
〔註7〕陳寅恪在《清華大學王觀堂先生紀念碑銘》中說：「惟此獨立之精神，自由之
　　　　思想，歷千萬祀，與天壤而同久，共三光而永光。」這自然是借王國維之死
　　　　來發揮他的大學理念和他的學術精神。見陳寅恪：《金明館叢稿二編》第 246
　　　　頁。

後者是科學研究的基本出發點也是結果。而思想之自由則是相對於主流意識形態。獨立之精神、自由之思想這二者在西方現代大學是一種自在的東西，不言自明。蔡元培在 1922 年 3 月所寫的《教育獨立議》一文中強調「教育事業當完全交與教育家，保有獨立的資格，毫不受各派政黨或各派教會的影響」〔註8〕。具體到大學的「學術自由」，董任堅說在教授方面的自由，至少應有下列三種：研究學術的自由、在大學教授的自由、在校外言論行動的自由〔註9〕。

　　蔡元培、陳寅恪有留學德國的特殊經歷，深受德國古典大學觀的影響。其中獨立之精神、自由之思想、求是之態度，是對德國大學觀的核心概念諸如修養、科學、自由、孤寂的接受。科學的態度是求是，孤寂所帶來的是獨立的精神。德國哲學家耶士培就提出大學的理念是一「知識性社會」的綜合體現，學術自由是建立在這種「知識性社會」基礎之上的。洪堡認為：「自由是必須的，寂寞是有益的；大學全部的外在組織即以這兩點為依據。」〔註10〕也就是說，「寂寞和自由」是大學的「支配性原則」〔註11〕。陳洪捷在討論這一問題時，還引了齊默曼的話來做進一步的學術支持：「寂寞使人達到完全的獨立……在寂寞中能找到精神的自由。」〔註12〕洪堡所謂的大學獨立是「獨立於一切國家的組織形式」，獨立於社會經濟，和師生自甘孤獨寂寞之境地。陳洪捷還更深入地指出：「德國的大學觀是建立在理想主義和新人文主義的哲學觀上的，……它作為一種卡里斯瑪（Charisma）觀念在其信從者內心能夠喚起一種特殊的感召力量和使命感，使其在制度條件相對不利的情況下堅持並實踐其信念。」〔註13〕由此，可以聯想到陳寅恪的一生和他的志業理想。同時也聯想到中國現代知識分子，特別是抗戰艱苦年代的西南聯大的眾多教授，還有流亡在西南各地的其它大學教授和學生。陳寅恪在 1931 年 5 月為《國立清華大學二十週年紀念特刊》所寫的《吾國學術之現狀及清華之職責》一文中即明確表示：「吾國大學之職責，在求本國學術之獨立，此今日之公論也。」

〔註8〕 《新教育》第 4 卷第 3 期（1922 年 3 月）。
〔註9〕 董任堅：《大學的學術自由》，《新月》第 3 卷第 1 期（1930 年 3 月 10 日）。
〔註10〕 轉引自陳洪捷：《德國古典大學觀及其對中國大學的影響》第 39 頁，北京大學出版社，2002。
〔註11〕 轉引自陳洪捷：《德國古典大學觀及其對中國大學的影響》第 39 頁，北京大學出版社，2002。
〔註12〕 轉引自陳洪捷：《德國古典大學觀及其對中國大學的影響》第 82 頁。
〔註13〕 陳洪捷：《德國古典大學觀及其對中國大學的影響》第 118～119 頁。

〔註 14〕因受德國大學觀念的影響，以至於他對國內大學學者在國文研究中「皆不求通解及剖析吾民族所承受文化之內容」的現象不滿，倡導「一種人文主義之教育」〔註 15〕。

曾任斯坦福大學校長的唐納德・肯尼迪就明確指出，「社會慷慨地賦予大學以學術自由」〔註 16〕，而「學術自由是指教授和他們的機構團體獨立於政治干涉」，「即異端思想和非常規的行為應該受到特別的保護」〔註 17〕。乃至於在大學的教授群體中，出現了許多非積極地社會政治介入的、自我內守的主張「消極自由」的學者。而在現代中國獨立之精神、自由之思想則是一個對立的存在。正因為有無法獨立和不自由的限制，獨立之精神、自由之思想才凸現在現代的大學理念中。至於「兼容並包」、「教授治校」、「學術自由」的具體問題，都是存在於獨立之精神、自由之思想這一大前提之下的。正如朱光潛所言：「學術思想發展之首要條件為自由。」〔註 18〕

在這種理念的指引下，梅貽琦心目中的大學之大是「大師」之大。竺可楨心目中的大學之大是求是的「研究」之為大。所謂大學的育人、創造、學術的功能都是建立在這一有「大師」和有「研究」之上的。有「大師」才有「研究」，有「研究」才可能造就「大師」。這二者是互動並存的。

林玉（語）堂游學過歐美多所大學，他在《現代評論》第 1 卷第 5 期刊出的《談理想教育》中說：「我們的理想大學最主要基件，就是學堂應該貫滿一種講學談學的空氣」。「理想大學應該是一大班瑰異不凡人格的吃飯所，是國中賢才薈萃之區，思想家科學家麇集之處，使學生日日與這些思想家科學家的交遊接觸，朝夕談笑，起坐之間，能自然的受他們的誘化陶養引導鼓勵」。「所以理想大學不但是一些青年學者讀書之處，乃一些老成學者讀書之處。」〔註 19〕胡寄南隨後在林玉堂文章的基礎上加以發揮，提出了「理想的大學是一個人格養成所」〔註 20〕的主張。林、胡的意見在現代戰亂的中國，的確是「理想」化的。

〔註 14〕陳寅恪：《金明館叢稿二編》第 361 頁。
〔註 15〕陳寅恪：《金明館叢稿二編》第 362 頁。
〔註 16〕唐納德・肯尼迪：《學術責任》（閻鳳橋等譯）第 26 頁，新華出版社，2002。
〔註 17〕唐納德・肯尼迪：《學術責任》（閻鳳橋等譯）第 3 頁。
〔註 18〕朱光潛：《政與教》，《思想與時代》第 3 期。
〔註 19〕林玉堂：《談理想教育》，《現代評論》第 1 卷第 5 期（1925 年 1 月 10 日）。
〔註 20〕胡寄南：《談談理想教育》，《現代評論》第 1 卷第 13 期（1925 年 3 月 7 日）。

由林玉堂的文章也引發出了馮友蘭的意見。他在《怎樣辦現在中國的大學》一文中提出解決中國教育問題的五項意見：1、中國現在須充分的輸入新學術，並徹底的整理舊東西。2、中國現在須力求學術上的獨立。3、中國現在出版界可憐異常，有許多人想看書而無書可看。4、中國現在對西洋學術有較深的研究之人甚少。5、上述之人，固已甚少，而其中更絕無（僅有？）人，在世界學術界中，可以稱為「大師」。針對這種現狀，馮友蘭主張應在大學先設下列三部：1、像樣的本科。2、研究部。3、編輯部〔註21〕。

劉炳藜在《京報副刊》上有《人文主義與自然主義在教育上之貢獻》〔註22〕的文章，他認為人文主義在教育上之貢獻有四：自由的精神、特殊的訓練、多方的發展、個人與社會的調和。自然主義在教育上之貢獻也有四：解放和自由、求真的精神、科學的方法、情緒的生活。劉炳藜特別強調：「人文主義的教育的目的，在養成文人，士君子，紳士，文雅人，文明人，──雖然這說的不一定正確。這種人非常之愛豪散，喜闊綽，遇事都滿不在乎的」。「在中國，孔子的教育近於人文主義的教育。」西方盧梭式的教育則近於自然主義的教育。

錢穆是沒有讀過大學，1949 年以前也沒有機會走出國門的學者。他自學成才，當到大學執教後，他心目中的「理想的大學」自然是「人文主義」的經驗體現。他特別強調個人的體驗：

> 今若根據人生最高經驗，期求人生最高理想，則顯然不當僅僅於謀職業求知識而止。就此理論而談大學教育，則必應著重於下列之諸課程：（一）須研求人生最高理論，此屬哲學與宗教。（二）須欣賞人生最高境界，此屬文學與藝術。（三）須明瞭宇宙來源，此屬天文與地質。（四）須認識生命真情，此屬生物與心理。（五）須博通已往人事經歷，此屬歷史與地理。（六）須兼知四圍物質功能，此屬數理與化學。

> 凡屬人生經驗之最普遍而根本者，又其最緊要而精彩者，必當

〔註21〕 馮友蘭：《怎樣辦現在中國的大學》，《現代評論》第 1 卷第 23 期（1925 年 5 月 16 日）。

〔註22〕 此文分上、下兩篇，刊《京報副刊》第 257 號（1925 年 9 月 2 日）、259 號（1925 年 9 月 4 日）。劉炳藜在隨後又在《京報副刊》第 310 號（1925 年 10 月 27 日）、311 號（1925 年 10 月 28 日）、312 號（1925 年 10 月 29 日）刊出《盧騷的教育思想》。

從此認取，而人生可能之理想與進步，亦必從此培育。人生由此流出者，將爲智慧與事業，而非知識與職業。……

若如上論，則理想中之大學校，實應以略相當於今日之所謂文理學院者爲主幹爲中心。其次不妨有各種有關於職業之專門學院以爲之輔。……

大學教育，既爲人生最高經驗之傳授，與人生最高理想之培育，故大學教育之更可貴者，尤在於大學環境內部實際全生活之陶冶，而課業之研修與講堂之傳習爲之次。……課業講授，務求閎通，使學者心神有自由徊翔之餘地，而關於學校內部全生活之訓練則須嚴格。換言之，學校生活應求其爲群眾的，而講堂課業則不妨一任個性之自由發展。……其餘選修課程一任學者之自由聽習，課程皆宜盡量縮短，成爲一種較長期之系統講演。……講者提綱挈領，要言不煩，聽者則求其能增加自讀與自由探討之時間。如此則圖書館之利用外，尤貴與有親師取友之風。當略如英國牛津、劍橋體制，推行導師制與小學院制，使學者各就其小團體之內，有師友長日相處觀摩切磋之樂。……要而言之，生活務求適於群體與規律，不妨注重嚴格之訓練。學業務求適於個性與自由，則以閎通寬博爲主。此爲大學校應有之理想教育。〔註23〕

作爲文化保守主義者，現代新儒家的代表人物，錢穆的主張是人文主義的，同時也是理想主義的。

歷史進入了新世紀，大學仍然是中外學者關注的一個重要問題。法國哲學家德里達 2001 年在北京《讀書》雜誌的一次討論會上所報告的題目就是《Profession 的未來與無條件的大學》。他說：「我要關注的是那些與人類有關的問題：大學的絕對獨立。」因爲「大學有義務像建立權力那樣建立獨立性」。「我要說，今天在世界上，在世界的轉型中，大學的使命問題顯得特別嚴重，並且所有在大學裏工作的教師、學生和研究者們對此都負有重要的責任」。「大學不光相對於國家是獨立的，而且相對於市場、公民社會、國家的或國際的市場也是獨立的」。德里達把這種獨立看作是自由的，沒有先決條件的。他同時強調大學的責任應該從「自主」，從「絕對獨立」出發，與社會和政治世界這些外在聯繫、工作，從而去製造「事件」。「Profession」這個詞不僅僅是「職

〔註23〕 錢穆：《理想的大學》，《思想與時代》第 20 期（1943 年 3 月 1 日）。

業」、「志業」的意思，而且還有「職業信仰」的意思，也就是「行為的介入」，是一種「諾言」，一種要趨向外在的「責任」。當然「大學是有調節作用的，保持獨立，又質疑一部分的啓蒙理性」〔註24〕。

理想總歸是美好的，但在現實的中國，大學的絕對獨立、自由是不可能的事。所謂獨立、自由也只是相對的。

大學教育的兩種理念

在歐洲近代大學興起以後，大學教育一直存在著兩種理想。留學美國哥倫比亞大學，先後執教於東南大學、浙江大學的鄭曉滄（宗海）在《大學教育的兩種理想》一文中概括了近代歐洲大學的兩種教育理想模式：英國大學的教育目的是在養成「Gentlemen」（紳士）。而德國大學的教育目的是要培養「Scholar」（學者）。前者以牛津大學為代表，後者以柏林大學為代表。而美國則兼容了英、德二者的大學理想。當然，現在看來，這也只是一種含混的界說，事實卻是複雜變化的。如柏林大學起初並非如此。後來的發展傾向也是在比較中相對顯示出來的。由南京高師—東南大學而後出任浙江大學校長的竺可楨在日記（1945年9月7日）中寫道：

> 閱紐曼著關於通材教育之解釋。謂大學教育之目的在於造成英
> 國派式之君子而非一個基督教徒或宗教家，大學所教乃理知而非道
> 德。南宋朱、陸之爭，朱主張導學問，陸主張導德，故陸九淵笑朱
> 晦翁詩：「簡易工夫終久大，支離事業竟浮沉。」則大學所教多支離
> 事業。紐曼以為大學正可將各家之意融為一爐而貫通之，而其理即
> 在其中矣。〔註25〕

當年洪堡創辦柏林大學時，是依據兩項新人文主義的原則：學術與教學自由，教學與學術研究相統一〔註26〕。當然，這只是一種相對的看法，因為在德國以洪堡等為代表的新人文主義學者同時對研究型的學者（作為科學的研究者）和他們的工作也有自己的看法。他們強調真正受過教育的人應不斷在廣泛的人文和學問基礎上，開拓更寬的領域，尋求新的知識，而不應在某種學科中發展狹隘的專門知識。麥克萊蘭在《德國的國家、社會和大學，1700～1914年》一書中指出：「科學及其進一步發現是學者的手段，而非目標。全面提高

〔註24〕德里達等：《大學、人文學科與民主》，《讀書》2001年第12期。
〔註25〕竺可楨：《竺可楨日記》第Ⅱ冊第863頁。
〔註26〕轉引自韓水法：《誰想要世界一流大學？》，《讀書》2002年第3期。

個人素質和培養一種全面、敏捷、清晰和富有獨創性的思維習慣才是目標所在。」〔註27〕洪堡「從新人文主義出發，認爲修養，或者說通識性的修養是個性全面發展的結果，是人作爲人應具有的素質，它與專門的能力和技藝無關」〔註28〕。所謂「由科學而達至修養」的原則體現了大學的雙重目的。「其根本目標則在於促進學生乃至民族的精神和道德修養。但科學活動有其獨立的價值，並非後一目標的從屬物」〔註29〕。

作爲新人文主義思想家的白璧德在 1910 年代，十分關注美國的大學教育，他認爲大學的主導精神就是「堅持維繫人文的標準」，「大學的目的就是（如果它要有獨立之目的的話）：它必須在這個量化時代中造就有『質』的人」〔註30〕。

由于歸國留學生執掌大學教育和在文化界的實際影響，在現代中國的大學教育和文化界因此也就有了「通才與專家」、「紳士與學者」、「人文主義與科學主義」、「人文主義與實驗主義」的論爭。1922～1923 年間，在東南大學曾就辦學的目的和理想展開過討論，並形成通才教育與專家教育的尖銳對立。「科學與玄學」的論戰若僅以教育的眼光看也可以視爲這一範疇。「學衡派」與胡適「新青年派」─「新潮派」在文學革命及新文化運動上的態度、立場的不同，實際上也是「人文主義與實驗主義」之爭。

1935 年原南京高師的畢業生，在南京中央大學舉行了「南京高師二十週年紀念」活動，並在 1935 年 9 月《國風》第 7 卷第 2 號、1936 年 1 月 1 日《國風》第 8 卷第 1 號出版了兩期「南京高等師範學校二十週年紀念刊」。胡先驌撰寫有《樸學之精神》一文，他比較了北京大學和南京高等師範學校的學風后說：「自《學衡》雜誌出，而學術界之視聽以正，人文主義乃得與實驗主義分庭而抗禮」〔註31〕。

鄭曉滄認爲「Gentlemen」（紳士）相當於中國的「君子」。「Scholar」（學者）相當於中國的「士」〔註32〕。而張其昀在《白璧德──當代一人師》中

〔註27〕 轉引自魏定熙：《北京大學與中國政治文化》（金安平、張毅譯）第 90 頁，北京大學出版社，1998。
〔註28〕 陳洪捷：《德國古典大學觀及其對中國大學的影響》第 37 頁。
〔註29〕 陳洪捷：《德國古典大學觀及其對中國大學的影響》第 38 頁。
〔註30〕 歐文・白璧德：《文學與美國的大學》（張沛、張源譯）第 57 頁。
〔註31〕 胡先驌：《樸學之精神》，《國風》第 8 卷第 1 號（1936 年 1 月 1 日）。
〔註32〕 鄭曉滄：《大學教育的兩種理想》，楊東平編：《大學精神》第 57～58 頁，遼海出版社，2000。

說「人文主義之理想爲君子之風」，「人文主義爲君子精神之表現」〔註33〕。

　　人文主義實際上是一種道德理想主義，更是一種文化精英主義。在白璧德的視野裏，人文主義者指的是少數的社會優秀分子。人文主義的人類之愛是同情與選擇，是理智戰勝感情的中庸與合度，是在規訓與紀律的持平中，尋求與道德、傳統和人事的和諧。它是基於君子的良心和自律，取決於人基本的善的德行。就像基督徒依賴信念，依賴一種內在的皈依狀態。「道德的艱辛成爲道德的標誌；一種行爲過程如果不是深刻的道德鬥爭的結果便不是好的過程」〔註34〕。自律的結果是自己的靈魂永遠處在磨難之中。而「學者」、「專家」乃至大到「科學主義」以及「實驗主義」的基本出發點和內在精神是一種行爲主義的路徑，即要看實踐的檢驗和實際的效果，要求有一定的規範和程序，並且是合乎數理邏輯的。白璧德當年在哈佛大學對幾個中國學生的希望是，要他們和美國的人文主義者一樣，共同發展壯大人文主義的勢力，尤其是要在中國將孔子的思想與人文主義的思想加以融合，形成東方的人文主義的復興。受白璧德影響的中國學生除陳寅恪、林語堂外，其他人都在東南大學—中央大學任過教。

　　「通才」、「紳士」、「人文主義」的教育理想，被「學衡派」中人帶到了東南大學、清華大學、浙江大學和中正大學。我們可以視此爲人文主義的教育。但事實上在中國的大學教育中有一個誰也無法忽視的現象和實際的勢力，即美國哥倫比亞大學師範學院及杜威實驗主義對中國高等教育的影響。北京大學的三任校長蔣夢麟、胡適（又曾任中國公學校長）、馬寅初（1949年以後），南開學校代理校長暨南開大學籌辦科主任張彭春、南開大學校長張伯苓，東南大學校長郭秉文（後任中央大學校長的羅家倫也在哥倫比亞大學讀過書），四川大學校長任鴻雋，青島大學（山東大學）校長楊振聲，齊魯大學校長朱經農，河南大學校長查良釗、凌冰、鄧萃英（鄧還出任過廈門大學校長），金陵大學校長陳裕光，北京女子師範大學校長楊蔭榆，北平師範大學校長李蒸，嶺南大學校長鍾榮光，滬江大學校長劉湛恩，暨南大學校長姜琦、安徽大學校長楊亮功、武漢大學代校長劉樹杞、光華大學副校長、後出任上海師範學院院長的廖世承〔註35〕，創建東南大學教育系和曉莊師範的陶行知

〔註33〕　張其昀：《張其昀先生文集》第10冊第4913～4914頁。
〔註34〕　埃里・凱杜里：《民族主義》（張明明譯）第22頁。
〔註35〕　詳見謝長法：《借鑒與融合——留美學生抗戰前教育活動研究》第154～155頁，河北教育出版社，2001。

〔註 36〕，參與創建東南大學教育系，後出任南京師範學院院長的陳鶴琴，參與創建東南大學教育系和浙江大學教育系的鄭曉滄，都是出身哥大研究院，或爲哥大師範學院學生，或爲杜威實驗主義的門徒〔註 37〕。五四運動前後，作爲實驗主義哲學家、「新教育運動」領袖的杜威來華講學所受到的歡迎程度和實際影響，遠比主張人文主義（保守的「東方主義」）的泰戈爾來華影響大。當然，我們不能不看到上述杜威的中國學生在其中所起的作用。至於其它專業的哥大畢業生就更多了。唐德剛在爲《胡適口述自傳》作注釋時說「美國的哥倫比亞大學是專門替落後地區製造官僚學閥的大學」〔註 38〕。楊亮功 1924 年秋～1925 年夏在哥倫比亞大學師範學院學習一年，他在《早期三十年的教學生活》中說到哥倫比亞大學師範院校的克伯屈教授是杜威的高足，講授教育原理，對杜威學說的弘揚，貢獻頗大。「克伯屈與杜威兩人對於中國學生皆極親切」。1927 年 2 月 4 日至 5 月 13 日，克伯屈到中國講學，從南到北，各處都有哥大師範學院的學生如凌冰、朱經農、、劉湛恩、陶知行（行知）、張彭春、張伯苓、熊芷等人陪伴。在上海的一次宴會上，就有 75 位他的學生參加，「他引爲是平生最得意的事」〔註 39〕。陳平原曾統計過 265 位教育家中有 142 位有留學的經歷，其中 34 位出自哥倫比亞大學〔註 40〕。

〔註 36〕 據陶行知：《陶行知文集》所示，陶行知在 1923 年之前所發表的《試驗主義與新教育》、《教學合一》、《新學制與師範教育》、《第一流的教育家》等文章，明顯受實驗主義的影響。江蘇人民出版社，1981。

〔註 37〕 1921 年 10 月頒佈的《東南大學各科主任名單》、1923 年 1 月頒佈的《國立東南大學教職員一覽》中，出身哥倫比亞大學的有教育科（含心理系、教育系、體育系）主任兼教育系系主任陶知行、英文系系主任張士一（諤）、歷史系系主任徐養秋（則陵）、教務部主任陳鶴琴。加上校長郭秉文、動物學教授陳植（席由）、教育學教授鄭曉滄、朱斌魁（君毅），共 8 人。
出身哈佛大學的有地學系系主任竺藕舫（可楨）、政法經濟系系主任王伯秋、物理系系主任胡剛復。另有工場主任兼工科教授楊銓（杏佛）、法律教授黃華（叔巍）、植物學教授錢崇澍（雨農）、體育教授麥克樂（美國籍）、盧頌恩，白璧德的中國學生有文學教授梅光迪、吳宓、哲學教授湯用彤，共 11 人。
見南大百年實錄編輯組：《南大百年實錄》（上卷）第 131～132 頁、149～164 頁，南京大學出版社，2002。

〔註 38〕 胡適：《胡適全集》第 18 卷第 261 頁。

〔註 39〕 楊亮功：《早期三十年的教學生活・五四》第 39 頁，黃山書社，2008。1927 年 1 月 22 日在紐約有 13 位北京大學的同學請胡適吃飯，他們多是在哥倫比亞大學留學，其中學習教育的就有兩位，其中之一就是楊亮功。他回國後出任安徽大學校長。見胡適：《胡適全集》第 30 冊第 472～474 頁。

〔註 40〕 陳平原：《老北大的故事》第 182 頁，江蘇文藝出版社，1998。

　　蔣夢麟在《西潮》中回憶到杜威：「他的著作、演講以及在華期間與我國思想界的交往，曾經對我國的教育理論與實踐發生重大的影響。他的實驗哲學與中國人講求實際的心理不謀而合。」〔註41〕可以說杜威的影響是最為直接的。哥倫比亞大學師範學院院長孟祿（又譯孟羅），1921 年 9 月「受京津滬寧的教育界邀請來中國考察教育情形，以為改革中國學制的地步」〔註42〕。1928 年 12 月 19 日再次來華，是為了主持「中華教育文化基金董事會」〔註43〕的工作。他多年來也一直對中國的教育有興趣，而且對哥大的中國學生花費過很多的心血。他認為：「從留美學生中，可以看出一種歷史動向，此種動向會形成當時令人無法相信的發展。」〔註44〕這種關注中國未來的教育思想的確是有遠見的。

　　特別是孟祿長期在華，其影響和杜威一樣重要，故有「新孟祿主義」〔註45〕之說。1921 年 12 月 24 日孟祿在北京大學有《大學之職務》的演講（胡適口譯），提出了「知識的生活」作為大學的基本問題。他的「大學之職務」的具體內容是：「第一是宣傳；第二是應用；第三就是提高。——就是要使各種學說思想，因為有了大學的存在，而能格外的提高，這就是大學最後的任務。」〔註46〕1950 年代批判胡適時，對杜威及實驗主義對中國現代社會的影響的重估達到了一個新的認識，說上萬的中國留學生帶回了杜威的思想〔註47〕。

　　因此我們可以說，在中國的大學教育中出現人文主義與實驗主義之爭是必然的，也是正常的。僅當時東南大學的教育理念就存在著白璧德門徒（新人文主義）與杜威門徒（實驗主義）之爭，並在《學衡》與《新教育》兩個

〔註41〕 蔣夢麟：《西潮‧新潮》第 92 頁，嶽麓書社，2000。
〔註42〕 胡適：《胡適全集》第 29 卷第 445 頁。
〔註43〕 胡適：《胡適全集》第 31 卷第 305 頁。
〔註44〕 蔣廷黻：《蔣廷黻回憶錄》第 73 頁。
〔註45〕 孟祿 1921 年 12 月 23 日在北京美術學校的演講，由胡適口譯，記錄者聽從胡適意見，發表時題為《新孟祿主義》。見胡適：《胡適全集》第 42 卷第 621～626 頁。
〔註46〕 胡適：《胡適全集》第 42 卷第 618 頁。
〔註47〕 陳鶴琴在 1955 年 2 月 28 日《文匯報》的批胡文章中說：「通過杜威當年的一個反動思想大本營——哥倫比亞大學，中國學生留學在那裡的經常有三百人之多，從辛亥革命起一直到解放以前，這三十多年來，上萬的中國留學生帶回杜威反動實用主義主觀唯心論思想和杜威反動實用主義教育思想。其中最顯著的當然要算杜威在中國的幫兇胡適了。」此文被胡適引用，見胡適：《胡適全集》第 26 卷第 303 頁。

刊物上表現出明顯的對立。《學衡》雜誌社的五個主要人物中，胡先驌、梅光迪在文章中均表示出對東南大學校長郭秉文的不滿。這也是 1924 年以後《學衡》雜誌社的核心人物離開東南大學的原因之一。而在校長郭秉文與實際承擔副校長職責的校長辦公室主任劉伯明之間，由於實驗主義與新人文主義的信念的不同，也表現出不同的辦學理念和方法。因爲胡先驌、梅光迪在哈佛大學都受到白璧德及新人文主義的影響，而白璧德在 1908 年出版的《文學與美國大學》一書，就是批評美國的大學體制，並有針對性地指出美國大學教育中輕視古典文化和人格的道德的培育，主張新人文主義。尤其是白璧德批評美國大學的博士培養，而他自己也不申請博士學位。這也影響到了他的幾個中國學生。胡先驌爲《學衡》第 3 期翻譯了白璧德的「Humanistic Education in China and West」，名爲《白璧德中西人文教育談》。吳宓在爲《白璧德中西人文教育談》所加的「附識」中明確指出，白璧德之說是最新穎的人文主義。「人文教育，即教人以所以爲人之道，與純教物質之律者，相對而言。」在隨後《學衡》上的幾篇談大學教育的文章中，都可以明顯看出白璧德及新人文主義教育思想對他們的影響。1925 年，吳宓將《學衡》帶到北京清華學校編輯，第 42 期上所刊張蔭麟譯《葛蘭堅論學校與教育》，文中的諸多觀點，都與白璧德的《文學與美國大學》相似。葛蘭堅批評美國的科學化、機械式的教育或訓練方法，「蠶食人文教育，日甚一日」。

《文學與美國大學》批評美國大學的博士培養制度，主要針對的是「那些提倡訓詁方法研究的人」，即他不滿科學的實證主義訓詁考據之學風。這如同中國宋代的「尊德性」與「道問學」之爭。他集中批評的兩點是：「第一，雖然訓詁的方法本身很有價值，但如果過分強調文獻的考訂，會無視作品本身的價值。第二，他也不滿研究者那種專事考訂、不關世事的態度，認爲教育的宗旨是爲了讓學生懂得『恒久的人類社會的價值』，也即要對研究的作品和作者做出道德的評價。」〔註48〕白璧德認爲研究古典學術時，「只求博學多識是不夠的，還需要將其轉化爲文化，且須滲入研究者之人格，成爲其品格之一部分」〔註49〕。

到了 20 世紀 80 年代華盛頓地區的「國家人文機構」創辦的《人文》雜

〔註48〕陸曉光主編：《人文東方——旅外中國學者研究論集》第 525 頁。

〔註49〕轉引自：《學衡派與五四時期的新文化運動》第 256 頁，（臺北）國立臺灣大學出版委員會，1984。

誌時，刊物的主編便是遵從白璧德的人文主義理念，排斥科學的實證主義訓詁考據之學風。刊物的發刊辭及稿約中明確寫道，《人文》「對那些歷史細節和精細觀點的論述不那麼感興趣」。「它並不為那些實證的、官僚式的學術常規所吸引」，因為「人文科學的洞察力並不簡單地來自於對資料以及記錄的勤奮編排。豐富的實證材料並不能阻止一個缺乏現實感和均衡感的學者被所搜集的材料誤導」。《人文》雜誌甚至嘲弄那些學術文章後面「高深的無數詳盡的注釋和參考」〔註50〕。

白璧德的這一「尊德性」的觀點也直接影響了主編《學衡》的吳宓。師徒二人的觀點如出一轍。吳宓是典型的「尊德性」，而對「道問學」的純粹的知識性學問，有極端的偏見。在《空軒詩話》中，他把《學衡》作者葉玉森的甲骨文研究視為「糟粕」。他說：

> 葉君又工為詞，且研究甲骨文。著《殷契鈎沈》等三篇，刊登
> 《學衡》雜誌（二十四期、三十一期）。當時，宓為總編輯，視此類
> 文章（謂甲骨文、及考證金石、校勘版本、炫列書目等）直如糟粕，
> 且印工繁費（須攝製鋅版），極不欲登載。勉為收入，乃歷年竟有諸
> 多愚妄之人（法國伯希和氏亦其一）遠道來函，專索購該二期《學
> 衡》。近且有人取此三篇，放大另印，每冊售價數元（其實僅出五角
> 之微資，購此二冊《學衡》，即可全得），而《學衡》中精上之作（如
> 三十一期中，劉、胡、吳、景諸君長篇論文），眾乃不讀，或拆付字
> 簍。此固中國近世學術界文藝界一般不幸情形，而亦宓編撰《學衡》
> 雜誌多年，結果最痛心之一事也。〔註51〕

真是見仁見智。他視從事專門學術研究的國際著名學者為「愚妄之人」，可見其偏至。這也直接影響到《學衡》「昌明國粹」和「無偏無黨，不激不隨」的實踐。正如他作為詩人浪漫的求愛之旅（行），與他倡導節制、中庸、標準、反浪漫的古典主義人文主義（言）相背離。

吳宓是一個浪漫的詩人，他對做學問的人有偏見，同時，他也真誠地承認自己（與陳寅恪相比）不懂國學，更不懂小語種語言。這在「學衡派」同人中有兩個正好相反的例子。一是王國維。他早年喜愛文學、美術、哲學，

〔註50〕美國《人文》雜誌社編：《人文主義：全盤反思》（多人譯）第7～8頁。
〔註51〕吳宓：《吳宓詩集·空軒詩話》第 183～184 頁。沈松僑在《學衡派與五四時
　　　　期的新文化運動》也注意到《學衡》的這一現象和吳宓本人「尊德性」的一
　　　　面。見該書第 210～211 頁。

著有《人間詞》和《靜安文集》等，當自己在哲學與文學的理與情的糾纏中不能自拔時，是聽從羅振玉的勸告放棄文學、哲學，轉向國學研究。羅振玉說：「公聞而懼然，自欵以前所學未醇，乃取行篋《靜安文集》百餘冊悉摧燒之，欲北面稱弟子，予以東原之於茂堂者謝之。其遷善徙義之勇如此。公居海東，既盡棄所學，乃寢饋於往歲予所贈諸家之書。」〔註52〕二是張其昀。他在中學畢業時，歷史老師洪允祥送他一個墨盒，上面刻了幾個字：「莫拋心力學詞人。」因此，他說自己從不去從事文學的性情文字，治學三十餘年，鍥而不捨，就是想繼承萬全二家的學術，以無負於當年良師的期望〔註53〕。

同時吳宓在1926年《清華週刊》的十五週年紀念增刊上發表《由個人經驗評清華教育之得失》，批評美國的大學教育，說他們「重實際而蔑理想」，「注重使用道德」。而清華學校「歷年教育，模仿美國」，故「美國教育之短長得失，亦均移植於清華」。〔註54〕

哲學出身的景昌極，有自己的教育理念，並表現出他的人文主義立場，以及與實驗主義的對立。1936年他在《缺少靈魂的現前教育》一文中指出：「目前中國教育的最大缺點，第一是，缺少高尚理想的修養；其次是，缺少純正理智的訓練。所以我說他是缺少靈魂。」針對這種現象，景昌極提出了自己的主張。他的具體方法是：1、大學裏的教育院系，應改為教哲院系，而以哲學為主要科目。2、大學裏的文學院系應改為文哲院系，而以哲學為主要科目。3、大中學以下的國文、英文選讀，應增加鐘點，分為幾個門類，除去記敘文、應酬文等，外加論辯文和義理文。4、大學歷史系必須有思想史，中學歷史課必須增加文化史。5、小學裏應添設淺要格言與名人故事兩專題。6、大學以上的研究院應有哲理研究所。同時景昌極也尖銳地指出：「目前中國的教育大都是取法於美國式的，尤其是哥倫比亞式的，美國是暴發戶，所以處處帶點淺薄的實用主義，歐洲便不如此之甚。並且美國如哈佛大學等，也正有一班人提倡人文教育以圖補偏救弊呢。而中國政府裏，有幾個劉姥姥式的要人，一知半解的科學家，實為造成偏狹的現前教育的要因。我以為，無古今，無中外，人之所以為人的靈魂總是要的。所以也無須問旁人家怎樣，我只希望

〔註52〕 羅振玉：《海寧王忠愨公傳》，陳平原、王楓編：《追憶王國維》第9頁，中國廣播電視出版社，1997。

〔註53〕 張其昀：《自述著述的經過》，《張其昀先生文集》第10冊第5068頁。

〔註54〕 徐葆耕編選：《會通派如是說：吳宓集》第193～194頁，上海文藝出版社，1998。

目前主持中國教育的人，尊重學生的靈魂，同時也尊重他自己的靈魂，而採納我上面的建議。」〔註55〕

在南京高師—東南大學，由於 1919 年 1 月成立「新教育共進社」及 2 月《新教育》雜誌的創辦，杜威及實驗主義的新教育思想得到有系統、有組織地向中國教育界輸入。杜威弟子蔣夢麟、胡適、張伯苓、郭秉文、陶行知、陳鶴琴、鄭曉滄都是「新教育共進社」的骨幹力量。因此，從《新教育》雜誌上就可看出，在對歐洲及美國的各種教育思想、方法的介紹、吸收上，德國的古典大學教育觀念的影響不敵美國杜威及實驗主義的新教育思想在中國的影響。1919 年 2 月～1925 年 10 月，《新教育》共出版 11 卷 53 期。陶行知自 1922 年 1 月第 4 卷第 2 期接替蔣夢麟成爲實際的主幹（編），編輯部也由原來設在上海的江蘇教育會，變爲東南大學教育科。南京高師—東南大學的教授郭秉文、陳鶴琴、鄭曉滄、孟憲承、徐養秋、張士一、鄒秉文等都爲刊物寫文章。《新教育》的停刊，實與郭秉文被迫離開東南大學和陶行知另謀新校建設有關〔註56〕。

科學的精神和求是的態度是「專家」、「學者」的立身之本。而這一點在德國的大學教育中則被神聖化。1794 年費希特在《論學者的使命》一書中寫到：「學者階層的眞正使命：高度注視人類一般的實際發展進程，並經常促進這種進程。」他「不僅看到眼前，同時也看到將來；他不僅看到當前的立腳點，也看到人類現在就應當向哪裏前進——在這個意義上說，學者就是人類的教養員。」〔註57〕1919 年，馬克斯‧韋伯在德國的慕尼黑大學爲青年學生們作了《以學術爲業》和《以政治爲業》〔註58〕的著名講演，影響了一代人。馬克斯‧韋伯強化並發展了費希特關於「學者的使命」的觀點，區分作爲「學者」和「政治家」的自身投入和價值取向，特別強調學者是爲學術而學術，追求價值無涉的「學術倫理」。因爲學術研究是一項純粹的、獨立的和理性的活動，是孤獨狀態下，痛苦和歡娛並存的心智活動。是沉思的生命同行動的生命的理性交接。唐納德‧肯尼迪曾說：近年

〔註55〕　《國風》第 8 卷第 6 期（1936 年 6 月）。
〔註56〕　郭秉文被迫離開東南大學後進入外交界。陶行知另謀新校建設即在南京創辦曉莊師範。
〔註57〕　費希特：《論學者的使命‧人的使命》（梁志學、沈眞譯）第 40 頁、43～44頁，商務印書館，1984。
〔註58〕　馬克斯‧韋伯：《學術與政治》（馮克利譯），生活‧讀書‧新知三聯書店，1998。

來在美國，「研究幾乎已經變成了學術責任的核心」〔註59〕。

學術獨立、自由能否成爲現實？

民主精神是和學術自由緊密聯繫著的，白璧德在《大學與民主精神》一文中強調：「大學所需要的民主精神是公平與無偏無袒。它的要求越嚴格越具有選擇性便越好。」〔註60〕他在強調大學應該堅持質量的觀念，應該堅持人文的標準的同時，提出了「要實現人文的目的，自由必須與眞正的限制調和起來」〔註61〕。因此，「從某種意義上講，大學的目的並不是要鼓勵民主精神，相反是要制衡向純粹民主轉變的趨勢」〔註62〕。實際上，民主精神和學術自由通常只是一種辦學的理想或教育理念，因爲學術與政治的關係是無法完全剝離的，而自由通常是與限制密不可分的，也就是說，自由主義理念中的自由與責任的和諧是一個非常複雜的問題。白璧德也感到，要在教育中協調自由與限制這樣一個難能可貴的問題，那就需要「有遠見卓識的、強有力的和融合各方因素的頭腦」〔註63〕。

1919年3月《新教育》第1卷第2期的「評論」欄中刊出記者（黃炎培）的《高等教育與思想及言論自由》。文章強調「文明之進步，賴自動的領袖。自動的領袖，賴高等之思想及言論自由以養成之」。「大學學問自由」之主張，已成爲歐美先進國家「學問之大憲章」。

自由和民主是建立在教育獨立之上的。相對於「大學學問自由」的問題，蔡元培更關注「教育獨立」。前引他在1922年3月《新教育》第4卷第3期發表的《教育獨立議》是一篇最具有代表性的文章。他說：

> 教育是幫助被教育的人，給他能發展自己的能力，完成他的人格，於人類文化上能盡一分子的責任；不是把被教育的人，造成一種特別的器具，給抱有他種目的的人去應用的。所以教育事業，當完全交與教育家，保有獨立的資格，毫不受各派政黨或各派教會的影響。

蔡元培還列出了具體的要求：

〔註59〕唐納德・肯尼迪：《學術責任》（閻鳳橋等譯）第183頁。
〔註60〕歐文・白璧德：《文學與美國的大學》（張沛、張源譯）第52頁。
〔註61〕歐文・白璧德：《文學與美國的大學》（張沛、張源譯）第50頁。
〔註62〕歐文・白璧德：《文學與美國的大學》（張沛、張源譯）第53頁。
〔註63〕歐文・白璧德：《文學與美國的大學》（張沛、張源譯）第49頁。

　　大學的事務，都由大學教授所組成的教育委員會主持。大學校長，也由委員會舉出。

　　教育部，……不得干涉各大學區事務。

　　教育總長必須經高等教育會議承認。不受政黨內閣更迭的影響。〔註64〕

1922 年 12 月 17 日爲北京大學成立 25 週年紀念日，胡適特爲《北京大學日刊》（紀念版）寫了《回顧與反省》的文章，指出北京大學這五年來的兩項主要成績：一是組織上的變化，從校長獨裁制變爲「教授治校」；二是注重學術思想的自由，容納個性的發展〔註65〕。五四運動高潮過後，面對國內混亂、腐敗的政局，胡適一方面忙著講學，同時又不忘議政。胡適說自己這樣做，是時局逼出來的。出身清華的賀麟，在 1941 年 10 月 20 日西南聯大的《當代評論》第 1 卷第 16 期上刊有《學術與政治》的文章，進一步發展了胡適的觀點。他說：

　　　　好在自從新文化運動以來，在中國的大學教育方面，總算稍稍培植了一點近代學術自由獨立的基礎：一般學人，知道求學不是做官的手段，學術有學術自身的使命與尊嚴。因爲學術有了獨立自由的自覺，對於中國政治改進，也產生良好影響。在初期新文化運動的時代，學術界的人士，完全站在學術自由獨立的立場，反對當時污濁的政治，反對當時賣國政府，不與舊官僚合作，不與舊軍閥妥協。因此學術界多少保留了一片乾淨土，影響許多進步青年的思想，培養國家文化上一點命脈。〔註66〕

他更堅信：「政治力量一旦侵犯學術的獨立自主，則政治陷入於專制，反民主。」〔註67〕所以，他說：「一談到學術，我們必須先要承認，學術在本質上必然是獨立的、自由的，不能獨立自由的學術，根本上不能算是學術。學術是一個自主的王國，它有它的大經大法，它有它神聖的使命，它有它特殊的廣大的範圍和領域，別人不能侵犯。……因爲一個學者爭取學術的自由獨立和尊嚴，同時也就是爭取他自己人格的自由獨立和尊嚴，假如一種學術，只是政治的

〔註64〕蔡元培：《教育獨立議》，《新教育》第 4 卷第 3 期（1922 年 3 月）。
〔註65〕胡適：《胡適全集》第 20 卷第 104 頁。
〔註66〕賀麟：《學術與政治》，《文化與人生》第 252 頁。
〔註67〕賀麟：《學術與政治》，《文化與人生》第 246 頁。

工具，文明的粉飾，或者爲經濟所左右，完全爲被動的產物，那麼這一種學術，就不是眞正的學術。因爲眞正的學術是人類理智和自由精神最高的表現。」〔註68〕他同時闡明了學術與政治的關係問題：「學術的獨立自由，不僅使學術成爲學術，亦且使政治成爲政治。因爲沒有獨立自由的學術來支持政治，則政治亦必陷於衰亂枯朽，不成其爲政治了。所以爭取學術的獨立與自由，不只是學者的責任，而尊重學術的獨立與自由，亦即是政治家的責任了。」〔註69〕

但到了 1927 年前後，隨著國民黨的得勢，「黨」的意識形態的勢力逐步向大學滲透，學術之獨立自由便因此變得艱難。現代大學教育，尤其是東南大學—中央大學同時又面臨被「黨化」的問題。1925 年 1 月東南大學的「易長風潮」（郭秉文被免），引出「黨化教育」的問題，並引起南北學界的廣泛關注。在東南大學的《東南論衡》第 1 卷第 13 期有盛振聲的《教育獨立問題》，提出：「所謂教育獨立者，即使教育超脫政潮政黨一切惡勢力之影響也。」〔註70〕孟和在《現代評論》發表《東大暴動》〔註71〕的文章。張奚若有《黨化教育與東南大學》〔註72〕、《東大風潮的辯證》（通信）〔註73〕兩文。其中前者提出：「自前東南大學校長郭秉文免職後，有人創『黨化教育』一名詞以警國人，說國家教育應該獨立，不應該受特殊政黨的支配。」

1926 年 9 月 11 日，《晨報副刊》第 1442 號發表了胡適、徐志摩聯合發的《一個態度；及案語》〔沈按：胡文，徐加按語〕。這是由胡適遊歷蘇聯的通信引發的討論。蘇聯的「新教育」＝「黨化教育」＝「宣傳的能力、實用的科目」這樣一個重要的事實，就成了徐志摩所說的爭「知識的自由，思想的自由」的一般人難以接受的問題。隨後《晨報副刊》第 1446 號有張象鼎、徐志摩的《關於黨化教育的討論》〔註74〕，第 1456 號有白帝的《亂彈——黨化教育問題》〔註75〕，文章表明了在北京的一批自由主義知識分子的基本立場。至 1927 年，瞿菊農（世英）接替徐志摩主編《晨報副刊》（原《晨報副鐫》），借談國外的大學教育，重提教育自由、學術自由，並

〔註68〕 賀麟：《學術與政治》，《文化與人生》第 246～247 頁。
〔註69〕 賀麟：《學術與政治》，《文化與人生》第 250 頁。
〔註70〕 《東南論衡》第 1 卷第 13 期（1926 年 6 月 19 日）。
〔註71〕 《現代評論》第 1 卷第 16 期（1925 年 3 月 28 日）。
〔註72〕 《現代評論》第 1 卷第 17 期（1925 年 4 月 3 日）。
〔註73〕 《現代評論》第 1 卷第 26 期（1925 年 6 月 6 日）。
〔註74〕 《晨報副刊》第 1446 號（1926 年 9 月 20 日）。
〔註75〕 《晨報副刊》第 1456 號（1926 年 10 月 13 日）。

引起梁漱溟與其討論〔註 76〕。

　　「黨化教育」作爲一個初顯的問題是在東南大學，但 1927 年以後，這個問題在由東南大學改制的中央大學卻是一件嚴重的事。已經超越了過去單純的人文主義與實驗主義之爭，變成了無法擺脫的政治干預。1927 年下半年，胡適堅決不加入新成立的大學委員會的理由是他反對「黨化教育」。他在 1927 年 10 月 24 日致蔡元培的信中說：「略示我所以不能加入委員會的理由。……類此之例尚多，如所謂『黨化教育』，我自問決不能附和。若我身在大學院而不爭這種根本問題，豈非『枉尋』而求『直尺』？」〔註 77〕胡適的朋友，原東南大學教授，後任四川大學校長的任鴻雋在隨後的《獨立評論》上發表文章，和胡適一樣，鮮明地表示反對「黨化教育」。他說：「黨化與教育，是不能並立的：有了黨化，便沒了教育；反過來說，要有教育，先取消黨化。」〔註 78〕

　　但 1928 年以後的事實表明，中央大學是被國民黨「黨化教育」最嚴重的學校。

　　1934～1936 年間，浙江大學發生了兩次驅除校長郭任遠（1898～1970，留學美國的心理學博士）的學潮。學生的口號是：「要學者，不要黨棍！」蔣介石聽取陳布雷的舉薦，要著名學者竺可楨來當校長。當陳布雷動員竺可楨上任時，竺可楨提的三項要求中，其中有一項是「用人校長有全權，不受黨政之干涉」〔註 79〕。因爲他瞭解了浙江大學的具體情況後發現，國民黨黨部中人介入學校的事務，使本來獨斷的郭任遠陷入完全的被動。所以竺可楨在日記中寫道：「郭之失敗乃黨部之失敗。」〔註 80〕又說：「故此時余若不爲浙大謀明哲保身主義，則浙大又必陷於黨部之手，而黨之被人操縱已無疑義。」〔註 81〕浙江大學 1936～1949 年在竺可楨任上而興，這也許是一項重要的因素。

〔註76〕　瞿菊農：《教育與自由》，《晨報副刊》第 1504 號（1927 年 1 月 12 日）。《教育與自由》（續），《晨報副刊》第 1509 號（1927 年 1 月 20 日）。瞿菊農、梁漱溟：《關於〈教育與自由〉》，《晨報副刊》第 1514 號（1927 年 1 月 29 日）。瞿菊農：《學術自由》，《晨報副刊》第 1529 號（1927 年 3 月 3 日）。《談自由》，《晨報副刊》第 1563 號（1927 年 5 月 4 日）。
〔註77〕　胡適：《胡適全集》第 23 卷第 540 頁。
〔註78〕　叔永：《黨化教育是可能的嗎？》，《獨立評論》第 3 號（1932 年 6 月 5 日）。
〔註79〕　竺可楨：《竺可楨日記》第 I 冊第 18 頁。
〔註80〕　竺可楨：《竺可楨日記》第 I 冊第 16 頁。
〔註81〕　竺可楨：《竺可楨日記》第 I 冊第 16 頁。

　　1942 年 1 月在成都金陵女子文理學院任教的陳中凡等人創辦了《大學》月刊，在 1940 年代，此刊曾就中國大學教育的諸多問題組織過討論，並發表了許多意見。諸如「科學中國化」與「中國科學化」問題、「大學問題之檢討」、「學術、思想之自由問題」等等。陳中凡首先從中國古代教育發展的歷史中尋求可以利用的思想資源。他署名陳覺玄，在《大學》第 1 卷第 1 期刊出《中國古代大學教育之三大目的》〔註 82〕的文章中，就明確指出，中國古代大學教育的三大目的是：明德、新民、止於至善。並就這三大目的進行了詳細的解說。第 1 卷第 2 期的《中國古代大學的教學方案》〔註 83〕一文中，他強調中國古代大學的教學方案就是：「格物、致知、誠意、正心、修身、齊家、治國、平天下。」在此基礎上，陳中凡提出了「中國大學教育往何處去」〔註 84〕的現實問題。

　　1944 年 6 月，《大學》第 3 卷第 5、6 合期，開闢了「學術、思想之自由問題」專欄。刊出的文章涉及自春秋至五四時期各個歷史時期學術和思想自由問題。如愚公的《學術自由的本質和體現》、陳覺玄的《春秋戰國時代的學術自由》、孫次舟的《六朝至宋的思想自由》、沈鑒的《五四時代的思想自由》、劉唯公的《試談中國學術文化的自立自主》。其中愚公的文章明確指明：「學術自由，既是思想自由的高度表現，所以同時也是民主主義的政治標幟。」學術自由是「探討眞理的自由」，「促進認識的自由」，「改善生活的自由」。因此，必須有「並存的自由」、「研究的自由」、「批判的自由」、「講學的自由」、「刊發的自由」〔註 85〕。劉唯公的主張更爲現實，他提出當下亟待解決的問題是：學術文化機關的普及與充實；學術文化人才的保障與獎勵；學生思想自由的尊重與提倡〔註 86〕。

　　在討論大學學術自由的同時，也引發了對民主政治和言論自由的進一步要求。1945 年 9 月《大學》第 4 卷第 5、6 合期所刊黎澍的《中國自古無言論自由》長文，則是對中國古代社會的徹底批判。他從中國古代歷史的事實考察，對「民主表現於誹謗」、「清議」、「公卿大夫諫諍」、「所謂事後追懲」、「邸報」等具體問題進行了分析研究，得出「中國自古無言論自由」的結論。他

〔註 82〕 1942 年 1 月。
〔註 83〕 1942 年 2 月。
〔註 84〕 《中國大學教育往何處去》，《大學》第 3 卷第 1 期。
〔註 85〕 《學術自由的本質和體現》，《大學》第 3 卷第 5、6 合期。
〔註 86〕 《試談中國學術文化的自立自主》，《大學》第 3 卷第 5、6 合期。

說：「中國自古無言論自由。不但沒有產生過保障言論自由的憲法，也沒有存在過類似言論自由的事實」。「中國四千年歷史是一部等級制度發展史。越到後來，等級制度就越嚴格。」

此時馮友蘭更關注「大學與學術獨立」。在 1945 年 9 月，他有《大學與學術獨立》的短文，收入 1946 年出版的《南渡集》。馮友蘭特別強調中國要想成為世界強國，要想達到這個目的，「我們要作許多事情，其中最基本底一件，是我們必需做到在世界各國中，知識上底獨立，學術上的自主」。我們「要放大眼光，來替國家定下知識學術，獨立自主的百年大計」〔註87〕。

1948 年，是國共軍事大較量的一年，雙方政治勢力對大學都有強烈的滲透，並在師生中形成尖銳的對立。此時賀麟在北平的《周論》上發表了《論黨派退出學校》的文章，明確提出：「黨派鬥爭進入學校不僅有違教育純潔的使命，損害教育的獨立與尊嚴。而尤其易於引起學潮，使得學校不能有安定長久的發展。」〔註88〕這時候的賀麟仍十分書生氣，共產黨就是要讓政治力量介入大學，製造學潮，搞亂國民黨的後方，「開闢第二戰場」，進而取得政治和軍事鬥爭的勝利。在共產黨來說，此時的政治鬥爭的利益高於一切。

而事實上，20 世紀的中國，戰亂和政治鬥爭長時間影響人們的社會生活，「民主精神和學術自由」、「大學與學術獨立」的基本問題在根本上無法解決。在這個境遇下，不僅大學教授的工作環境受到威脅和壓迫，而且他們的自我認同也陷入危機。因為學術自由的精神本是他們自我認同的核心因素，是與人格獨立與自我尊嚴相關連的。

《新教育》與實驗主義的宣傳、推進

1919 年 2 月杜威到日本講學，他的中國學生胡適得知後，立即聯合蔣夢麟、郭秉文、陶知行三位杜威門生，共同促成杜威中國之行。1919 年 4 月 30 日～1921 年 7 月 11 日，杜威來華講學，一年多的時間，他在中國 14 個省 78 個城市進行了 150 多次演講，陪同並做翻譯是蔣夢麟、鄭曉滄、陶知行、胡適、劉伯明。杜威及實驗主義掀動的熱潮是中國教育史上的一大事件。尤其是對中國高等教育的影響最為直接。杜威之後是哥倫比亞大學師範學院的孟祿，他 1921 年 9 月 5 日～1922 年 1 月 7 日，在中國 9 省 18 個城市演講 60 多

〔註87〕馮友蘭：《三松堂全集》第 5 卷第 483 頁，河南人民出版社，1986。
〔註88〕賀麟：《論黨派退出學校》，《周論》第 1 卷第 7 期（1948 年 2 月 27 日）。

次〔註89〕。爲配合杜威、孟祿來華演講，《新教育》先後在第 1 卷第 3 期、第 4 卷第 4 期分別出了「杜威號」和「孟祿號」。同時零星各期也有多篇介紹杜威、孟祿及教育思想的文章。和《學衡》宣揚白璧德及新人文主義一樣，以南京高師—東南大學爲主力的《新教育》成了宣傳、推進杜威及實驗主義的陣地。《學衡》在東南大學只有三年，白璧德影響的中國學生當時只是幾個人，並且宣揚白璧德及新人文主義的幾篇文章多是用古文或半文半白之文體寫成，曲高和寡，影響遠無法和《新教育》宣傳、推進杜威及實驗主義相比。同時也可以明顯地看到，宣傳白璧德思想的四五位中國學生只是普通的大學教授，而宣傳、推進杜威及實驗主義的有數十人，並且有 16 位以上是中國最著名大學的校長。

　　1920 年《留美學生季報》第 7 卷第 4 號上，有莊澤宣《哥倫比亞大學師範院及中國教育研究會》一文，此文隨後又刊《新教育》第 3 卷第 4 期。他說：「哥倫比亞大學裏的師範院，又是全世界研究教育的最大的一個機關」。「這師範院的功課既多又好，所以中國學生在裏面求學的有二十幾位。此外還有美國人去過中國，或是想到中國做教育事業的，或是很熱心研究中國教育情形的，也每年有二三十位，於是就組織了一個中國教育研究會」。「這會的成立，已經很多年了，從前郭秉文先生在此地留學的時候，就有了，不過那時人少，開會也不十分正式，隨便聚幾位同志討論，等到張伯苓先生在此地的時候，范靜生、嚴範孫諸先生都在此，這會漸漸有精神，漸漸正式起來。後來南京高師張士一先生，北京高師鄧芝園先生，都來留學，接接連連又有郭秉文先生、袁觀瀾、陳寶泉，及最近教育團諸位先生，都在紐約耽擱日子不少。這會的精神更盛。」〔註90〕哥倫比亞大學師範院中國教育研究會的任務是：研究中國教育上各種重要問題。請名人演講中國或他國教育以資參考。討論關於中國教育之論文。發表討論所得以供研究中國教育者之參考。據莊澤宣的問卷調查，此時在哥倫比亞大學師範院的研究教育的中國教育研究會會員有張彭春、張敬虞、張耀翔、周學章、朱斌魁、鍾倖霞、卓文、莊澤宣、李昂、李建勳、李華、歐元懷、陶慰蓀、汪懋祖、徐則林（陵）、王志仁、潘健卿、楊蔭榆、葉素志（還有幾位未能聯繫上）。這些人當中，只有李華、陶

〔註89〕詳見謝長法：《借鑒與融合——留美學生抗戰前教育活動研究》第 70～72 頁、79～80 頁。

〔註90〕莊澤宣：《哥倫比亞大學師範院及中國教育研究會》，《新教育》第 3 卷第 4 期。

慰蓀、徐則林、潘健卿、葉素志五位不是出身哥倫比亞大學。

接下來具體看《新教育》雜誌。《新教育》是新文化運動的直接產物，和《新青年》、《新潮》一樣，取新以示與舊有的《教育世界》（1901 年 4 月羅振玉創辦於武昌，上海出版發行，王國維主編，共出版 116 期）、《教育雜誌》（1909 年 1 月創刊，上海商務印書館出版發行，陸費逵主編，1912 年 1 月陸費逵另立中華書局後刊物易主，由朱元善主編。這是 1949 年以前中國最大規模和出版時間最長的教育刊物）的區別。

1919 年 2 月，《新教育》創刊。倡辦者為江蘇省教育會、北京大學、南京高等師範學校、暨南學校、中華職業教育社聯合組成的「新教育共進社」。刊物的宗旨是「養成健全之個人，創造進化的社會」。刊物的「主幹」為蔣夢麟，「記者通信」為黃炎培，「編譯」為徐甘棠，「發行」為沈肅文。編輯代表有北京大學：蔡元培、胡適、陶履恭。南京高等師範學校：郭秉文、劉經庶、陶知行、朱進。暨南學校：趙正平、姜琦。江蘇省教育會：沈恩孚、賈豐臻。中華職業教育社：余日章、顧樹森。雜誌的編輯部設在上海西門外的江蘇省教育會內。刊物每月一期，七、八月停刊，五期為一卷。但由於學潮和事故，無法按期出版，故月份上有變動。

創刊號的 5 篇「專論」，有 2 篇是談試驗主義（後來又譯為實驗主義）：陶履恭的《試驗主義與新教育》、劉經庶的《試驗的論理學》。1919 年 3 月第 1 卷第 2 期的專論有鄭曉滄的《杜威氏之教育主義》。1919 年 4 月第 1 卷第 3 期為「杜威號」，蔣夢麟、胡適、劉經庶、朱進都有文章，同時還刊登有杜威的演講譯文。「杜威號」內容涉及杜威哲學、倫理學、論理學、教育哲學、實驗主義、平民主義——平民主義的教育——平民主義教育的辦法等多個方面。這一期的卷首還刊登了教育部教育調查會議決議的《中華民國教育新宗旨》：養成健全人格，發展共和精神。具體的解釋是：

健全人格：

　　1、私德為立身之本，公德為服務社會國家之本。

　　2、人生所必需之知識技能。

　　3、強健活潑之體格。

　　4、優美和樂之感情。

共和精神：

　　1、發揮平民主義，俾人人知民治為立國根本。

　　2、養成公民自治習慣，俾人人能負社會國家之責任。

1919年5月第1卷第4期上，姜琦有《何謂新教育》一文，他認爲「新教育」應包含兩層內容：「新教育者，適應新時代要求之教育也」；「新教育者，包含一切新主義之教育也。」並進一步強調「本社研究新教育之要件：一、介紹。二、批評。三、發明」。而實際上，《新教育》所宣揚的最爲主要的主義是實驗主義。

　　1919年9月第2卷第1期上，刊物的倡辦者增加了北京高等師範學校，編輯代表爲：陳寶泉（筱莊）、鄧萃英（芝園）、何炳松（柏丞）。1919年10月第2卷第2期上北京高等師範學校的編輯代表又增加了程時煃、王文培。從四位主持人（主幹、記者通信、編譯、發行）和六家單位的18位編輯代表看，蔣夢麟、胡適、朱進、郭秉文、陶知行、姜琦、陳寶泉、鄧萃英、程時煃均有留學哥倫比亞大學的背景。

　　1922年1月第4卷第2期爲「學制研究號」。倡辦者增加了東南大學。編輯部設在南京東南大學教育科，陶知行取代蔣夢麟爲主幹，同時刊出「本社各組編輯員一覽」〔註91〕。從這些基本人物的留學背景和實際學術活動，就可以明顯看出美國哥倫比亞大學留學生和杜威及實驗主義對中國大學的重要影響。因爲他們之中，有半數具有留學哥倫比亞大學的學術背景。

〔註91〕從「中華教育改進社」的名譽董事、董事和各組編輯員等基本人員的留學（遊學）背景看，范源廉、嚴修、蔣夢麟、郭秉文、張伯苓、陶知行、鄧萃英、汪懋祖、陳寶泉、劉廷芳、鄭曉滄、淩冰、張耀祥、陳鶴琴、韋愨、李建勳、袁觀瀾、張默君、劉吳卓文、胡適、許崇清、張士一、廖世承等都有哥倫比亞大學的學術背景。

大學學術：學分南北

學科意識

　　在近代歐洲，大學是在十八世紀晚期、十九世紀初期得到復興，並成爲創造知識的主要場所的。因此，華勒斯坦等人強調「十九世紀思想史的首要標誌就是在於知識的學科化和專業化，即創立了以生產新知識、培養知識創造者爲宗旨的永久性制度結構」〔註1〕。隨著「研究主題」和「學科」的名稱逐步明晰和細化，現代大學也就以學科名稱來設立科系。學科之間也同時具有獨立、平等的地位。

　　南京高師—東南大學由兩股力量支撐著：一是「中國科學社」大本營裏的現代科學家積聚所釋放出的科學精神。二是張之洞、陳三立、繆荃孫、李瑞清、江謙在南京興學後文科學者文史哲兼通的人文精神。所謂「文史哲兼通」多見於中國古代學者，而現代學者則很少能達到這一境界。在現代大學體制下，因學科的逐步明晰和細化，文學、語言學、史學、哲學趨於相對獨立。學者的研究工作也隨之變得學科化和專業化。

　　在以考據爲重的清代學術史上，史學雖「不逮宋人」〔註2〕，若以學科論，是正語言文字（形、聲、義三者）的「小學」〔註3〕成就最高。同時這種學風

〔註 1〕華勒斯坦等：《開放社會科學》（劉鋒譯）第 8～9 頁，生活・讀書・新知三聯書店，1997。

〔註 2〕陳寅恪：《金明館叢稿二編》第 269 頁。

〔註 3〕「小學」之說依據章太炎的解釋。他說：「小學可分爲三種：一，訓詁如《爾雅》；二，形體；三，諧聲。」見湯志鈞：《章太炎年譜長編》（下）第 671 頁，中華書局，1979。同時他強調：「小學似非有師指導，不能入門徑學問。」見湯志鈞：《章太炎年譜長編》（下）第 617 頁。

延續到了 1920、1930 年代，治國學者，也通常以是否通「小學」爲基本的評價標準〔註4〕。若以地域看，清代學術有成就的學者多集中在江淮。所以梁啓超在《近代學風之地理的分佈》中有「一代學術幾爲江浙皖三省所獨佔」〔註5〕之說。在梁啓超之前，爲《兩江優級師範學堂同學錄》作序的李瑞清說：「兩江本江南江西地」，清代以來，「名儒碩彥飆起雲興」，「故中國之言文學者，必數東南」〔註6〕。

近代以來，地域所造成的南北之學和政治文化確實出現了很大的不同。由於東南得風氣之先，湖湘學者由經世致用到大興洋務、變法維新；嶺南學者由六經注我，到託古改制、公車上書，乃至置身政變；江浙學者由我注六經的精細、嚴實的書齋生活，到關注開放的域外之學。幾十年間的東南一直是在政治、經濟和學術變革的前沿，而西北乃至北方卻處在相對的保守之中。但到了五四新文化—新文學運動，卻出現了極大的反差，並在南北兩所最重

〔註4〕以楊樹達爲例，有三事可言。他在《積微翁回憶錄》中寫道：章太炎曾説：「三王不通小學。」「三王」即王安石（介甫）、王夫之（船山）、王闓運（湘綺），湖湘占二人。楊樹達在北京曾與湘籍學者曾星笠（運乾，著《音韻學講義》）談到此事，說他日仍回歸故里教授學生，培植鄉里後進，雪太炎所言之恥。陳寅恪在爲楊樹達的《小學金石論叢續稿》寫序時，也強調，百年來湖湘人士多以功名自見於世，而楊樹達是以著作爲海內外學林所傳誦。楊樹達特意將此事寫進回憶錄。「學衡派」中的吳宓研究西洋文學，他以不懂「小學」爲憾，他主持《大公報・文學副刊》時注意對「國學」著作的評介。1931 年 8 月 17 日《大公報・文學副刊》登有張季同的《評〈先秦經籍考〉》。張文說近二十年中國「國學」研究可以對抗日本學者的有王國維、郭沫若的甲骨學，陳垣、陳寅恪的中亞語言歷史，胡適、馮友蘭的哲學史，傅增湘的目錄學，楊樹達、奚侗的訓詁學。對此楊樹達在本月 18 日的日記中有反映。以上三事分別見楊樹達：《積微翁回憶錄・積微居詩文鈔》第 214 頁、198 頁、57 頁，上海古籍出版社，1986。

留學日本章太炎門生黃侃、錢玄同都擅長古音學。而留學歐美的胡適、陳寅恪也有古音學方面的著述。其中胡適在家鄉私塾學過「反切」，1917 年被聘爲北京大學教授時，蔡元培看好他作爲留學生而有「小學」功夫，能寫關於「小學」方面的文章。

魯迅也是章太炎門生，有很好的國學根底，他 1922 年 2 月 9 日在《晨報副鑴》針對《學衡》第 1 期所寫的《估〈學衡〉》一文説：「諸公掊擊新文化而張皇舊學問，倘不自相矛盾，倒也不失其爲一種主張。可惜的是於舊學並無門徑，並主張也還不配。」見《魯迅全集》第 1 卷第 379 頁，人民文學出版社，1981。《學衡》文章的學問顯示是張爾田、孫德謙、王國維、陳寅恪等加入之後。

〔註5〕《清華學報》第 1 卷第 1 期（1924 年 6 月）。

〔註6〕李瑞清：《清道人遺集》卷二第 7 頁。

要的大學表現出對立。即北京大學與東南大學出現了激進與保守的分野。於是也就有了在現代思想學術新格局下的「學分南北」〔註7〕。

在觀照現代學術史的基本格局和總結其實際的學術貢獻時，把南北大學的內在學術機製作為關注的焦點，並以1920年代的南京高師—東南大學、北京大學和清華學校—清華大學為個案，可以發現前者的「國學」研究明顯弱於北京大學和清華學校—清華大學。清代樸學研究已經達到了很高的水平，要想超越只有在新史料的發掘和思想方法的更新上突破。新的材料即新的知識增長點；新的思想方法即可帶來新的見識。1920年以後，南北學風在精神上的差異是「信古」和「疑古」。後起所謂「釋古」其實是一種調和。但這並不是決定學術成就的根本，還有史實的新發現和方法的創新。最終決定學術的是前者（精神）與後者（史實的新發現和方法的創新）的有機結合。即前者是思想層面上的，後者屬於技術層面上的。代表北方學界的北京大學和清華學校—清華大學之所以超越南京高師—東南大學正是因為他們積極地佔有和應用了新材料（考古所得的甲骨文及其它文物、敦煌文獻和明清內閣檔案）並吸收了國外新的思想方法。同時，北方的著名學者都與歐洲和日本著名漢

〔註7〕關於「南與北」的觀念及學術思想的南北差異，近代以來劉師培、梁啓超、丁文江、楊鴻烈、賀昌群、張其昀、朱謙之、孫隆基、楊念群、桑兵、羅志田等都有專門的論述。諸如劉師培（《南北學派不同總論》、《南北諸子學不同論》、《南北經學不同論》，1905年2月20日《國粹學報》第2號。《南北理學不同論》，1905年6月20日《國粹學報》第6號。《南北考證學不同論》，1905年7月20日《國粹學報》第7號。《南北文學不同論》，1905年9月20日《國粹學報》第9號）、梁啓超（《近代學風之地理的分佈》，1924年6月《清華學報》第1卷第1期）、丁文江（《歷史人物與地理的關係》，1923年3月11日《努力》周報第43期。《史地學報》第2卷第4期轉載）、賀昌群（《中國文化上所表現的南與北》，1929年1月《學生雜誌》第18卷第7號，收入《賀昌群文集》第3卷，商務印書館，2003）、張其昀（《東西南北》，1933年8月《科學》第17卷第8期，收入《張其昀先生文集》第18冊，臺北中國文化大學出版部，1989）、朱謙之（《文化哲學》中有「文化之地理上分佈」的專章，商務印書館，1935年）等均有論著。又參見孫隆基：《中國區域發展的差異：南與北》，1992年4月《二十一世紀》（香港）第10期。楊念群：《儒學地域化的近代形態——三大知識群體互動的比較研究》，生活·讀書·新知三聯書店，1997。桑兵：《晚清民國的國學研究》，上海古籍出版社，2001。羅志田：《亂世潛流：民族主義與民國政治》，上海古籍出版社，2001。桑兵論及五四運動前後「學分南北」的實質是「南舊北新」，而羅志田則注意到了北伐時期政治上「南新北舊」的原因是南方有「黨」和「主義」的緣故。而1930年代文學上的「京海之爭」已不能用新舊來簡單的區分。

學家保持有密切的學術聯繫〔註8〕，討論學術問題，最快地得到學術信息。將歐洲的所謂「漢學」、「東方學」和日本借鑒歐洲「漢學」而形成的所謂「支那學」的方法、成果吸收過來。1920～1930 年代，北方學界的幾個大學者羅振玉、王國維、陳寅恪、胡適、陳垣、楊樹達、李濟、董作賓等都與這些新材料有關聯。而南京高師—東南大學的史學乃至「國學」研究除胡小石重視甲骨文外，仍然是在傳統的學術範式中轉，無新材料、新問題和新方法上的突破〔註9〕。用胡適批評劉掞藜的話說就是無治學方法的自覺，無評判眼光和評判精神，簡單的信而不疑。

對新材料與新問題的認識，陳寅恪將其提高到決定「一時代之學術」的層面上來看。他在《陳垣〈敦煌劫餘錄〉序》中說：「一時代之學術，必有其新材料與新問題。取用此材料，以研求問題，則為此時代學術之新潮流。治學之士，得預於此潮流者，謂之預流（借用佛教初果之名）。其未得預者，謂之未入流。此古今學術之通義，非彼閉門造車之徒，所能同喻者也。」〔註10〕

發現並使用新材料與提出新問題，是「大師巨子」的學術行為。前後二者又是互為因果。因此，陳寅恪特別強調：「自昔大師巨子，其關係於民族盛衰學術興廢者，不僅在能承續先哲將墜之業，為其託命之人，而尤在能開拓學術之區宇，補前修所未逮。故其著作可以轉移一時之風氣，而示來者以軌則也。」〔註11〕

〔註 8〕 參見桑兵：《國學與漢學——近代中外學界交往錄》，浙江人民出版社，2001。
〔註 9〕 胡小石的弟子，南京大學中文系周勳初教授在《新材料的利用和舊學風的揚棄》一文說：「章太炎墨守《說文》的傳統，廢棄金文不談，力斥甲骨文為虛妄，這和陳伯發在東南大學歷史系任教時，把甲骨丟進字紙簍去的態度是一樣的。黃季剛承認甲骨、金文中有可取之處，在所讀《說文》一書中的書眉上，曾經記下不少甲骨、金文中的文字，但從他對經學和小學的基本態度來說，致力於保持原有的學術體系，而不能像王國維那樣無所拘忌地闖入這新開闢的學術陣地中去。」《周勳初文集》第 6 卷第 272 頁，江蘇教育出版社，2000。著名甲骨文專家董作賓（彥堂）在致楊樹達信中也表示：「昔太炎先生不理卜文，學林以為憾事。」見《積微翁回憶錄·積微居詩文鈔》第 225 頁。東南大學的另一歷史學教授柳詒徵，與北京大學的「古史辨」的「疑古」人物論爭時，也只是信《說文》，而不敢接受新發現的甲骨文、金文。此舉被北京大學的同人譏笑為舊材料、舊心理。
〔註10〕 陳寅恪：《金明館叢稿二編》第 266 頁。
〔註11〕 陳寅恪：《王靜安先生遺書序》，《金明館叢稿二編》第 247 頁。

　　在北方學界，胡適是新的學術思想的倡導者，他以批判的科學的理性精神爲導向，成爲「二十世紀中國學術思想史上的一位中心人物」〔註 12〕，也是具有「北大一貫的主導思想」的代表性人物〔註 13〕。他說：「我們的使命，是打倒一切成見，爲中國學術謀解放。」〔註 14〕王國維先後是北京大學研究所國學門的通訊導師和清華學校研究院的住校導師，同時也是新的學術方法的典範的開創者和實踐者〔註 15〕。他的研究方法，陳寅恪在《王靜安先生遺書序》中總結爲：取地下之實物與紙上之遺文互相釋證。取異族之故書與吾國之舊籍互相補正。取外來之觀念，與固有之材料互相參證〔註 16〕。受胡、王影響的學生很多。其中顧頡剛、傅斯年通過《北京大學研究所國學門周刊》的《一九二六年始刊詞》（1926 年 1 月 1 日）、《國立第一中山大學語言歷史學研究所周刊》的《發刊詞》（1927 年 11 月 1 日）和《歷史語言研究所工作之旨趣》（1928 年 10 月。傅斯年爲了同中山大學的「語言歷史學研究所」區分開來，將中央研究院的同類研究所定名爲「歷史語言研究所」），將他們的學術思想和方法的路嚮明確規定爲：歷史文獻考證+田野調查。顧頡剛明確地說明後者的工作就是：到古文化遺址發掘、到民眾中調查搜集方言、到人間社會中采風問俗。這樣就可以打破偶像，擯棄成見，建設「新學問」〔註 17〕。從而形成了這樣一種嶄新的學術規範：古代歷史、古文字學研究中地下之物與地上之文互相釋證；音韻學研究中歷史文獻考證與活的方言調查整理相結

〔註 12〕語出余英時：《中國近代思想史上的胡適——〈胡適之先生年譜長編初稿〉序》，見胡頌平編著：《胡適之先生年譜長編初稿》第 5 頁，臺北聯經出版事業公司，1984。余英時強調胡適的思想革命是同時在通俗文化和上層文化兩個領域展開的。蔡元培爲《中國哲學史大綱》寫序和《答林琴南書》中所推崇胡適的「漢學」功夫，說他「瞭解古書之眼光不讓清代乾、嘉學者」，是從上層文化考慮，有意對付守舊的學術界上層。

〔註 13〕胡適日記中的黏貼剪報顯示：「1951 年 11 月 14 日，北京大學湯副校長〔沈按：湯用彤〕召集了十三位老教授，座談北大一貫的主導思想問題。通過老教授們的親身體驗，並著重從歷來的代表人物來進行分析的結果，公認胡適是一個具有代表性的，在舊學術界集反動之大成的人物。」見胡適：《胡適全集》第 34 卷第 148 頁。

〔註 14〕胡適：《胡適全集》第 29 卷第 725 頁。

〔註 15〕1917 年，胡適考察了上海的出版界後得出的結論是：「文學書內，只有王國維的《宋元戲曲史》是很好的。」1922 年 8 月 28 日胡適在日記中寫到中國現今的學術界「只有王國維最有希望」。

〔註 16〕陳寅恪：《金明館叢稿二編》第 247 頁。

〔註 17〕顧頡剛：《發刊詞》，《國立第一中山大學語言歷史學研究所周刊》創刊號（1927 年 11 月 1 日）。

合；社會史、文明史研究中文獻記錄的雅文化與民間現實存在的俗文化的互相參證，即書寫歷史與口傳歷史的的互相參證。文史研究中的以詩證史或詩文互證。

學科意識的明確是中國學術自覺的開始，並超越了自晚清以來士人對中國傳統學術所謂「國粹」、「國故」、「國學」的模糊的認識。

就語言學而言，明顯凸現出文字學與音韻學兩大營壘。前者以甲骨文為突破，將自《說文解字》以後兩千年文字學研究難超範式的歷史改寫；後者以方言研究為突破，成就了語言學研究的大家趙元任、李方桂、羅常培等。前者因得力於甲骨文，而使其成為考古學的大成就之中的一部分，也就是說，文字學研究被榮耀於世的考古學所包容（1948 年中央研究院院士選舉時，參與安陽小屯殷墟考古發掘和甲骨文文獻研究的董作賓、李濟、郭沫若三位被胡適、傅斯年提名，實際結果是董作賓、李濟、郭沫若、梁思永入選，而梁思永也繼董、李之後從事了殷墟考古發掘）。後者則在傳統的文獻考察的基礎上結合新的方言調查，使音韻學研究在語言學中居於高位。20 世紀中國語言學史中音韻學為至上之學，這說明學術的價值判斷有內在的繼承（1948 年中央研究院院士選舉時，語言學被胡適、傅斯年提名的三位為趙元任、李方桂、羅常培，分別代表清華大學、歷史語言研究所、北京大學，但實際教學和研究工作中又互聘或合作，而他們三位都是以音韻學見長。實際結果是趙元任、李方桂入選）。語言學中的其它門類如訓詁、語法、修辭、語言學理論研究則相對處於弱勢。

與此相反，在南京高師──東南大學，最初的文史教授是王伯沆、柳詒徵。後來者為陳中凡、顧實。王伯沆博學多識，長於詩學和文學評點，但因 40 歲後投奔「太谷學派」二傳宗主黃葆年，受「太谷學派」倡導儒家「述而不作」的思想影響，生前幾乎沒有著作〔註18〕。陳中凡治先秦諸子，顧實治小學，特別是音韻學，此時都尚未成大家。若依據章太炎對「國學」的界說，柳詒徵所治之學為史學。他的學術精神基本上是傳統的繼承，在方法上僅吸收了由歐洲傳入日本的宏觀寫史之法（表現在他寫的《歷代史略》、《中國文化史》、《國史要義》中），他的《歷代史略》就是「根據日本那珂通世的《支那通史》增刪而成」〔註19〕。他的歷史研究是傳統的文獻整理考證式。胡適

〔註18〕 參見王明發：《王伯沆先生與太谷學派傳人》，《南京理工大學學報》（社會科學版）第 17 卷第 1 期 （2004 年 2 月）。
〔註19〕 柳曾符：《君子之道──我所知道的繆荃孫先生》，《繆荃孫學術研討會論文集》第 191 頁，江蘇省圖書館學會，1998。另見區志堅：《歷史教科書與民族國家

在肯定他的《中國文化史》是「開山之作」，承認所開的「文化史」體例的同時，也指出其中的新材料不夠〔註20〕。就語言學的研究而言，他不懂音韻學〔註21〕，他於文字學和章太炎、黃侃一樣是墨守《說文解字》（而章太炎、黃侃二人同時又擅長音韻學）而不懂甲骨文。1928年以後的中央大學中文系的語言學導師為黃侃（至1935年）。隨後主宰這所大學中文系語言學的是以古文字見長的胡小石（因1828年出版《甲骨文例》，得此學科之「預流」）和以現代西方語言學理論見長的方光燾。

　　中國傳統學術研究中，一向注重文史哲交融與兼通，不同時期出現的所謂「理學」、「宋學」、「漢學」、「樸學」、「小學」、「國學」等等，都有其特殊意義所指和具體的學術內涵。顧頡剛、傅斯年在北京大學受胡適的極大影響，從創辦《新潮》到《中央研究院歷史語言研究所集刊》，他們一直有要做中國新學術的領導力量的願望。不但要使大學成為新思想的策源地，同時也要使

形象的營造：柳詒徵〈歷代史略〉去取那珂通世〈支那通史〉的內容》，收入冬青書屋同學會編：《慶祝卞孝萱先生八十華誕──文史論集》，江蘇古籍出版社，2003。劉龍心在《學術與制度：學科體制與中國史的建立》第93頁中也指出：「柳詒徵的《歷代史略》改寫自那珂通世的《支那通史》，除了元、明兩卷為柳詒徵所增輯外，大體上只有章節標題有所更動而已。」（臺北）遠流出版事業有限公司，2002。

〔註20〕胡適在1933年6月《清華學報》第8卷第2期上刊出《評柳詒徵編著〈中國文化史〉》一文中以自己「疑古」的立場批評柳詒徵由「信古」的立場所導致的對甲骨文、金文等可信史料沒有接受。說柳詒徵的《中國文化史》中前二十一章，所用材料多很可疑，其論斷也多不可信，這是全書最無價值的部分。他說：「近年新舊石器時代的文化都有多量的發現，殷墟史料的研究也有長足的進步，金文的研究也同時有不少的新成績，這都是《學衡》雜誌時代所能料到的。」同時又指出：「柳先生是一位不曾受過近代史學訓練的人，所以他對於史料的估價，材料的整理，都不很謹嚴。例如研究佛教史，材料何患缺乏，何至於徵引到楊文會的《十宗略說》和謝無量的《佛學大綱》？此種間接而又間接的書，豈可用作史料？」見胡適：《胡適全集》第13卷第151頁。

〔註21〕據黃侃日記1934年5月29日所示，他曾嘲笑柳詒徵不懂音韻之學。黃侃說：「此君亦談音韻，可哂也。」見黃侃：《黃侃日記》第972頁。楊樹達在《積微翁回憶錄‧積微居詩文鈔》記有劉茂生來信中轉達黃侃所言：「丹徒柳先生不治文學之業，顧論述文化史，曾以段、王、黃、楊為一宗，記述其源流云。」見該書第219頁，上海古籍出版社，1986。同時，黃侃也嘲笑王國維求新。在1928年6月18日的日記中他寫道：「國維少不好讀注疏，中年乃治經，倉皇立說，挾其辯給，以炫耀後生，非獨一事之誤而已。始西域出漢晉簡紙，鳴沙石室發得藏〔沈按：藏〕書，洹上培獲龜甲有文字，清亡而內閣檔案散落於外，諸言小學、校勘、地理、近世史事者，以為忽得異境，可陵傲前人，輻湊於斯，而國維幸得先見。」見黃侃：《黃侃日記》第302頁。

大學成爲「來日中國一切新學術之策源地」。傅斯年在《〈新潮〉發刊旨趣書》
中說：

> 今日幸能脫棄舊型，入於軌道。……今日幸能正其目的，以大
> 學之正義爲心。……今日幸能漸入世界潮流，欲爲未來中國社會作
> 之先導。本此精神，循此途徑，期之以十年，則今日之大學，固來
> 日中國一切新學術之策源地；而大學之思潮未必不可普遍國中，影
> 響無量。同人等學業淺陋，逢此轉移之會，雖不敢以此弘業妄自負
> 荷，要當竭盡思力，勉爲一二分之讚助：一則以吾校眞精神喻於國
> 人，二則爲將來之眞學者鼓動興趣。同人等深慚不能自致於眞學者
> 之列，特發願爲人作前驅而已。名曰《新潮》，其義可知也。〔註22〕

顧頡剛、傅斯年創辦「中山大學語言歷史學研究所」和「中央研究院歷史語
言研究所」時，語言學的學科意識得到了進一步的強化。此時，顧頡剛是打
完了「古史辨」的硬仗，傅斯年在歐洲留學時接受了德國蘭克史學和法國史
學的影響。《中央研究院歷史語言研究所集刊》創刊於 1928 年 10 月，蔡元培
寫有《發刊辭》。緊隨其後的是傅斯年 1928 年 5 月在廣州寫就的《歷史語言
研究所工作之旨趣》。傅斯年認爲歷史學研究已經成爲各種科學的方法的彙
集。他甚至強調歷史學就是史料學，歷史研究就是找材料。而找材料的路徑
簡單地說就是典籍文獻加田野調查。傅斯年早在 1920 年自歐洲致蔡元培信時
就強調歐洲的第一流大學的根基是科學，而中世紀的學院才是根基於文學、
哲學〔註23〕。在傅斯年心目中，歷史學和語言學研究最具有科學性，即是「科
學研究」。而文學中的情感、審美因素和哲學中的形而上的玄學議論都會導致
這兩個學科走向個性化、情緒化，乃至成爲精神現象的世界。傅斯年所謂的
歷史學和語言學具備「科學研究」的標準是：「能直接研究材料」；「能擴張他
所研究的材料」；「能擴大他作研究時應用的工具」〔註24〕。就「研究時應用
的工具」而言，他特別提到「語音實驗」。最後，傅斯年高呼：「一、把些傳
統的或自造的『仁義禮智』和其它主觀，同歷史學和語言學混在一氣的人，
絕對不是我們的同志！二、要把歷史學和語言學建設得和生物學地質學等同

〔註22〕《新潮》第 1 卷第 1 號（1919 年 1 月 1 日）。
〔註23〕傅斯年：《傅斯年君致校長函》，《北京大學日刊》第 715 號（1920 年 10 月 13
　　　　日）。
〔註24〕傅斯年：《歷史語言研究所工作之旨趣》，《中央研究院歷史語言研究所集刊》
　　　　第一本第一分，1928 年 10 月。

樣，乃是我們的同志！三、我們要科學的東方學之正統在中國！」〔註25〕

　　傅斯年的思想方法影響和左右了中央研究院的機構設置。中央研究院從大陸到臺灣，60多年沒有「文哲所」，直到1990年代，才開始籌備「文哲所」。和傅斯年的思想方法有共同之處的顧頡剛，是要追逐新思想而離開北洋政府控制的北京（如羅志田所說，當時政治思想是南新北舊，故有「北伐」），到廈門大學、廣州中山大學。他同樣是想把歷史學和語言文字學建設得如同自然科學。作為中山大學史學系系主任、語言歷史學研究所主任，顧頡剛在1929年2月6、7日為《中山大學語言歷史學研究所年報》作序時明確表示：

> 　　我們這班人受了西方傳來的科學教育，激起我們對於學問的認識，再耐不住不用了求真知的精神，在中國建設一個學術社會了。在這個學術社會中，不但要創建中國向來極缺乏的自然科學，還要把中國向來號稱材料最富研究最深的社會科學（歷史學在內）和語言文字之學重新建設過。這是把中國昔日的學術範圍和治學方法根本打破、根本換過的；這是知識上思想上的一種徹底的改革。
>
> 　　……我們常把微細的成績發表，為的是要恪守我們的幼稚的學術團體的本分，從許多人的意識裏造成一個共同的目標，從許多人的工作裏熟悉若干最有效的方法。
>
> 　　我們現在已經認清了我們的路，我們要在這條路上竭盡了畢生的精力來作多方面的建設。……
>
> 　　我們要明白自己的學問是學問的全體中的一小部分，不要作正統派，所以不希望全國的青年都歸附到我們的旗幟下，只希望對於這方面有興趣有能力的青年肯和我們聯合工作。……
>
> 　　我們的眼光可以放得很遠，……但工作卻要做得切近，無論何種的研究的基礎都須建設於確實的證據上，在不能遠得系統時不要隨便湊成一個系統，在不能遠得結論時不要輕易作出一個結論。〔註26〕

〔註25〕傅斯年：《歷史語言研究所工作之旨趣》，《中央研究院歷史語言研究所集刊》
　　　　第一本第一分，1928年10月。
〔註26〕轉引自顧潮編著：《顧頡剛年譜》第169～170頁。

「中央研究院歷史語言研究所」〔註27〕的基本力量來自北京大學和清華大學，爾後，這三家的勢力就一直影響、左右著中國1950年以前的歷史學、語言學研究。這在1948年中央研究院院士選舉時表現得尤為明顯。出身於無錫國專的唐蘭，在古文字、古史研究上卓有成就，但是由於他的甲骨文研究缺乏考古發掘的的實際支持，當他個人請求胡適推薦他做院士候選人時就沒有被胡適看中。胡適、傅斯年師徒拋棄政治倫理，以學術倫理為重，共同推舉郭沫若為院士。「歷史語言研究所」的工作路子就是要強調田野作業，歷史組去考古發掘，找新材料。語言組大搞方言調查。然後再和歷史文獻進行互證。歷史、考古組的傅斯年、董作賓、李濟、梁思永等人是這個路子，語言組的趙元任、羅常培、李方桂、黃淬伯、丁聲樹、董同龢、周祖謨等人也都是這個路子〔註28〕。梁思成的建築史研究，同樣是這個方法。

現代音韻學研究大搞方言調查，受兩個方面的影響：一是西方語言學研究中對小語種和局部方言的重視，特別是受西方漢學家如高本漢的中國音韻學研究的啟發；二是五四新文化運動帶來的新國語運動的普遍展開。就後者而言，「新國語運動」的發起人為當時在美國的留學生趙元任、胡適，起點在1915年。胡適由1915年寫作《如何可使吾國文言易於教授》、1917年發表《文學改良芻議》到隨後的《建設的文學革命論——國語的文學・文學的國語》，掀動了一場文學的革命，而文學的形式的變革就是要走白話文的路。1920年1月北洋政府教育部通令全國小學一、二年級的課本廢止文言文改用國語。以推廣白話文為中心內容的「新國語運動」，首先面臨著中國地大物博所帶來的方言問題。於是，方言調查應聲而起。方言調查帶來了兩個重要價值趨向：一是為現實的推廣新國語提供了便利；二是由於方言保留部分古音的緣故而為推研古音帶來可能。於是音韻學研究便在繼承傳統的古籍考證的基礎上，和方言調查收穫的新的語料相結合，形成現代音韻學。

若以1930年代初的大學中文系的課程為依據，進一步比較北京大學和中央大學的語言學教學研究狀況，可以明顯看出，此時北京大學的語言學體系已經建設完備：文字、音韻、訓詁、語法、修辭、語言學理論、語言學實驗、

〔註27〕 關於「中央研究院歷史語言研究所」的研究，參見桑兵《近代學術轉承：從國學到東方學——傅斯年〈歷史語言研究所工作之旨趣〉解析》。文見桑兵：《晚清民國的國學研究》，上海古籍出版社，2001。

〔註28〕 關於「漢語言學」學科的建設，李喜所在文章中也注意到了，見李喜所：《留學生與中國現代學科群的建構》，《河北學刊》2003年第6期。

比較語言學、少數民族語言各科全有〔註 29〕。而中央大學的語言學課程只有
訓詁、音韻學、文字或方言〔註 30〕。1949 年以後，北京大學中文系的語言學
保留了 1930 年代建立起來的學術基礎和傳統，多門類並存發展，爲全國語言
學之領軍。

　　確切地說，「學衡」精神是科學時代、實驗主義以及唯科學主義主導下的
學術主流意識之外的人文主義精神。相對於北京大學「新青年—新潮派」的
新文化的激進主義勢力，南京高師—東南大學的「學衡派」是文化保守主義
的一種力量。南北力量的相互作用，奠定了現代學術的基礎，他們在衝突、
批評、論爭中，求同存異，共同促進了學術的發展。

　　「學衡派」（有原南京高師—東南大學畢業的學者稱爲「南高—東南學
派」）的學術支撐是史地之學和文哲之學。前者又以其形成「歷史地理學」爲
其主要特色。後者的文學、哲學研究是以古典與現代、中國與西方的融通而
影響學界。尤其是西洋學術之源與中國的孔學，西洋文學的古典主義精神、
新人文主義精神與中國儒學的人文主義精神在這裡交融。西方哲學的理性精
神和金陵佛學的形而上精神在這裡碰撞。其中文學的教學研究是以西洋文學
的輸入爲多，哲學主要是西洋哲學的輸入（以劉伯明、郭斌龢爲代表）和佛
學的現代闡釋爲路向。

　　刊物作爲文化載體，支撐「學衡派」的實際上又分爲兩個層面：側重思
想觀念展示的是《學衡》、《國風》、《大公報・文學副刊》、《思想與時代》；側
重學術層面展開的是《史地學報》、《文哲學報》、《史學與地學》、《史學雜誌》、
《地理雜誌》—《方志月刊》、《史地雜誌》。還有一個並不滿意「學衡派」而
實際上與「學衡派」有相應的學術關係，且作者與上述其它刊物交叉的《國
學叢刊》。當然，這兩個層面又是互相滲透的。

新舊之說與東南學風

　　湯因比在考察文明的發展時，注意到了其中的「精神的分裂」〔註 31〕。
他說當一個社會開始瓦解時，在成長階段的個體的各種行爲、感覺和生活特
性將爲一些可能的其它方式取代，一種是被動的方式，另一種是主動的方式，
會相關地出現復古派和未來派。前者有「在文明崩潰的社會裏再建早期生活

〔註 29〕《北京大學日刊》1931 年 9 月 14 日。
〔註 30〕《國立中央大學日刊》1932 年 10 月 7 日。
〔註 31〕湯因比：《文明經受著考驗》（沈輝等譯）第 320 頁，浙江人民出版社，1988。

節奏的企圖」，後者含有中斷與傳統聯繫的意思。五四新文化運動決定了南北大學復古派和未來派的「精神的分裂」。而「再建早期生活節奏的企圖」是根本不可能的事，但尋求其文化學術之源，通常是他們積極的表現。這也是為什麼在春秋戰國 時代就有「克己復禮」的「集體意識」，和對已經逝去的並不可知的三皇五帝時代美好嚮往。

對於近現代學術的新舊、中外、有用無用之說，王國維是表示強烈反對的。他在 1911 年的《國學叢刊‧序》中明確表示：「學無新舊也，無中西也，無有用無用也。凡立此名者，均不學之徒，即學焉而未嘗知學者也。」〔註 32〕但實際上，學界有意無意地還是要分出個新舊來。

梁啟超 1923 年 1 月 9 日在東南大學「國學研究會」做的《治國學的兩條大路》（收入東南大學「國學研究會」編的《國學研究會演講錄》第一集）的演講中，提出了治國學有兩條應走的大路：「一、文獻的學問——應該用客觀的科學方法去研究；二、德性的學問——應該用內省的和躬行的方法去研究。」這實際上是宋儒早已經明確了的「尊德性」與「道問學」兩種學問之路，黃宗羲又在《宋元學案》中加以理性的概括。梁啟超說第一種就是「整理國故」的部分，具體內容是求真、求博和求通。

在演講的最後，梁啟超忽然把話頭拉到國學研究中的南北、新舊問題上。他說：「這邊的諸位同學，從不對於國學輕下批評。這是很好的現象。自然，我也聞聽有許多人諷刺南京學生守舊，但是只要舊的是好，守舊又何足病詬？所以我很願此次的講演，更能夠多多增進諸君以研究國學的興味。」〔註 33〕梁啟超對所謂的東南大學「舊」的傾向顯然有自己特殊的好感。

那麼，南京高師—東南大學的「舊」究竟指的是什麼？梁啟超只說明了客觀上的一點，就是「從不對於國學輕下批評」。當然他們還有反對和不接受「新」的一方面，這和梁說的是一致的，自然又是主觀上的（北京大學的「反孔」和南京高師—東南大學—中央大學的「尊孔」都是有意識的。激進的反傳統與保守的維護傳統形成鮮明的對立。文學上的新舊之爭，國學研究中的「疑」與「信」的爭辯）。當然，由於歷史的條件的限制，他們在客觀上還沒有獲得學術研究的新的材料和方法。

〔註 32〕《國學叢刊》第 1 冊，又見《觀堂別集》卷四第 7 頁，王國維：《王國維遺書》第 3 冊，上海書店出版社 1996 年第二次影印本。
〔註 33〕梁啟超：《飲冰室合集》第 5 冊第 119 頁，中華書局，1989。

　　湯因比說：「心靈的視野和眼睛的視野一樣，只有當觀察家已經在他和他的對象之間保持一定距離時，才會進入焦點。」〔註34〕這自然也是中國古典批評家所謂「欲識廬山面目」的命題。對別人的批評和對自己的評價要想公正，是需要一定的時間和相應的距離的。

　　事實上，新和舊都是相對的。北京大學的「新」和文化激進是主潮，自然也控制著主流話語權，但舊的仍被兼容。這也正是北京大學的大學的精神。楊振聲在《回憶五四》一文中說到學生、老師之間的複雜關係：

　　　　當時在北大學生中曾出版了《新潮》、《國民》兩種雜誌，作為青年進軍的旗幟，來與《新青年》相呼應。

　　　　……當時不獨校內與校外有鬥爭，校內自身也有鬥爭；不獨先生之間有鬥爭，學生之間也有鬥爭，先生與學生之間也還是有鬥爭。比較表示的最幼稚而露骨的是學生之間的鬥爭。有人在燈窗下把鼻子貼在《文選》上看李善的小字注，同時就有人在窗外高歌拜倫的詩。在屋子的一角上，有人在搖頭晃腦，抑揚頓挫地念著桐城派古文，在另一角上是幾個人在討論著娜拉走出「傀儡之家」以後，她的生活怎麼辦？念古文的人對討論者表示憎惡的神色，討論者對念古文的人投以鄙視的眼光。前面說過學生中曾出版《新潮》與《國民》；但同時也出版了與之相對立的《國故》。這三種雜誌的重要編輯人都出在我們五四那年畢業班的中文系。大家除了唇舌相識，筆鋒相對外，上班時冤家相見，分外眼明，大有不能兩立之勢。甚至有的懷裏還揣著小刀子。

　　　　當時大多數的先生是站在舊的一面，尤其在中文系。在新文學運動前，黃侃先生教駢文，上班就罵散文；姚永樸老先生教散文，上班就罵駢文。新文學運動時，他們彼此不罵了，上班都罵白話文。

　　　　俞平伯先生同我參加《新潮》雜誌社，先生罵我們是叛徒。〔註35〕

而在東南大學，文科的整體力量中有很大的一部分勢力是與北京大學對立的，這在局外人看來自然是梁啟超所說的「舊」。但其中也有「異質」。由於

〔註34〕湯因比：《文明經受著考驗》（沈輝等譯）第 182～183 頁。
〔註35〕原刊《人民文學》1954 年第 5 期（1954 年 5 月），此處轉自中國社會科學院近代史研究所編：《五四運動回憶錄》（上）第 260～261 頁，中國社會科學出版社，1979。

陳中凡的北京大學出身，和與陳獨秀等人的特殊關係，他指導的《國學叢刊》
和《學衡》、《史地學報》、《文哲學報》的反新文化、反新文學傾向就有些不
同。他是有意地游離在「學衡派」與北京大學「新青年派」的對立之外。王
易、汪辟疆是東南大學「學衡派」的成員，但他們早年畢業於北京大學，因
此，他們雖守舊（堅持寫舊體詩詞）而不罵母校北大的求新（倡導新文化、
新文學）。吳梅、黃侃是先後離開北京大學（黃又先後任教於武昌師大─武昌
大學、東北大學）到東南大學─中央大學任教的，尤其是黃侃，是因不滿北
大的「新」而求中央大學的「舊」而來的。這種新中有舊和舊中有新的複雜
的實際情況，說明了大學場域本身所具有的兼容性和歷史變革時代的精神共
同體的「異質同構」的相對性、可能性。

　　「學衡派」成員群聚東南大學的時間是短暫的，他們近四年的群集所昭
示出的共同的精神，被柳詒徵概括為「東南學風」。學者都有自己特別的自信
和臺上喝彩，以至於不可避免地表現出文人相輕的偏至，胡適對自己發動的
白話新文學運動，柳詒徵對《學衡》的幾篇批評新文化─新文學的文章，都
有「臺上喝彩」的嫌疑。柳詒徵在《送吳雨僧之奉天序》中說：「梅子吳子同
創雜誌曰《學衡》以詔世，其文初出，頗為聾俗所詬病。久之，其理益章，
其說益信而堅，浮薄怪謬者屏息不敢置喙。則曰，此東南學風然也。」〔註36〕
這種所謂的「學衡派」的文化保守精神和自南京高師至東南大學所形成的「東
南學風」，在隨後是靠南京高師─東南大學的學生來承傳的〔註37〕。

　　東南大學柳詒徵和他的學生因主張「信古」而反對北京大學「古史辨」
派的「疑古」，在雙方的論爭中顧頡剛明確地認識到「這是精神上的不一致」
〔註38〕。錢玄同、魏建功都感到這是「我們的精神與他們不同的地方」〔註39〕。
魏建功還特別指出柳詒徵等人因「舊材料與舊心理」的原故，阻礙了學術的
進步。這說明由精神的不同，到「我們」與「他們」的群體的對立，進而也
就出現了南北學術的差異。

〔註36〕柳詒徵：《送吳雨僧之奉天序》，《學衡》第33期（1924年9月）。又見吳宓：
　　　　《吳宓詩集·遼東集》第1頁。
〔註37〕羅崗已注意到了這個問題，參見羅崗：《面具背後》第8～10頁，上海教育出
　　　　版社，2002。
〔註38〕顧頡剛：《答柳翼謀先生》，刊《北京大學研究所國學門周刊》第15、16期合
　　　　冊（1926年1月27日）。
〔註39〕魏建功：《新史料與舊心理》，刊《北京大學研究所國學門周刊》第15、16期
　　　　合冊（1926年1月27日）。

　　科學哲學家托馬斯‧庫恩有一段頗具啓發性的言論：「接受新的就必須重新估價、重新組織舊的，因而科學發現和發明本質上通常都是革命的。所以，它們確實要求思想活躍、思想開放，這是發散式思想家的特點，而且確實也只限於這些人。」〔註40〕「疑古」和「信古」所導致的「精神上的不一致」，實際上表現出的是前者自覺的思想啓蒙意義，並由此而來的利用新材料而產生的知識祛魅作用。「思想啓蒙」和「知識祛魅」，是雙管齊下的一種文化策略，同時催生了新的學術「範式」。

　　核心人物一般決定學術「範式」的精神導向。從這方面看，柳詒徵可謂異常突出。1968年張其昀在《吾師柳翼謀先生》一文中指出：「民國八年以後，新文化運動風靡一時，而以南京高等師範爲中心的學者們，卻能毅然以繼承中國學統，發揚中國文化爲己任。他們的代表刊物是《學衡》雜誌，該刊的發刊詞，出於柳師手筆。可見他所居的地位。世人對北大、南高有南北對峙的看法。柳師所以能挺身而出，領袖群倫，形成了中流砥柱的力量，可說是南菁書院求是學風的發揚光大。」〔註41〕彭明輝在《歷史地理學與現代中國史學》一書中特別強調了柳詒徵的作用，並將其與胡適相提並論。他說：「柳詒徵在現代中國史上所扮演的角色，向屬較保守之一方，如反對古史辨運動，反對新文化運動，他一直都是反『北大』系統的中堅；所以，柳詒徵的地位其實有類提倡新文化運動和啓發顧頡剛進行古史討論的胡適，一位是『南高』的精神領袖，一位是『北大』的青年導師，兩人南北對立，殊不相讓。」〔註42〕

　　所謂「東南學風」的形成，在1925年之前，原因自然是多方面的。1926年胡先驌在《東南大學與政黨》一文中特別強調說：「東南大學與政黨素不發生關係。言論思想至爲自由。教職員中亦無黨派地域之別。」東南大學「爲不受政治影響專事研究學術之機關」〔註43〕。但改制爲中央大學後，情況就有所不同了。

　　當時的東南大學學生（1923～1926），後爲近代史學家的郭廷以，在口述自傳中的說辭是，江謙（易園）是理學家，學問修養都好，很注重培養學生的樸實風氣。「當時學監陳容（主素）和稍晚一點的王伯沆、柳詒徵等都是講

〔註40〕托馬斯‧庫恩：《必要的張力》第224頁，福建人民出版社，1981。
〔註41〕張其昀：《張其昀先生文集》第9冊第4712頁。
〔註42〕彭明輝：《歷史地理學與現代中國史學》第99頁。
〔註43〕胡先驌：《東南大學與政黨》，《東南論衡》第1卷第1期（1926年3月27日）。

理學的先生，循規蹈矩的，無形中養成了南高樸實的學風」〔註 44〕。同時他將東南大學與北京大學比較後得出的結論是：「在精神方面，東大先承江易園先生等之理學薰陶，後繼以劉伯明先生主講哲學之啓發，學生均循規蹈矩，一切都不走極端，既接受西洋文化，亦不排斥我國固有文化，因此學生雖鮮出類拔萃人物，但太差的也沒有，這與北大恰好相反。」〔註 45〕

當然新舊之說還有學術之外的一種更爲明顯的表現，那就是文學創作。1917～1927 年所謂新文學的第一個十年間，除盧前、侯曜、顧仲彝外，南京高師—東南大學幾乎沒有出現或培養出一個知名新文學作家。這其實與其反新文化、反新文學有關，是其學風所決定的，也是「學衡派」極端抵抗新文化—新文學的後果。他們的文學活動主要是寫舊體詩詞。

1922 年 8 月 26 日，胡適在接見日本學者今關壽麿時特別談了他對南北史學差異的看法，他說：「南方史學勤苦而太信古，北方史學能疑古而學問太簡陋。將來中國的新史學須有北方的疑古精神和南方的勤學工夫。」〔註 46〕在胡適看來，能夠結合南北史學優長的學者是王國維、陳寅恪、湯用彤、陳垣等人。1928 年 5 月 21 日，他在南京中央大學演講時，特別提到五四時期，「南高以穩健、保守自持，北大以激烈、改革爲事。這兩種不同之學風，即爲彼時南北兩派學者之代表」。1935 年胡先驌爲紀念南京高師二十週年所作的《樸學之精神》一文，也有意從學術精神上分出個南北不同來。他說：

> 當五四運動前後，北方學派方以文學革命、整理國故相標榜，立言務求恢詭，抨擊不厭吹求。而南雍師生乃以繼往開來，融貫中西爲職志。王伯沆先生主講四書與杜詩，至教室門爲之塞，而柳翼謀先生之作《中國文化史》，亦爲世所宗仰，流風所被，成才者極眾。在歐西文哲之學，自劉伯明、梅迪生、吳雨僧、湯錫予諸先生主講以來，歐西文化之眞實精神，始爲吾國士大夫所辨認，知忠信篤行，不問華夷，不分今古，而宇宙間確有天不變道亦不變之至理存在，而東西聖人，具有同然焉。自《學衡》雜誌出，而學術界之視聽以正，人文主義乃得與實驗主義分庭抗禮。〔註 47〕

〔註44〕 郭廷以口述、張朋園等整理：《郭廷以口述自傳》第 83 頁，中國大百科全書出版社，2009。
〔註45〕 郭廷以口述、張朋園等整理：《郭廷以口述自傳》第 91 頁。
〔註46〕 胡適：《胡適全集》第 29 卷第 726 頁。
〔註47〕 胡先驌：《樸學之精神》，《國風》第 8 卷第 1 號（1936 年 1 月 1 日）。

而他說的「實驗主義」顯然是指向胡適及北京大學。桑兵承繼梁啓超勘察「近代學人的地理分佈」的視角，在其著作中引述文化觀念相對立的二胡（胡適、胡先驌）之說，是要說明此時北方的學者本身多是地緣意義上的南方人。事實上，清末民初在北京大學，從校長到文科教授群體，的確多是來自南方——從「桐城派」傳人、「浙江派」到陳獨秀、胡適「新文化運動」時代的「皖派」，恰如梁啓超所說的清朝「一代學術幾爲江浙皖三省所獨佔」的那樣——北大仍爲江浙皖學人所佔據。地緣意義上的南方學人，在 1948 年院士選舉時，81 位院士中佔了 71 人（河北、山東、陝西、山西、河南共 10 人，其它北方省份無）。

歷史地理學

晚清地理學成爲顯學，有內憂外患和文化上的西潮衝擊等重要原因。特別是西方地理學在中國的傳播和影響，徹底改變了中國士大夫心中的世界觀念和國家觀念，同時也使中國傳統的地理學學科發生了巨變。新的科學知識體系和思想觀念，一方面促使地理學教育展開和普及，另一方面也使國人民族救亡意識強化和國家疆域觀念明確〔註48〕。

科舉廢除、新學大興之後，地理學成爲新式學堂的一門基礎課。將歷史與地理合而爲「史地之學」，起始於南京高等師範學校文史地部，並由相應的學術刊物支撐。隨後發展強化爲專門的「歷史地理學」學科。

由「歷史」與「地理」兩門相對獨立的學科合稱爲「史地之學」，在隨後發展強化爲專門的「歷史地理學」學科時，呈現出兩條路徑：一路是南京的「史地研究會」派；一路是北京的「禹貢學會」派。僅從名稱上看，南北學派不同，但由刊物培養人才的事實是相同的。

先說前者。這一路從最初的「南京高等師範學校史地研究會—東南大學史地研究會」辦的《史地學報》，到柳詒徵任總幹事的「中國史地學會」辦的《史學與地學》（北京女子大學—南京龍蟠里國學圖書館、南京中央大學史地學系編輯，並由南京高師—東南大學畢業生，此時在商務印書館就職的張其昀、向達具體負責，上海商務印書館印行，1926 年 12 月 1 日第 1 期、1927年 7 月 1 日第 2 期、1928 年 7 月 1 日第 3 期）。《史學與地學》隨柳詒徵出任

〔註48〕　參見鄒振環：《晚清西方地理學在中國——以 1815 至 1911 年西方地理學譯著的傳播與影響爲中心》，上海古籍出版社，2000。郭雙林：《西潮激蕩下的晚清地理學》，北京大學出版社，2000。

南京的江蘇國學圖書館館長而變化，刊物一分爲二：《史學雜誌》、《地理雜誌》——《方志月刊》。這兩個刊物的基本力量仍是南京高師——東南大學培養的學者，此時多在中央大學。《史學雜誌》雙月刊，創刊於 1929 年 3 月，爲「南京中國史學會編輯」，地點在龍蟠里 10 號的江蘇國學圖書館。到 1931 年 4 月出版兩卷，並有第 3 卷第 1 期預告。《地理雜誌》雙月刊，由中央大學地理學系辦，1928 年 7 月創刊，共出版 23 期（1928 年出 1 卷 3 期，1929 年出 2 卷 6 期，1930 年出 3 卷 6 期，1931 年出 4 卷 6 期，1932 年出 5 卷 2 期）。1932 年 3 月《地理雜誌》雙月刊 5 卷 2 期出版後停刊，1932 年 11 月改名爲《方志月刊》，成爲「中國人地學會」的會刊，由張其昀主編，在鍾山書局印行，刊期與前者相連，即《方志月刊》從第 5 卷第 3 期開始，到 1936 年 7 月出版第 9 卷 3、4 合期後停刊。與此同時，中國地理學會的一個全國性的《地理學報》也在出版發行。

1936 年夏張其昀到浙江大學主持史地學系後，又在史地學系創辦了《史地雜誌》（杭州浙江大學——遵義浙江大學史地系編輯、出版發行，1937 年 5 月創刊，7 月出第 1 卷第 2 期。在抗戰艱苦的 1940 年 9 月出第 1 卷第 3 期、1941 年 9 月第 1 卷第 4 期。1942 年出第 2 卷，計劃每兩月一期，但只出了兩期。前後兩卷共六期）和《國立浙江大學文科研究所史地學叢刊》（共出版四期）。

從《史地學報》到《史地雜誌》，幾個刊物的作者實際上是一批師生，是南京高師——東南大學「史地研究會」的基本人物所爲。這支力量在 1932 年 9 月～1936 年 12 月間，大部分人加入了《國風》。1941 年 8 月～1948 年 11 月間，又有一部分力量彙入了《思想與時代》。

再說後者。這一路爲出身北京大學的顧頡剛 1934 年 3 月 1 日～1937 年 7 月 16 日在北平主持的歷史地理學刊物《禹貢》半月刊和「禹貢學會」。

因文化觀念、思想的新舊差異和地域的不同，「歷史地理學」學分南北〔註 49〕。這兩路在早期是對立的，這種情緒以至於影響到後來的刊物。顧頡剛、錢玄同、胡適立足北京大學，是新文化運動的骨幹力量，發起「古史辨」運動，主張「疑古」。而南京高師——東南大學的文化保守力量，特別是以《學衡》、《史地學報》爲代表的師生（如柳詒徵、劉掞藜）群體，反對「疑古」，主張「信古」。《史地學報》創刊號上刊出的柳詒徵的《論近人

〔註49〕 彭明輝在《歷史地理學與現代中國史學》一書中已經注意到了這一重要的問題。第五章「歷史地理學興起的時代意義」的第一節爲「《禹貢半月刊》與《史地學報》之比較分析」。說這是「北大」派與「南高」派的不同。

講諸子學者之失》一文雖然是批評了章太炎、梁啓超、胡適三人，但更多的篇幅是針對胡適的《中國哲學史大綱》上冊和《諸子不出於王官論》。此文在《學衡》第 73 期又被轉登一次。可以明顯看出，《史地學報》一開始就和北京大學的新派學人叫上了勁。「古史辨」的第一、第二個爭論的回合，就是在這兩股力量之間進行的。學術論爭的本身也促進了這門學科的發展。他們後來成爲專門學科的「歷史地理學」的兩支力量：北方以北京大學、燕京大學和輔仁大學爲基地，顧頡剛、譚其驤、侯仁之、馮家昇、劉選民、史念海、楊向奎、楊寬、童書業、白壽彝等人爲主力形成的「禹貢學會」派；南方以東南大學—中央大學、浙江大學爲基地，張其昀、向達、王庸、王煥鑣、胡煥庸等人爲主力形成的「史地研究會—史地學會」派。查《禹貢》半月刊〔註 50〕，除原南京高師—東南大學畢業的王庸寫有《桂萼的〈輿地指掌圖〉和李默的〈天下輿地圖〉》〔註 51〕、《〈中國地學論文索引〉序》〔註 52〕、《地志與地圖》〔註 53〕，劉掞藜寫有《晉惠帝時代漢族之大流徙》〔註 54〕，鄭鶴聲寫有《「黃河釋名」補》〔註 55〕外，東南大學—中央大學的其他學者都沒有寫稿（張其昀只有一篇向錢穆詢問書刊的通信被刊出）。而對顧頡剛的批評一直是「學衡派」中人的一個興奮點。《史學雜誌》第 3 卷 1 期有錢穆、繆鳳林的《評顧頡剛〈五德終始說下的政治和歷史〉》。

　　1923 年 1 月 1 日，在《史地學報》2 卷第 2 期的「讀書錄」欄目中，有法國人布倫汗（Jean Brunhes）、克米爾（Camille Vallaux）合著，張其昀譯介的《歷史地理學》。中國學術界從此開始出現「歷史地理學」這一術語。在南京高師—東南大學也開始有了「歷史地理學」的自覺意識。《史地學報》第 2 卷第 4 期上所選錄的丁文江在 1923 年 3 月 11 日《努力周報》第 43 期中發表的《歷史人物與地理的關係》，則是典型的歷史地理學方面的文章。「歷史地理學」在現代學術史上的凸現，與近代以來中國屢遭外敵入侵，割地賠款，

〔註 50〕　《禹貢》半月刊 7 卷 82 期中有合刊現象。具體期號是第 5 卷第 3、4 期合，
　　　　　第 8、9 期合。第 6 卷第 3、4 期合，第 8、9 期合。第 7 卷第 1、2、3 期合，
　　　　　第 6、7 期合，第 8、9 期合。所以實際單行本爲 74 冊。
〔註 51〕　《禹貢》第 1 卷第 11 期（1934 年 8 月 1 日）。
〔註 52〕　《禹貢》第 1 卷第 11 期（1934 年 8 月 1 日）。
〔註 53〕　《禹貢》第 2 卷第 2 期（1934 年 9 月 16 日），署名「王以中」。
〔註 54〕　《禹貢》第 4 卷第 11 期（1936 年 2 月 1 日）。
〔註 55〕　《禹貢》第 7 卷第 1、2、3 合期（1937 年 4 月 1 日）。

尤其是日寇的侵略，學者的民族意識強化有直接的關係。如果說「歷史地理學」這門學問有功利性的話，那就是它維繫著中華民族的感情，是民族─國家版圖形象化的顯現。

事實上，這兩條路徑背後的知識結構是不同的。簡單地說，歷史學研究以往的人、社會與自然的複雜關係。其中對以往的人與自然的研究即「歷史地理學」。「禹貢學會」派的「歷史地理學」是這條路。他們是歷史學的知識背景，也就是說他們從事的仍是歷史學科的工作，是文獻考證式的研究。而「史地研究會─史地學會」派的主要人物，是「文史地部」出身的學者，大都有過大「地學」的學術訓練。這個大「地學」實際上包括了地質、地理、氣象和天文的綜合內容，自然也是南京高師─東南大學的學術特色。因此，這批「歷史地理學」的學者有歷史學和地理學的雙重素質，即經過了相應的現代科學的訓練，是科學實證式的研究。我想這正是南北「歷史地理學」不同的關鍵所在。南京高師─東南大學的歷史學教授柳詒徵在 1926 年為商務印書館函授社國文科寫的講義《史學概論》中就強調：「地理與歷史關係之密切，盡人所知。欲求國族文化升降遷徙之原，則地文、地質諸科，皆治史者所當從事。」〔註56〕張其昀說「學衡派」同人在《思想與時代》雜誌時期所追求的是「科學時代的人文主義精神」，這話同樣也適合對他們的「歷史地理學」的定位。因此從學術路向可以說「禹貢學會」派的「歷史地理學」是純粹的歷史文獻考證，而「史地研究會─史地學會」的「歷史地理學」則是歷史文獻考證加田野調查的科學實證。其中張其昀、胡煥庸、向達是這方面的代表。但從早期《史地學報》上的文章看，由於多是學生的習作，還看不出歷史與地理融合，呈現出的是相對獨立的歷史與地理兩個學科的特性，只是到了後來，在張其昀、胡煥庸、向達身上，「歷史地理」的融合才顯出特色。

《史地學報》第 2 卷第 7 期上有張其昀的《地理學之新精神》一文，他為「史地研究會」的地理學同人提出了他們所要遵從的基本精神是：1、實地研究之精神。2、解釋之精神，3、批評之精神。4、致用之精神。隨後他在為 1926 年第 1 期《史學與地學》所寫的《人生地理之態度與方法》一文中，特別強調科學精神。他文章所列的四部分為「人生地理學之職志」、「科學精神與人生地理」、「歷史觀念與人生地理」、「人文主義與人生地理」〔註57〕。這

〔註56〕柳曾符、柳定生選編：《柳詒徵史學論文集》第 113 頁。
〔註57〕張其昀：《張其昀先生文集》第 1 冊第 38 頁。

是他們與顧頡剛等「禹貢學會」派的歷史學立足點的不同所在。這裡的「人生地理」即隨後地理學界通常所說的「人文地理」。

南京高師文史地部和改制後的東南大學文科創辦有四個刊物，外加一個與其它學校合作辦刊《新教育》。教授組織「學衡雜誌社」的《學衡》，注重文化—文學批評，反對新文化—新文學運動，倡導嚴謹務實的「學風」，主張融化新知，昌明國粹。但編輯部在南京東南大學僅立足三年，便隨吳宓轉移到北京的清華學校。學生組織「史地研究會」的《史地學報》，是歷史學、地理學、地質學的純粹學術研究刊物，尚地實重史實。學生組織「文學研究會」、「哲學研究會」（均在1922年4月成立，有聚會和合影）的《文哲學報》，是注重文學的歷史和審美解釋，重西洋哲學的價值體系認識和佛學研究，但刊物僅出版四期（1922年～1923年），沒有形成相應的影響。學生組織「國學研究會」的《國學叢刊》側重傳統的諸子經學和文史考據研究。四個刊物的作者有很大的交叉，尤其是《史地學報》、《文哲學報》的作者，更是集中在幾個重要的人物。《學衡》、《文哲學報》和《國學叢刊》的文學創作全是逆新文學主流而堅守的舊體詩詞。而《國學叢刊》的文學創作也是舊體詩詞。

從現代學術的基本格局看，保守的「學衡派」，在由《學衡》確立了基本的學風、學理規範的同時，又由《史地學報》為研究歷史學、地學的學生，《文哲學報》、《國學叢刊》為研究文學、哲學特別是傳統國學的學生提供學術的基礎性訓練，和最初的學術展示的舞臺，奠定了南京高師—東南大學的學術基礎，進而也開啟了東南大學文史地的現代學術研究。同時也為日後「歷史」與「地理」的學科融合而產生「歷史地理學」這門新學科打下了良好的基礎。日後的中央大學、浙江大學文科的基本力量就是這批在南京高師—東南大學受過訓練的人。同時，他們的力量也發散到其它大學，如金陵大學、清華學校—清華大學、東北大學、中正大學、四川大學、武漢大學等名校。

僅從刊物作為「學衡派」的學術思想載體看，又明顯分出兩路：以吳宓為核心的《學衡》、《大公報·文學副刊》，從東南大學到清華學校—清華大學（1922年1月～1934年1月）。以柳詒徵、張其昀、胡煥庸、繆鳳林、景昌極等為核心的《史地學報》、《文哲學報》、《史學與地學》、《史學雜誌》、《地理雜誌》—《方志月刊》，一直在東南大學—中央大學（柳詒徵曾短期到東北大學、北京女子大學任教），兩股力量在1932年9月～1936年底交匯於中央大學的《國風》。1941年～1948年又聚集於浙江大學的《思想與時代》。

　　《史地學報》是「學衡派」學術活動的一部分。同時也可從中得見南京高師—東南大學文史地學術的基礎是如何建立起來的。從史實上看，這個學生學術群體有嚴格的組織性和系統的規範化管理。再進一步將其與同一時期的北京大學研究所國學門和稍後的清華學校研究院的組織結構和管理體制比較後發現，「史地研究會」的確沾染了科學的特性，具有相當的科學精神貫注其中。因為「地學」本是自然科學領域中的學問，雖有所謂「人文地理」的成分，但只是其中的一部分。這正是現代學術發端時期其它高校所沒有的，也是「南高—東南學派」的特性。北京大學也有「地學」，並有翁文灝、丁文江、李四光這樣的自由主義分子與胡適結盟。但沒有「史地研究會」這樣的學術共同體。

東南大學的國學研究

　　從五四新文化運動走過來的章太炎門生錢玄同在 1937 年為《劉申叔先生遺書》寫序中明確指出：「最近五十餘年以來，為中國學術思想之革新時代。其中對於國故研究之新運動，進步最速，貢獻最多，影響於社會政治思想文化者亦最巨。」〔註 58〕

　　清末民初士人關於「國粹」、「國故」、「國學」的論說，都有泛政治化的意識形態傾向，是民族主義的產物，具有反清排滿和抗衡西學的某種文化意圖。這既是文化認同和對歷史上早期民族—國家想像的體現，又是為現實的民族—社會尋求文化精神依託的需要。以至於強烈的反對所謂「國粹」〔註 59〕、「國故」〔註 60〕、「國學」〔註 61〕的新文化運動的主要人物的

〔註 58〕 錢玄同：《錢玄同文集》第 4 卷第 319 頁，中國人民大學出版社，1999。

〔註 59〕 以下三個示例都選取的是反對意見。魯迅的反對「國粹」意見，再明確不過了。他借用一位朋友的話說：「要我們保存國粹，也須國粹能保存我們。」見魯迅：《魯迅全集》第 1 卷第 306 頁。

〔註 60〕 而事實上，在胡適提出「整理國故」後，關於「國故」名稱本身的討論也一直在展開。為此，1927 年上海群學社還出版了許嘯天編的三冊《國故學討論集》。儘管許嘯天在編輯前言中嘲弄「國故學」，說可以從「國故學」三個字「看出我中華大國民浪漫不羈的特性來。這一種國民性，適足以表示他粗陋、怠惰，缺乏科學精神，絕少進取觀念的劣等氣質」。見《國故學討論集》（上）第 1 頁，上海書店，1991（影印本）。並表示：「反對中國人這浪漫的態度，緊接著便是反對這國故學浪漫的名詞。」見許嘯天編：《國故學討論集》（上）第 10 頁。因此，許嘯天並沒有按吳文祺在《重新估定國故學之價值》一文中所列定的「純粹的國故學」（考訂學、文字學、校勘學、訓詁學）分類，而是將該「討論集」分為通論、學的討論、書的討論、人的討論四輯。許嘯天在思想方法上與胡適同路，且個人私交也好。

言論，也從另一方面表現出泛政治化的意識形態和文化倫理傾向。隨著新文化運動的深入，「整理國故」運動的展開，北京大學研究所國學門將「國學」細化爲文字學、文學、哲學、史學、考古學。後期的清華學校研究院，也基本上是循著這個路向。而傳統的「國學」在章太炎看來應分爲：經學、史學、小學、諸子、文學。但在胡適的思想意識中並「不認中國學術與民族主義有密切的關係」。他在 1928 年 11 月 4 日回覆胡樸安要他加入「中國學會」的信中強調：「若以民族主義或任何主義來研究學術，則必有誇大或忌諱的弊病。我們整理國故，只是研究歷史而已，只是爲學術而作功夫，所謂『實事求是』是也，絕無『發揚民族之精神』的感情作用。」〔註62〕

在現代大學的學術活動中，有明顯的師生互動和教學相長現象，以及大眾傳媒的影響因素。胡適在北京大學鼓動起「整理國故」後，又有意把這把火燒到清華學校和在他看來保守的東南大學，並善於借助大眾傳媒的實際影響力。具體表現爲 1923 年 2 月他爲清華學校學生開列《一個最低限度的國學書目》〔註63〕和 1924 年爲曹雲祥校長策劃清華學校研究院，以及 1924 年 1 月在東南大學國學研究班講《再談談整理國故》〔註64〕。胡適與所謂「國學」的影響一旦與大眾傳媒關聯，影響就是連鎖式的。《一個最低限度的國學書目》的刊出和 4 月梁啓超爲清華學生開列的《國學入門書要目及其讀法》，誘發了長時間的「國學書目」的討論，並由《東方雜誌》、《努力周報》增刊《讀書雜志》推動，特別是《晨報副鐫》的有意「炒作」，連章炳麟〔註65〕和在國外

〔註61〕 反對「國學」最激進的要數吳稚暉。他在 1924 年針對張君勱、丁文江「玄學與科學」的論爭，寫了《箴洋八股化之理學》一文說：「這國故的臭東西，他本同小老婆吸鴉片相依爲命。小老婆吸鴉片，又同陞官發財相依爲命。國學大盛，政治無不腐敗。因爲孔孟老墨便是春秋戰國亂世的產物。非再把他丟在毛廁裏三十年，現今鼓吹成一個乾燥無味的物質文明，人家用機關槍打來，我也用機關槍對打。把中國站住了，再整理什麼國故，毫不嫌遲。」見吳稚暉：《吳稚暉學術論著》第 124 頁，上海書店，1991（影印本）。

〔註62〕 胡適：《胡適全集》第 23 卷第 606 頁。

〔註63〕 《東方雜誌》第 20 卷第 4 號（1923 年 2 月 25 日）。《讀書雜志》第 7 期（1923 年 3 月 4 日）。《晨報副鐫》1923 年 6 月 24 日～26 日。

〔註64〕 《晨報副鐫》1924 年 2 月 25 日。

〔註65〕 1924 年 12 月章炳麟（太炎）在《華國》月刊第 2 冊第 2 期上發表《中學國文書目》，列書 39 種，分爲「全誦全講」、「選誦選講」、「全閱略講」、「選閱選講」、「參閱閱講」、、「選閱略講」、「全閱」、「」參閱、「檢閱」。書目爲：《尚書孔傳》、《詩毛傳鄭箋》、《周禮鄭注》、《春秋左傳杜解》、《史記》、《資治通鑑》、《續通鑑》、《明通鑑》、《清五朝東華錄》、《老子王弼注》、《莊子郭象注》、

的中國留學生也介入了討論。「整理國故」也自然從大學的學術研究機構影響到社會的廣大層面，幾乎把新舊學者都調動起來了。這不能不說是胡適的魔力。

從學術層面上看，「整理國故」成爲「新文化—新文學」運動的繼續。討論「國學」也成爲學術界的一個熱點〔註66〕。「炒作」所謂「國學書目」是《晨報副鐫》的一個賣點，孫伏園新接手 1924 年 12 月 5 日創辦的《京報副刊》也不示弱，在 1925 年 1 月 4 日《京報副刊》就刊出《1925 年新年本刊之二大徵求：青年愛讀書十部・青年必讀書十部》。前者徵求截止日期爲 1 月 25 日，後者徵求截止日期爲 2 月 5 日。2 月 11 日開始連載《青年必讀書》，持續幾個月。推薦「青年必讀書」的多是著名的教授、學者，其中前十位依次出場（2 月 11〜20 日）的是胡適、梁啓超、周作人、李小峰、徐志摩、潘家洵、馬裕藻、江紹原、朱我農、魯迅。「青年愛讀書」是中青年人自己推薦的，共 306 人參加推薦，列前十位的書是《紅樓夢》、《水滸傳》、《西廂記》、《吶喊》、《史記》、《三國志》、《儒林外史》、《詩經》、《左傳》、《胡適文存》。其中魯迅、胡適兩位新文學作家的著作入選，其它都是古典名著。列第 11、12 位的是《莊子》、《老子》。北京兩大副刊對「國學」和「書目」的「炒作」，使得現代大學的學術活動與社會發生的實際聯繫既快又直接。

當然，從當時的討論看，「整理國故」是用科學的方法對過去歷史文化的研究、梳理，是專業的學術研究工作，是對學者的學術要求，而不是「保存國粹」與「發揚國光」的復古行爲。開列「國學書目」和推薦「青年必讀書」則是爲青年學生提供讀書、求知的具體指導。對學者和對學生這是兩個不同的層次。

東南大學的「國學」研究，胡適、梁啓超有推動之功，具體實施是靠陳中凡、顧實、柳翼謀等人的努力。從後來的實踐看，胡適的思想方法似乎沒有發揮具體的影響。

《荀子楊倞注》、《韓非子》、《呂氏春秋高誘注》、《中論》、《申鑒》、《顏氏家訓》、《文中子》、《二程遺書》、《王文成公全書》、《顏氏學記》、《古文辭類纂》、《續古文辭類纂》、《古詩源》、《唐詩別裁》、《說文句讀》，《說文解字注》、《爾雅義疏》、《廣韻》、《經傳釋詞》、《世說新語》、《夢溪筆談》、《困學紀聞翁注》、《日知錄》、《十駕齋養新錄》、《中華民國憲法》、《中華民國刑律》、《儀禮表服篇》、《清服製圖》。

〔註66〕 參見羅志田：《國家與學術：清季民初關於「國學」的思想論爭》，生活・讀書・新知三聯書店，2003。

先說胡適、梁啓超對東南大學「國學」研究的推動。胡適在北京大學發起「整理國故」的同時，他有意要把火向南方引燃。1921 年 7 月 31 日胡適在東南大學「暑期學校」演講《「研究國故」的方法》。提出：歷史的觀念、疑古的態度、系統的研究、整理國故〔註67〕。1924 年 1 月 27 日，胡適在東南大學「國學研究班」上講《再談談「整理國故」》。在這次演講中他特別強調上次的演講「是偏於破壞方面，提倡疑古；於建設方面，多未談及」。胡適明確指出：「東大與北大，雖同爲國立的，而在世界學術上，尚無何等位置。要想能夠有一種學術能與世界上學術上比較一下，惟有國學。」〔註 68〕並提出了四種整理方式：讀本式、索引式、結帳式、專史式。梁啓超在 1923 年 1 月 9 日所講《治國學的兩條大路》，他所指出的道路是：一文獻的學問、二德性的學問。胡適與梁啓超的主張不盡相同，梁啓超的影響可能會大些，因爲他是東南大學「史地研究會」聘的「指導員」。

從現代大學學術的實際情況看，初期中國大學學生的學術活動，南京高師—東南大學的「史地研究會」最具學術的組織性和規範化。這與其校風的嚴謹、穩重、紮實有關，或者說與其文化保守相連。其學術活動主要是史學與地學，特別是二者融合的「歷史地理學」。1922 年成立的北京大學研究所國學門師生的學術活動，以整理國故爲號召，最具有批判性、獨立性和自主性。受法國東方學和日本東洋學的影響，分門別類，有意與國外學術研究接軌，培養專門人才〔註 69〕。這是因爲蔡元培在《研究所簡章》中就明確了研究所的體制和職能，有意「仿德、美兩國大學之 Seminar〔專題討論〕辦法，爲專攻一種專門知識之所」〔註 70〕。學術刊物也從原來北京大學的文史哲理工的綜合刊物《北京大學月刊》，過渡到專門的《國學季刊》、《國學門周刊》、《國學門月刊》〔註71〕。「整理舊學」成了他們的主要工作。其學術活動表現在他

〔註67〕胡適：《胡適全集》第 13 卷第 47～50 頁。
〔註68〕引自許嘯天編：《國故學討論集》（上）第 21～22 頁。原本爲 1927 年 1 月上海群學社印行。胡適：《胡適全集》第 13 卷第 51～55 頁收錄的此演講稿與許嘯天編的《國故學討論集》中文字上有較大不同。
〔註69〕參見陳以愛：《中國現代學術研究機構的興起》第 113～139 頁，江西教育出版社，2002。
〔註70〕轉引自陳以愛：《中國現代學術研究機構的興起》第 85 頁。
〔註71〕1922 年秋北京大學校方決定停刊《北京大學月刊》，改爲四種季刊：《國學》、《自然科學》、《社會科學》、《文藝》。《國學季刊》、《社會科學季刊》與本文有關。儘管南京高師—東南大學與北京大學之間因學術精神和思想觀念的不

們成立的五個學會上：歌謠的征集研究、明清內閣檔案的整理、考古、風俗調查和方言調查。這與其自由激進的思想有關係，也是文化「革命」之後文化「建設」的一個重要方面。而1925年成立的清華學校研究院的研究生導師制，最具學術專題性，特別是古音學、古文字學和古史考索，是他校所不及的。南京高師──東南大學沒有研究生的研究體制，只是大學本科學生的學術活動，沒有相應的研究機構和研究生學製作為支撐。而北京大學研究所國學門的學術活動和清華學校研究院都是導師制的研究生研究工作。

就史學看，南北學術質量的不同，主要表現在北大、清華的師生及時利用和佔有考古（甲骨文）、敦煌文獻、明清內閣檔案的新材料，以及得自「田野調查」的方言材料和豐富的民俗學資料。而南京高師──東南大學的師生的文史研究仍是用舊方法在舊史料中打轉（而地學研究已經開始「田野調查」）。這不僅表現在南京高師──東南大學，連居於蘇州的章太炎和隨後定居南京的黃侃起初也不信、不接受甲骨文。前者是始終不接受，後者在晚年雖有所接觸，但沒有進入研究狀態〔註72〕。章、黃二人和柳詒徵一樣，對古文字的認

同，但南京高師──東南大學「史地學會」（「史地研究會」）和《史地學報》對北京大學的同行的工作還是很關注的。《史地學報》自第1卷第2期（號）開始，設有「新聞」欄目，其中的「史學界新聞」有六則。他們首先介紹北京大學史學系教授何炳松翻譯的《新史學》和北大史學系編輯的《中國史先聲》。第1卷第3期始開設「史地界消息」專欄，報導了在北京大學召開的有關「中國地質學會開會紀」。以後「史地界消息」專欄作為該刊物的一項重要內容。第4期報導了北京大學收管歷史博物館古物、北京大學史學讀書會的情況。第2卷第2期介紹北京大學整理清宮檔案。第2卷第3期介紹北京大學的史學會成立、史學會演講、前清檔案整理續聞、研究所紀聞。第2卷第4期專門介紹《國學季刊》、《社會科學季刊》中有關史學的文章，介紹北京大學的整理內閣檔案、國學門的史地研究。第2卷第5期有「北大研究所國學門近聞」、「北大整理檔案會近訊」、「北大史學會近訊」。第2卷第6期有「北大之風俗調查會」。第2卷第7期有「北大研究所國學門暑假中之調查事業」。另在「選錄」欄目內有《北京大學馬衡教授查河南新鄭古物報告書》。第3卷第6期有「北大擬掘京西大宮密窖」。

〔註72〕 據黃侃：《黃侃日記》所示，他晚年對甲骨文的看法有所轉變。他購買了多種有關甲骨文的書，但多沒有來得及讀。楊樹達在《積微翁回憶錄》1936年12月27日的日記中記有：「林景伊來，告余云：黃季剛於沒前大買龜甲讀之。嘗語渠云：『汝等少年人盡可研究甲骨，惟我則不能變，變則人將誚讓我也。』……余謂，季剛始則不究情實，痛詆龜甲，不免於妄；繼知其決非偽物，則又護持前錯，不肯自改，又不免於懦矣。」所以楊樹達才有1939年8月12日日記中所寫：「溫故不能知新者謂黃侃；不溫故而求新者，謂胡適也。」分別見楊樹達：《積微翁回憶錄‧積微居詩文鈔》第126頁、152頁。

識都是只停留在《說文解字》上。柳詒徵是南京高師─東南大學史學的靈魂人物，他所缺乏的正是對新材料的接受。觀念和方法在柳詒徵是無法和北大、清華學者（胡適、顧頡剛、王國維、陳寅恪）相比，而對新的材料的重視程度，他也是不夠的。他的學生中，後來從事史學最有成就的是向達，其學術成就與對新材料的掌握有很大的關係。而張其昀的成就是在方法的更新上（交叉於史地之學）。這裡特別要提出的是當時東南大學對新的材料重視不夠，因為這是文史研究的基礎性工作，也是學術研究最為關鍵的第一步。對考古（甲骨文）、敦煌文獻、明清內閣檔案的新材料的佔用和利用，自然是無法和北京大學相比，但其它一些新的材料也有重視不夠的地方。如繆荃孫南京興學後，最後留給南京人的是國學圖書館，而另外一批有研究價值的藝風堂 10800 種金石拓本卻留給了北京大學。胡適很重視這些材料，特讓自己的學生羅爾綱整理研究〔註 73〕。作為繆荃孫門生的柳詒徵當時卻無法得到這些。當然這與繆荃孫隨張之洞入京有關。北京大學的批評者在「古史辨」的論爭中，就曾尖銳地指出了東南大學學者歷史研究中所存在的「舊心理」而又沒有「新材料」這樣的嚴重問題。

接下來具體看《國學叢刊》。

現代學術史上，取名《國學叢刊》的刊物有四個。它們分別是：羅振玉、王國維 1911 年在上海創辦的《國學叢刊》，王、羅分別寫有「序」。東南大學「國學研究會」1923 年 3 月在南京創辦的《國學叢刊》，主要負責人是陳中凡、顧實。顧實為創刊號作《發刊辭》。齊魯大學國學系 1929 年創辦的《國學叢刊》。「國學書院第一院」1941 年 3 月在北平編輯的《國學叢刊》，《發刊辭》為周肇祥所撰，發行人為潘壽岑。

章太炎是始終排斥甲骨文的。在 1935 年 9 月 16 日蘇州開講的「章氏國學講習會」第一期中，有《小學略說》。據王乘六、諸祖耿記錄，孫世揚校的《章氏國學講習會講演記錄》所示，章太炎說：「至如今人嘩傳之龜甲文字，器無徵信，語多矯誣，皇古占卜，著龜而外，不見其它。…… 獸骨龜厭，紛然雜陳，稽之典籍，何足信賴？……至於龜甲，則矯誣之器、荒忽之文而已。」引自南京大學中文系古典文學教研室、南京大學學報編輯部編印《章太炎先生國學講演錄》（內部交流‧非賣品）第 20～21 頁。另外，1935 年 6 月至 8 月章太炎與金祖同有四封討論甲骨文的通信，他說：「甲骨之為物，真偽尚不可知，其釋文則更無論也。」見馬勇編：《章太炎書信集》第 960 頁。

〔註 73〕 羅爾綱：《師門五年記‧胡適瑣憶》第 46～51 頁，生活‧讀書‧新知三聯書店，1995。

這裡說的是南京東南大學的《國學叢刊》。

《國學叢刊》的創辦主要得力於陳中凡、顧實兩人。陳中凡 1911 年底畢業於南京兩江師範學堂，1914 年 9 月考入北京大學文科哲學門，1917 年夏畢業後，入文科研究所做研究員（實際上是研究生）。據 1917 年 11 月 29 日《北京大學日刊》所示，陳中凡選修的研究員（生）五門科目和導師分別是：邏輯學史（章士釗）、近世心理學史（陳大齊）、儒家玄學（陳漢章）、二程學說（馬敘倫）、心理學（身心之關係）（韓述組）。他同時任北京大學國史編纂處編輯，北京女子高等師範學校教員。1919 年 3 月 20 日，北京大學《國故》月刊創辦。設有總編輯劉師培、黃侃，特別編輯陳漢章、馬敘倫、康寶忠、吳梅、黃節、屠孝寔、林損、陳中凡。另有編輯 10 人。《國故》月刊和《新青年》、《新潮》形成對立之勢。而他自己所著的《諸子通誼》就是在該刊第 1 至第 5 期連載的。劉師培為「揚州學派」的最後一位學者，劉氏家學相傳，四代治經學，特別是以治《左傳》著名。陳中凡為蘇北鹽城人，這時在北京大學有機會得劉師培親教。此時劉師培因肺病加劇，陳中凡為他「借款」，「以救目前眉急」。此事使劉師培「感謝之至」〔註 74〕。劉師培於 1919 年 11 月不治而死。在劉師培「疾終京寓」時，承陳中凡「照料一切」。劉師培死後，其妻子何震精神失常，陳中凡又「鼎立維持，俾死者得正首邱，生者得歸故里」〔註 75〕。劉氏宗親對此特別感動。

1921 年 7 月，陳中凡回母校（原兩江師範學堂經南京高師，已經改為東南大學）任國文系系主任。因此，在很大程度上可以把東南大學的《國學叢刊》看成是北京大學《國故》月刊的繼續〔註 76〕。只是沒有像在北京大學那樣《國故》與《新潮》的對立。《國學叢刊》同時也有別於東南大學《學衡》與新文化、新文學的對立。《國學叢刊》上所登劉師培的遺稿，是劉師培的小叔劉富曾讓師培族親後人「將叢殘稿本寄呈」〔註 77〕陳中凡的。

據《國學叢刊編輯略例》所示，本刊為「東南大學南京高師國學研究會」同人組織刊行，以「整理國學，增進文化」為宗旨。體例分為插圖、通論、專著、詩文、雜俎、通訊，計劃每年出四期（季刊）。後來體例有所變化，分為插圖、通論、專著、書評、文錄、詩錄、詞錄、通訊。組稿編輯在南京的

〔註 74〕 吳新雷等編：《清暉山館友聲集》第 194 頁，江蘇古籍出版社，2000。
〔註 75〕 吳新雷等編：《清暉山館友聲集》第 552 頁。
〔註 76〕 詳見姚柯夫：《陳中凡年譜》，書目文獻出版社，1989。
〔註 77〕 吳新雷等編：《清暉山館友聲集》第 555 頁。

東南大學，由上海商務印書館代售。據第 1 卷第 1 期的「國學研究會記事」所示，本會的發起是在 1922 年暑假以後，由國文系的同學發起，本系教授樂為指導，遂出通告，不二日有一百人簽名。1922 年 10 月 13 日召開成立大會，並確立了「指導員職員錄」和具體的工作機構〔註 78〕。

「國學研究會」的成員有多人同時也是「史地研究會」或「文學研究會」、「哲學研究會」的成員。「國學研究會」的主要活動有講習會、討論會和編輯叢刊叢書。其中講習會在 1922 年 10 月～1923 年 1 月共舉行十次：10 月 20 日吳瞿安講《詞與曲之區別》、10 月 27 日顧鐵生講《治小學之目的與其方法》、11 月 3 日梁任公講《屈原之研究》、11 月 9 日陳仲英講《近代詩學之趨勢》、11 月 17 日江亢虎講《歐洲戰爭與中國文化》、11 月 24 日陳中凡講《秦漢間之儒術與儒教》、12 月 1 日陳佩忍講《論詩人應具有之本領》、12 月 7 日柳翼謀講《漢學與宋學》、12 月 24 日江亢虎講《中國古哲學家之社會思想》、1923 年 1 月 9 日梁任公講《治國學的兩條大路》。此系列演講，加上蔣維喬的一講〔註 79〕，由「國學研究會」編輯整理為《國學研究會演講錄》第一集，和江亢虎的《社會問題講演錄》一併列為「東南大學叢書」由上海商務印書館出版發行。

據《國學研究會記事》所示，研究會各部在指導員的具體指導下，分別舉行了討論會：詩文學部 11 月 15 日、12 月 14 日，經學部 11 月 25 日，諸子學部 12 月 2 日，小學部 12 月 5 日，史學部 12 月 9 日。同時又開了佛學課和歌曲班。其中佛學課由江蘇省教育廳長蔣竹莊每周日上午來會講佛學二小時，並編印《佛學入門》一書。歌曲班由吳瞿安每周講兩次。另外「國學研究會」還有計劃地翻印、編印古書和遺稿（主要是劉師培的）。

首先從時間和實際的學術工作成績看，南京高師─東南大學的「國學研

〔註 78〕指導員、職員、會員錄見《國學研究會記事》，《國學叢刊》第 1 卷第 1 期（1923 年 3 月）。據第 2 卷第 3 期的《本會啟示》所說：「本會因收回叢刊關係，組織略有變更。」

〔註 79〕據《國學叢刊》第 2 卷第 1 期的廣告介紹，《國學研究會演講錄》第一集的目錄所示內容有梁任公的《屈原研究》、《治國學的兩條大路》、《歷史統計學》，江亢虎的《歐戰與中國文化》、《中國古哲學家之社會思想》，蔣維喬的《法界一覽》，吳梅的《詞與曲之區別》，顧實的《治小學之目的與方法》，陳延傑的《現代詩學之趨勢》，陳中凡的《秦漢間中國之儒術與儒教》，陳去病的《論詩人當具史地兩種之本領》。這裡的篇目與《國學研究會記事》中所列的題目上有個別的表達（或字數）的不同，但具體內容是一樣的。

究會」所辦的《國學叢刊》只有三年多的時間（1923 年 3 月～1926 年 8 月）和 3 卷共 9 期的成績，與北京大學研究所國學門和清華學校國學研究院的工作相比，成績是弱了一些。尤其是大學本科學生的研究工作，無法和北京大學、清華學校的研究生的工作相比。他們之間的差距是看得見的。《國學叢刊》上的外稿主要是劉師培的遺著，其餘大都是東南大學師生的文章，教師的文章主要是集中在國文系的陳中凡、顧實、吳梅。由於陳中凡、吳梅都有來自北京大學的特殊身份和顧實留學日本的學術背景，使得「國學研究會」及《國學叢刊》較少「學衡派」的保守傾向，也沒有與北京大學的極端對立情緒。如果說他們也有保守成分存在的話，那最明顯的就是刊物堅持刊登舊體詩詞。

9 期《國學叢刊》的主要作者中教師輩的有顧實（鐵生、惕生、惕森）、陳中凡（鍾凡、斠玄）、劉師培（申叔遺稿）、陳延傑（仲英）、吳梅、陳去病（佩忍）、易培基（寅村）、胡光煒、章炳麟、錢基博（子泉）、孫德謙（益庵）、李笠（雁晴）、蔣竹莊（維喬）等，其他都是東南大學「國學研究會」、「史地學會」、「文學研究會」、「哲學研究會」的成員（學生）。其中舊體詩詞是刊物的一項重要內容。南京高師—東南大學的畢業生，暨「國學研究會」、「史地研究會」、「文學研究會」、「哲學研究會」的成員，有幾位後來到清華學校研究院作研究生，繼續學習，如王庸、楊筠如、王鏡第、劉紀澤。浦江清、趙萬里則到清華學校任職，分別爲陳寅恪、王國維的助教。教師中的陳中凡、吳梅、陳去病，學生中的錢堃新、范希曾、姜子潤、陳訓慈、徐景銓、劉文翮、趙祥瑗、繆鳳林、景昌極、陸維釗、王玉章、陳旦、鄭鶴聲、胡士瑩、王煥鑣等同時在《文哲學報》〔註80〕、《國學叢刊》上登文章。同時，刊物還引起了日本學者的注意，神田鬯盦、大村歸堂（西崖）的文章及他們與顧實、

〔註80〕 《文哲學報》主要是爲學生提供學術訓練的陣地，教授發文的很少，且主要是爲應「文學研究會」、「哲學研究會」之約的講演稿。欄目分「通論」、「專論」、「文苑」、「詩錄」、「小說」、「雜載」、「書評」等。其中「文苑」未脫文言的語法，「詩錄」全是舊體詩詞，「小說」是翻譯外國的，沒有自己創作的白話文新文學作品。所謂哲學研究主要是佛學，其中南京支那內學院（1922 年 7 月正式成立）教授的佛學研究，和東南大學的哲學研究是密不可分的。四期《文哲學報》中，主要文章都是學生寫的。第 1 期中有國文系主任陳中凡的文、歷史系教授柳詒徵的詩、支那內學院的教授歐陽竟無的說佛法（王恩洋記錄）和《支那內學院敘》、王恩洋的《唯識答疑》。第 2 期有梅光迪、柳詒徵的演講稿，柳詒徵的兩篇短文，王恩洋的談佛學的兩文，陳中凡的研究文章。第 3 期有王恩洋的談佛學的文，張君勱、梁啓超、湯用彤的講演稿。第 4 期有盧于道的一文、陳去病的兩文。

陳中凡的通信在刊物上發表。爲《國學叢刊》寫文章的作者還有陳衍、李瑞清（遺稿）、李詳、畾鴻仁、商承祚、王曾稼、陶鴻慶、冉崇烈、胡樸安、葉俊、李育、李俶、李冰若、余永梁、張世祿、蒙文通、唐圭璋、嚴惠文、黎群鐸、陳兆馨、張右源、樊德蔭、陳登原、江聖壤、杭海槎、吳法鼎、王錫睿、王熾昌、徐天璋、唐大圓、段天炯、田世昌、胡俊、姚鵁雛（錫鈞）、薄成名等。

顧實和他的同人把「國學」視爲國家和民族的形象化體現，是對「宗國」和「聖學」的「知」和「思」。同時在學術研究中將學問本身與國家觀念相連，並且從「國學」中想像和構築民族國家和民族文化的主體。顧實在《發刊辭》中強調，編輯出版《國學叢刊》是爲了表達一種愛國之心和好學之心。他說，「強鄰當前而知宗國，童昏塞路而思聖學」。「見兔顧犬，亡羊補牢」。現實的狀況是「外學內充，大有喧賓奪主之概」。「海宇之內，血氣心知之倫，咸莫不囂然曰『國學』」。與世界大的發展趨勢相銜接，「百學熾昌，是曰自由」，「天下文明，是曰平等」。海禁既開，異學爭鳴，截長補短，獲益宏多。《國學叢刊》就是本著這種基本精神。六藝皆重，統名曰國學，綱舉目張。廣求知識於世界，一戒「止爭形式，不問思想」。二戒「高談義理，力追八家，字尚未識，便詡發明」。三戒「根柢淺薄，輒言溝通」。四戒「倡廢漢字，甘作虎倀」，「一切古書，拉雜摧燒」。他要求同人「掃千年科舉之積毒，作一時救世之良藥」。「不隨波而逐流，庶幾學融中外，集五洲之聖賢於一堂。識窮古今，會億祀之通於俄頃」〔註81〕。

顧實在這裡把國學的種類定爲：小學類、經學類、史學類、諸子類、佛典類、詩文類。

刊物自 1923 年 3 月至 1926 年 8 月，共出版 3 卷 9 期。原定爲季刊，年出 4 期，後因陳中凡於 1924 年 11 月應廣東大學校長鄒魯之邀，離開東南大學到新成立的廣東大學任文科學長，而難以繼續。據第 2 卷第 3、4 期的「本刊特別啓事」所說：自第 3 卷起，改爲不定期，約年出一期，仍由商務印書館印行〔註82〕。據第 2 卷第 2 期的「啓事」所示，第 1 卷 4 期和第 2 卷 1 期的

〔註81〕顧實：《發刊辭》，《國學叢刊》第 1 卷第 1 期（1923 年 3 月）。
〔註82〕其中各期的出版日期爲：第 1 卷第 1 期，1923 年 3 月。第 1 卷第 2 期，1923 年 8 月。第 1 卷第 3 期，1923 年 9 月。第 1 卷第 4 期，1923 年 12 月。第 2 卷第 1 期，1924 年 3 月。第 2 卷第 2 期，1924 年 6 月。第 2 卷第 3 期，1924 年 9 月。第 2 卷第 4 期，1925 年 10 月。第 3 卷第 1 期，1926 年 8 月。

編輯分別是陳中凡、顧實、吳梅、陳去病、陳中凡，即輪流編輯。自第 2 卷第 2 期開始在指導員陳中凡的具體指導下，由「國學研究會」的會員自己編輯〔註83〕。其中第 2 卷第 2 期注明具體編輯爲田世昌。在第 2 卷第 4 期的《本刊兩卷總目並敘旨》說，自第 2 卷第 1 期以後，改由本會自辦，請陳中凡爲指導員。

陳中凡、顧實是刊物的主持人。他們的思想決定了刊物方向，但同時也表現出相對的自由。反對新文學的江遠楷在《文學之研究與近世新舊文學之爭》一文中，提出：「文學之新舊，即文學價值之多寡，新舊文學之爭，實文學價值之爭，亦藝術高下之爭也。」他說：「近年來文化運動之現象，作者深爲痛心者也。苟能以藝術觀摩文學，則古文學之眞者，美者，善者，亦因其新而愛之不忍釋手。今日作品之粗俗者，無聊者，亦以其舊而擯之不使入目。故近世新舊文學之爭，實不知文學爲何物者。文學之藝術觀，當視此爭爲無聊。徒增研究文學之障礙耳。」〔註 84〕，但江遠楷個人反對新文學的言論並不能代表《國學叢刊》的立場。

1923 年 12 月，《國學叢刊》第 1 卷第 4 期，刊出顧實執筆的半文半白的《東南大學國學院整理國學計劃書》。1924 年 3 月 15 日、18 日，《北京大學日刊》第 1420、1422 號作爲「專件」分兩期連載。南北聲氣頓時相通。來自北京《晨報副鐫》的主要是批評。結果是「東南大學國學院」也沒能建立起來。據《東南大學國學院整理國學計劃書》所言，「國文學系學程修畢之後，特設國學院以資深造，爲國立東南大學專攻高深學問之一部」。顧實強調，因海禁開放，從知有天下到知有國家，從中西對舉之名詞而有國家觀念。於是中國的許多東西冠以國字，學者間也就有了國學問題。西風重古希臘、羅馬學術，而我愛國之士以本國學術精神爲重，整理國學，即是研究世界文明源頭之一的學問。這也是晚清以來，面對西學而國學興起的的主要原因，是國家意識和中華民族意識強化的結果。

顧實認爲，治學功效在於聯心積智。舊分心理爲智情意三部，不如分主觀客觀兩面爲簡要。「其民族心理而主觀客觀俱強也，其學術必昌」。「故本學院整理國學，根據心理，假定爲兩觀三支如左〔沈按：原文爲豎排，「如左」即「如下」〕。客觀：以科學理董國故──科學部；以國故理董國故──典籍

〔註83〕 《田世昌啓事》，《國學叢刊》第 2 卷第 2 期（1924 年 6 月）。
〔註84〕 《國學叢刊》第 1 卷第 3 期（1923 年 9 月）。

部。主觀（客觀化之主觀）──詩文部。」

事實上，顧實對於國學和整理國學的種種意見是含混的，也與北京大學的整理國故的思想方法截然不同。南北整理國故之不同在於科學態度、批判精神。雖然他把近代學術分為科學、哲學、文學。但他的態度卻是明確的，他說：「是雖國學湛深之士，精通科學法則，理董國故，而造作種種科學書，猶不免見仁見智之談。故本學院對此，擬主慎重。」所以「今日以科學方法，理董國故，約分三端：一、學說。二、圖譜。三、器物」。實際上他要重視和強調的是「典籍部」。他說：「古者考文，視為重典。後世學者惟力是視。今本學院尤引為己任。一言以蔽之曰：以國故理董國故也。」他反對用科學的系統規則，和戴西洋的有色眼鏡，並以西式的方法來整理國學。也就是說，要用中國自己的思想方法來整理：

> 申言之，則理董古書，在乎以周秦人之書，疏證周秦人之書。以兩漢人之書，疏證兩漢人之書。以魏晉六朝唐人之書，疏證魏晉六朝唐人之書。以宋元明清人之書，疏證宋元明清人之書。要以何一時代人之書，即以何一時代人之書疏證之。以其字句疏證字句，以其篇章疏證篇章，以其義理疏證義理。其時代同，則其所用之字法句法章法篇法義理亦不同，一經疏證而奧隱自闢，真偽立見。一舉兩得，莫此為善。

顧實還列舉了「以國故理董國故之辦法」：疏證、校理、纂修。

「詩文部」的開設，是《東南大學國學院整理國學計劃書》特別引人矚目的事。新文學已經展開 7 年了，東南大學的《學衡》反新文化、新文學已為國人所注意，而此時的《國學叢刊》在大量刊登舊體詩詞的同時，又於《東南大學國學院整理國學計劃書》中打出整理國學的「詩文部」。儘管沒有寫明是新詩文還是舊體詩文，但東南大學的幾個刊物實際表現出的全是舊體詩文。因此，所謂的整理國學的「詩文部」，實際上就是古典詩詞、文章的原有形式的繼續保存，並在東南大學的師生的文學創作中體現，即堅持寫作舊體詩文。

《東南大學國學院整理國學計劃書》特別強調「文學為社會之反映，國民之心象」。並引章太炎所說：「觀世盛衰者，讀其文章辭賦，而足以知一代之性情。」在總結了歷史上文學所表現的時代精神后，作者說明東南大學國學院特設「詩文部」的緣由和「衡量現代之作品」的兩大主義：

今日雖非君主時代可比，而共和國民，居安思危，見危授命之
精神，又曷可少諸。大抵天地之間，無物爲大，惟心爲大，其民族
心理之強弱，足以支配國家社會興否，而影響及於興衰存亡者，往
往流露於詩歌文詞之字裏行間。強者必有毅然決然殺身成仁之概，
弱者必有索然愀然貪生乞憐之狀。是知強者重視精神，弱者重視軀
殼也。此其所以懸殊也。語云：前事不忘，後事之師。歷史公例，
灼然不昧。風雅指歸，萬目共睹。故本學院特設詩文部。

詩文之設，非以理董往籍也，將欲以衡量現代之作品云爾。移
風易俗，責無旁貸，效在潛默，漸而不頓。故揭櫫標的，略示宗尚。
詩文之求美，由其本職，無間優美壯美，宜採兩大主義：一、樂天
主義。二、成仁主義。

若夫詩文之類目，總言之，則爲韻文散文。分言之，則如小說
戲曲之類皆是也。

此文一出，立即招來不少北方作家、學者的批評。1924 年 3 月 27 日、29 日
《晨報副鐫》有署名陶然（周作人）的文章《國學院之不通》和《國故與復
辟》。前者主要是針對「詩文部」的一節，說東南大學要以詩文來衡量現代
新文學，並且有殺身成仁的東西出來作爲標準，顯然是行不通的。文章還指
出《東南大學國學院整理國學計劃書》所引章太炎的話來說明問題，其解釋
正好和太炎的本意相反。周作人嘲弄東南大學國學院的「國學家而不懂國文」
〔註85〕。後者（《國故與復辟》）是針對 3 月 21 日《時事新報》的《教育界》
上《澄衷中學校長曹慕管致〈學生雜誌〉主撰楊賢江書》而發的，同時將《東
南大學國學院整理國學計劃書》扯到一起。澄衷中學（原澄衷學堂）是胡適
的母校，曹慕管是《學衡》的作者，因極力反對白話新文學，而不許他的學
校講授白話文。他說自己的學校重國故是由原校主的遺囑所決定的，「而且
辦學的目的在於使學生能夠升學於『號稱東南學府』設有成仁主義的國學院
之東大」〔註86〕。《國故與復辟》還指出曹慕管的不懂國語與東南大學國學
院的「誦古人之言而不懂今人之文」是「衣缽眞傳」。

3 月 30 日《晨報副鐫》又刊出天均的《評〈東南大學國學院整理國學計
劃書〉》，對其兩觀三支的分類和一系列解釋提出質疑，指出其「虛而無實」

〔註85〕陶然（周作人）：《國學院之不通》，《晨報副鐫》，1924 年 3 月 27 日。
〔註86〕陶然（周作人）：《國故與復辟》，《晨報副鐫》，1924 年 3 月 29 日。

〔註87〕和條理不通。而在 4 月 17 日的《晨報副鐫》刊出的署名 ZM 的《顧實先生之妙文》，同樣也是指出顧實《東南大學國學院整理國學計劃書》和他在《國學叢刊》上所發的其它文章有許多不通之處。ZM 先是引述「一位東南大學的學生說：『……如吾師顧實先生與胡適之整理國故是也。……』」〔註88〕接下來，他列舉了顧實文章的不通之處，並加以評點，意在說明顧實的整理國故與胡適之整理國故根本不是一回事。

在這三個月的《晨報副鐫》上，周作人是左右出擊，他一方面集中批評柳詒徵的文化觀和復古傾向，另一方面變換筆名連續發文批評《東南大學國學院整理國學計劃書》〔註89〕。

這時東南大學文科的五種主要主要刊物：《學衡》、《文哲學報》在上海中華書局印刷發行，《新教育》、《史地學報》、《國學叢刊》在上海商務印書館印刷發行。這兩家出版社是由最初的一家人分為兩家，本身是對立者和競爭者。尤其是商務印書館，作為新文學的支持者，本身有「文學研究會」立身的《小說月報》，同時這裡也是胡適的學術陣地，並有過請胡適做編譯所所長的計劃。其中的主要領導和編輯多是胡適的朋友。與時俱進的總經理張元濟和編譯所長高夢旦等，在 1920 年下半年曾主動到北京訪問蔣百里、胡適等人，表示他們希望結交北京新文化運動的風雲人物〔註90〕。1921 年 1 月他們有請南京高師校長郭秉文為商務印書館作「籌劃功效率之事」，郭秉文本人於 1 月 10 日也曾到商務印書館「視事」〔註91〕。胡適是應邀在 7 月到商務印書館考察的〔註92〕。從教育理念到辦學措施可以看出，郭秉文是求新的，他的實驗主義思想和南京高師—東南大學的「學衡派」的人文主義思想是格格不入的。南京高師—東南大學的幾個刊物在商務印書館印行，是郭秉文的關係。

〔註87〕天均：《評〈東南大學國學院整理國學計劃書〉》，《晨報副鐫》，1924 年 3 月 30 日。

〔註88〕ZM：《顧實先生之妙文》，《晨報副鐫》，1924 年 4 月 17 日。

〔註89〕陳以愛：《中國現代學術研究機構的興起》第 297～298 頁。該書注意到了《東南大學國學院整理國學計劃書》。羅志田在 2003 年生活・讀書・新知三聯書店出版的《國家與學術：清季民初關於「國學」的思想論爭》一書中已經論述到這一問題。

〔註90〕張樹年主編：《張元濟年譜》第 197 頁，商務印書館，1991。

〔註91〕張樹年主編：《張元濟年譜》第 203 頁。

〔註92〕張樹年主編：《張元濟年譜》第 207 頁。

東南大學由《學衡》的反新文化、反新文學，到《史地學報》的反「疑古」，以至胡夢華以文學的道德立場，「詩學研究號」批評白話新詩，共同了構成「學衡派」的文化保守主義特性。同時在學術研究上，也出現了明顯的南北差異。《國學叢刊》因陳中凡的緣故和他「對當時學衡派盲目復古表示不滿，乃編《國學叢刊》主張用科學方法整理國故」〔註93〕，雖然沒有也無力與北京大學形成對立，但其刊物與北京大學的國學研究的不同也主要表現在其沒有「疑古」的批判傾向，和堅持刊登舊體詩詞，拒絕接受白話新詩上。

事實上，《東南大學國學院整理國學計劃書》設「詩文部」一事，在當時雖遭批評，但並不影響他們師生對此的堅守，並在後來的中央大學形成傳統。從南京高師──東南大學到中央大學，胡小石一直是舊體詩詞的堅守者，和重要的國文教授。據陳中凡刊發在1962年4月號《雨花》上刊發的《悼念胡小石學長》一文所示，胡在1950年代的政治高壓下有過一次檢討。若剝去政治的外衣，確實有幾分實情。陳中凡回憶說：「在一次送楊詠祁同志到北大學習的集會上，他不勝感慨地作自我批判，說：『我今天願以《紅樓夢》中焦大的身份說話，北大中文系向來注重學術的探討，中大只提倡古典詩文的摹擬，他們能為學術界造就出一些學者，而我只為反動統治造就幕僚而已。』……事後回憶，中大這種風氣是沿襲南京高師和東南大學中文系的，我也應當負重大的責任，哪能完全由他負責呢？」〔註94〕

這裡需要強調的是，陳中凡所說的「主張用科學方法整理國故」是在後來的回憶文字中，因為顧實的《東南大學國學院整理國學計劃書》中是明確表示反對用科學的系統規則和西式的方法來整理國學的。陳中凡本人沒有反對新文化和抗拒「疑古」的批判傾向，並不能完全代表《國學叢刊》的傾向。陳中凡1924年12月出任廣東大學文科學長，1926年2月回南京任金陵大學國文系系主任，1928年1月到上海任暨南大學國文系系主任，後任文學院院長。其間曾在蘇州的東吳大學兼課。1930年下半年被唐文治聘為無錫國專「特別講師」〔註95〕。

「國學研究會」的另一位重要人物，同時也是《國學叢刊》的主要作者顧實，在東南大學國學院的計劃流產後，1930年代離開東南大學──中央大學，

〔註93〕陳中凡：《自傳》，吳新雷編：《學林清暉──文學史家陳中凡》第4頁。
〔註94〕陳中凡：《清暉集》第301頁，書目文獻出版社，1987。
〔註95〕吳新雷等編：《清暉山館友聲集》第65頁。

到了無錫國專執教。他和唐文治（蔚芝）、錢基博、陳衍（石遺）、馮振（振心）、葉長青（長卿）、楊鐵夫、陳柱、朱文熊、陸景周等共同支撐起這所學校的國學研究。他們還創辦有《國專月刊》，顧實和上述教授都是刊物的主要作者。無錫國專在 1920 年代、1930 年代先後培養從事國學研究的王遽常、錢仲聯、唐蘭、蔣天樞、吳其昌、蔣庭曜、夏君虞、畢壽頤、周振甫、馬茂元、馮其庸、鮑正鵠、陳祥耀、湯志鈞、姚奠中、吳孟復、楊廷福等。其中錢仲聯（萼孫）在無錫國專讀書時即爲《學衡》寫了《近代詩評》〔註96〕，在 1934 年秋他又回母校教書。錢基博、陳衍、陳柱、吳其昌等也都是《學衡》的作者〔註97〕。

金陵大學的「中國文化研究所」與「國學研究班」

由於東南大學的人文學術研究是以史地學爲最有成就和形成特色，所以，「國學研究會」就顯得未成氣候。另外 1920 年代東南大學沒有文科研究生的教育體制（是和北京大學研究所國學門、清華國學研究院相比），也限制了學生的進一步發展。東南大學的學生畢業後要想深造，只好到北大、清華去。到了 1930 年代初，由於中央大學仍沒有國學研究機構，其畢業生只好進金陵大學的「中國文化研究所」或「國學研究班」。而「中國文化研究所」或「國學研究班」的導師大都是原東南大學—中央大學的教授（教授可互聘或兼任）。而中央大學的文科研究所中國文學部 1944 年 9 月才開始招生〔註98〕。

作爲教會學校的金陵大學，1930 年春，利用美國霍爾基金資助漢學研究

〔註96〕《學衡》第 51 期（1926 年 4 月）。錢仲聯特別重視此文，他認爲這是自己「公開發表論文於重要刊物之始」。此語見錢仲聯：《錢仲聯學述》第 174 頁，浙江人民出版社，1999。

〔註97〕楊廷福、陳左高：《無錫國專雜憶》，《學林漫錄》第四集，中華書局，1981。黃漢文：《〈無錫國專雜憶〉補正》，《學林漫錄》第九集，中華書局，1984。陳祥耀：《略談唐文治先生的行誼和學術》，《學林漫錄》第十三集，中華書局，1991。錢仲聯：《錢仲聯學述》。陳平原：《傳統書院的現代轉型——以無錫國專爲中心》，《中國大學十講》，復旦大學出版社，2002。

〔註98〕1944 年 8 月 2 日教育部批准中央大學設立文科研究所中國文學部，胡小石任主任。見南大百年實錄編輯組：《南大百年實錄》（上卷）第 440 頁。9 月開始招生。第一屆研究生畢業的僅金啓華一人。劉銳未畢業即到大夏大學就職。據中文研究所所長胡小石留下的《讀書日程錄——中文研究所》（藏南京大學中文系資料室）所示，1945 年 9 月入學的第二屆研究生爲劉溶池、王季星（繼興）、公方苓、李毓芙、郭銀田。

項目，成立了「中國文化研究所」。同時利用這筆錢的還有「北平燕京大學、山東齊魯大學、四川華西大學、福州協和大學、廣州嶺南大學。以哈佛燕京學社爲總主持機關，設董事會於美之劍橋，由各大學公舉代表二人，是爲顧問委員會，該會附設於北平燕京大學，又定書記幹事正副各一人，總理一切雜務」〔註99〕。1930～1939 年間金陵大學「中國文化研究所」的首任所長就是「學衡派」的第一批成員和《學衡》創刊號作者徐則陵（養秋）。繼任所長爲李小緣。他們都有留學美國哥倫比亞大學師範學院的學術背景〔註100〕。此時的中國文化研究已經過 1920 年代初的疑古和批判階段，在學術精神上也已走出五四時代的躁厲激進的批判（或捉鬼打假），而求平實的整理和原典文化意義的闡發。同時中國大學學術的南北之分在 1937 年抗戰以後出現交融和互補，形成了中國「三十年代教會大學的國學熱」〔註101〕。這從金陵大學「中國文化研究所」的研究人員就可以看出。

「中國文化研究所」的宗旨是：「1、研究並闡明本國文化之意義；2、培養研究本國文化之專門人才；3、協助本校文學院發展關於本國文化之學程；4、供給本校師生研究中國文化之便利。」〔註102〕

1933 年 6 月出版的《私立金陵大學一覽》中對「中國文化研究所」的宗旨有更明確的說明，強調這是根據基金會原有之宗旨定的目的：（一）研究中國文化。（二）教授有關中國文化之課程。（三）印行中國文化研究著作等。

本所的研究工作的題目性質分爲五類：

一、史學類

二、哲學類

三、外人關於中國文化之研究

四、目錄學

五、國畫研究

每一類題目都分有多個具體專題，有專門的研究人員負責。其中目錄學

〔註99〕 《中國文化研究所消息·研究所之來歷》，《金陵大學校刊》第 75 號（1932 年 12 月 5 日）。

〔註100〕徐則陵（養秋）和李小緣是同學和朋友。詳情參見馬先陣、倪波編：《李小緣紀念文集》第 348 頁，南京大學出版社，1988。

〔註101〕陶飛亞、吳梓明：《基督教大學與國學研究》詳細考察了「三十年代教會大學的國學熱」，並對前後國學研究都有較明晰的解說。福建教育出版社，1998。

〔註102〕《中國文化研究所消息·研究所之來歷》，《金陵大學校刊》第 75 號（1932 年 12 月 5 日）。

是金陵大學的學術長項，也是現代中國大學的獨家強項。1949 年以後，劉國鈞主持北京大學圖書館，李小緣主持南京大學圖書館。〔註103〕

　　據徐雁平、何慶先考證，「中國文化研究所」的研究人員爲：專任研究員有徐則陵、李小緣、王鍾麟（古魯）、呂鳳子、陳登原、商承祚、徐益棠、史岩、劉銘恕、呂湘（叔湘）。兼任或特約研究員有吳景超、汪採白、黃雲眉、貝德士、杭立武、雷海宗、劉國鈞、劉繼宣、吳白匋等〔註104〕。「中國文化研究所」的具體學術工作體現在出版的《金陵大學中國文化研究所叢刊（甲種）》13 種和《金陵大學中國文化研究所叢刊（乙種）》5 種上。研究所後期的學術工作主要反映在他們與華西協和大學中國文化研究所、齊魯大學國學研究所合作出版的《中國文化研究彙刊》上。

　　事實上，中國大學學術的南北之分，主要是在 1920 年代和 1930 年代上半期。1941 年 1 月 17 日齊魯大學國學研究所所長顧頡剛與華西協和大學中國文化研究所、金陵大學中國文化研究所合作編輯《中國文化研究彙刊》〔註105〕，1942～1943 年顧頡剛出任重慶中央大學教授，兼出版部主任，標誌著 1920 年代上半期北京大學「古史辨」的「疑古」與南京高師—東南大學「信古」的對立、1930 年代上半期「歷史地理學」燕京大學的《禹貢》與南京中央大學的《地理雜誌》—《方志月刊》分野的結束。同時在抗戰時期，原燕京大學顧頡剛的弟子譚其驤也投入了浙江大學張其昀的「歷史地理學」的隊伍。幾所學校中國文化研究所合作編輯《中國文化研究彙刊》自 1942 年 9 月至 1951 年共出版 10 卷〔註106〕。

　　接下來看金陵大學的「國學研究班」。

　　東南大學時期，北京大學出身的陳中凡與「學衡派」國學研究的勢力有隙，加上廣東大學之聘的緣故，他離開了東南大學。《國學叢刊》出版 3 卷共 9 期後停刊。「國學研究會」的另一位重要成員顧實雖有《東南大學國學院整

〔註103〕《私立金陵大學一覽》（民國二十二年）第 41～47 頁。
〔註104〕徐雁平、何慶先：《金陵大學中國文化研究所考述》，《思想家》第 I 輯《傑出人物與中國思想史》，江蘇教育出版社，2000。另張憲文主編的《金陵大學史》中，陳蘊茜爲「中國文化研究所」寫有專章，所說較爲詳細。南京大學出版社，2002。徐有富：《金陵大學中國文化研究所出版的學術著作》，收入徐有富、徐昕：《文獻學研究》，江蘇古籍出版社，2002。
〔註105〕張憲文主編：《金陵大學史》第 169 頁。顧潮編著《顧頡剛年譜》第 303 頁。
〔註106〕陶飛亞、吳梓明：《基督教大學與國學研究》一書附有《中國文化研究彙刊》10 卷的目錄。

理國學計劃書》〔註107〕的詳細的思考，計劃仍然落空。當 1926 年 4 月，丁福保在上海組織「中國國學研究會」並創辦《國學輯林》時，顧實應約爲這個刊物寫了《發刊詞》。他本人後來也離開了東南大學到無錫國專去圓他的「國學」研究之夢。

金陵大學的國文系成立於 1924 年。1929 年冬由閔君豪倡議，組織「國學研究會」。成員有文密、周蔭棠、劉古馨等 20 多人。1930 年一度停止活動。1931 年由向映富提議恢復，徐復、高小夫等 30 多人參加。顧問有黃侃、胡小石、胡翔冬、吳梅、劉繼宣〔註108〕。這五位顧問，黃侃 1935 年 10 月 8 日去世〔註109〕，吳梅、胡翔冬〔註110〕（吳 1939 年 3 月 17 日、胡 1940 年 11 月 10 日）病逝於抗戰期間。胡小石、劉繼宣 1949 年以後任教於金陵大學原址上新起的南京大學中文系。

1934 年 9 月，金陵大學的「國學研究班」開辦，招收中央大學、金陵大學的文史哲畢業生，從事國學研究。導師有黃侃、吳梅、胡小石、胡翔冬、劉繼宣、劉國鈞、歐陽竟無。其中黃侃、吳梅爲中央大學、金陵大學兩校兼任教授。歐陽竟無是特請的教授，1935 年春曾到校講《佛法之究竟目的是轉依》〔註111〕。「國學研究班」在 1934 年、1935 年共招兩屆研究生，計有游壽、朱錦江、沈祖棻、曾昭燏、楊秉禮、蕭奚亮、朱人彪、張惠貞、章荑蓀、吳懷孟、陸恩湧、尙笏、錢卓升、徐復、高文、高小夫、孫繼緒。其中第一期研究生有 16 人（男 10 人，女 6 人）。從導師的課程和學生的研究題目看，大致與 1920 年代後期清華國學研究院同，因爲國學的基本內容就是這些。所不同的是因吳梅的關係，研究生中有南曲的研究〔註112〕。王國維也研究宋元戲曲，但他是從史的考證入手，他在清華國學研究院指導的學生主要是古史、

〔註107〕《國學叢刊》第 1 卷第 4 期（1923 年 12 月）。

〔註108〕向映富：《金陵大學中國文學研究會概況》，南大百年實錄編輯組：《南大百年實錄》（中卷）第 399～400 頁。

〔註109〕南京中央大學文學院所辦的《文藝叢刊》第 2 卷第 2 期（1936 年 1 月）爲「黃侃紀念專號」。《制言》第 11 期（1936 年 2 月 16 日）爲「黃侃紀念專集」。

〔註110〕金陵大學文學院中文系辦的《斯文》第 1 卷第 8 期（1941 年 1 月 16 日）出了「胡翔冬先生逝世紀念專刊」。胡翔冬和胡小石同爲李瑞清門人。

〔註111〕《國學研究班（第一期）概況》，南大百年實錄編輯組：《南大百年實錄》（中卷）第 228 頁。

〔註112〕參見徐雁平：《金陵大學國學研究班述考》，《思想家》第 II 輯《中國學術與中國思想史》第 583～598 頁，江蘇教育出版社，2002。

古文字和古音學研究，而吳梅是從戲曲的文本指導學生研究的（尤其重視作曲與演唱實踐環節）。南北戲曲研究的路數不同。同時，「國學研究班」研究生受導師的影響，此時都從事古典詩詞的寫作訓練。而 1920 年 1930 年代北京大學研究所國學門的研究生，大都是新文學的擁護者和實踐者，是反對寫作古典詩詞的。特別需要指出的是吳梅，他 1917 年 9 月～1922 年 7 月任教於北京大學期間，率先將詞曲研究引入大學國文系的課堂。1922 年秋到東南大學任教後，仍堅持這一詞曲進入課堂的路向，直到病逝。

　　金陵大學的「國學研究班」的開辦，還有「促進學術發揚文化之一道」。這在劉國鈞爲金陵大學文學院國學研究班 1936 年 3 月出版《小學研究》（金陵大學文學院《文史叢刊》第一種）所寫的《弁言》中有明確的顯示。他說：

> 今者，歲及再周，乃集師生講學所得爲《文史叢刊》，因述其緣起如此。夫國家立國精神之所表現，莫過於其本身歷史與固有之語言文字，昔者秦皇行同文之政而立大一統之規；近世都德紀《最後一課》而作民族復興之氣，然則文史之於民族命運，若是其深切也！今所襃集，冠《小學研究》者，固未敢自許有所發明，而欣所嚮往要亦無庸自諱，其或藉此短幅引起學者之推敲而明眞理之所在，亦所以促進學術發揚文化之一道歟。〔註113〕

更重要的是他們認爲歷史與語言文字是「國家立國精神之所表現」。劉本人是「少年中國學會」會員，與「學衡派」無關聯。這是日本帝國主義者入侵中國時，學者的文化理念的現實意識呈現。因爲他們認識到了國弱民貧，上下交困，大學教育不能普及，力有未足，勢有不能。學者只有靠學術研究，弘揚民族精神，「而期立國於今世」〔註114〕。

〔註113〕劉國鈞：《弁言》，載《小學研究》（金陵大學文學院《文史叢刊》第一種），1936 年。
〔註114〕劉國鈞：《弁言》，載《小學研究》（金陵大學文學院《文史叢刊》第一種），1936 年。

大學精神：誠樸雄偉

E.希爾斯在《論傳統》一書中指出，在學術傳統之外，大學還產生了關於其自身結構和方法的複雜傳統體系，「只有當大學的傳統在實際上被遵循，大學才能運行，而且，只有那些吸收了這些傳統並在其中安然自如的人才能做到這一點。從這一點來看，傳統在大學裏的作用是社會生活中傳統作用的一個縮影」〔註1〕。

「誠」為南高的精神基石

江蘇的近代教育，始於「力圖治強」的洋務運動，此時促成的「水師學堂、陸路學堂及格致書院」〔註2〕實際上是一種欲走捷徑的強國之路。而作為國民教育的基礎的確立，是三江師範學堂的創辦。這是一種新式的具有與國際先進教育水平接軌的開始，且主要得力於當時擔任兩江總督的劉坤一、張之洞和魏光燾〔註3〕。1902年，首先提倡在南京興辦師範學堂，並且力主「趕速籌備，接續開辦」的是劉坤一〔註4〕。隨之，倡導「中學為體，西學為用」的兩江總督張之洞，於1903年2月5日有《創辦三江師範學堂奏摺》，他在奏摺中強調：「查各國中小學堂教員，咸取材於師範學堂，是師範學堂為教育造端之地，關係尤為重要。……先辦一大師範學堂，以為學務全局之

〔註1〕E.希爾斯：《論傳統》（傅鏗、呂樂譯）第246頁。
〔註2〕劉坤一：《劉坤一奏陳籌辦學堂情形折》（1902年5月15日），《南大百年實錄》編輯組：《南大百年實錄》（上卷）第4頁。
〔註3〕王德滋主編：《南京大學百年史》第4頁，南京大學出版社，2002。
〔註4〕劉坤一：《劉坤一奏陳籌辦學堂情形折》（1902年5月15日），《南大百年實錄》編輯組：《南大百年實錄》（上卷）第5頁。

綱領。創建三江師範學堂一所，凡江蘇、安徽、江西三省士人皆得入堂受學。」〔註5〕緊接著，魏光燾具體落實開辦事宜，1904 年 11 月 26 日，學生正式入學上課〔註6〕。

三江師範學堂在南京創辦後，著名學者或詩人繆荃孫、方履中、陳三立等曾任校長（時稱「總稽查」）〔註7〕，夏敬觀等任「提調」。1906 年更名爲兩江優級師範學堂，李瑞清在教務長雷恒的協助下主持學校 6 年（時稱「監督」）。他爲學子留下的做人規範是「道德爲原本，知識極誠明」。同時以「嚼得菜根，做得大事」作爲校訓，並初步形成了「儉樸、勤奮、誠篤」的校風。據李瑞清《兩江優級師範學堂同學錄序》中所說：「京師設大學，各省皆立高等或中學。南皮張相國於江南建兩江師範學校，中國師範學校之立，以兩江爲最早，聘日本教師十一人，綜合中西，其學科頗採取日本，稱完美焉。」〔註8〕從「三江」到「兩江」，陳三立（修水）、夏敬觀（新建）、李瑞清（臨川）、雷恒（新建）四位江西人貢獻頗大。《學衡》創刊後，其詩苑爲宗法宋詩的「同光體」諸生充盈，也緣此理路。

1912 年中華民國建立後，教育部決定在北京、南京、武昌、廣東、成都、瀋陽設立六所高等師範學校。1914 年，兩江優級師範學堂改名爲南京高等師範學校。江謙、郭秉文先後出任校長。婺源江謙（易園）爲張謇的弟子，他繼承李瑞清的辦學思想，明確校訓爲：「誠」。隨之南高的校歌在江謙（作詞）、李叔同（作曲）手中誕生。其中歌詞的前三句爲：「大哉一誠天下動。如鼎三足兮曰知曰仁曰勇。千聖會歸兮集成於孔。」〔註9〕

1921 年 10 月南京高師正式易名爲國立東南大學，留學美國哥倫比亞大學的郭秉文出任校長。其辦學的方針是訓育、智育、體育並舉，並力圖把握四個平衡：「通才與專才的平衡。人文與科學的平衡。師資與設備的平衡。國內與國際的平衡。」同時將他自己「終是本於和平」的「平生爲人爲事」的原則融進學校生活。他說：「平乃能和，和乃能進。」〔註10〕

〔註 5〕張之洞：《創辦三江師範學堂奏摺》（1903 年 2 月 5 日），《南大百年實錄》編輯組：《南大百年實錄》（上卷）第 5 頁。
〔註 6〕王德滋主編：《南京大學百年史》第 17 頁。
〔註 7〕當時無校長之說，「總稽查」是否爲校長，目前研究校史的學者之間有不同的看法，這裡我傾向於視「總稽查」爲校長。
〔註 8〕李瑞清：《清道人遺集》卷二第 7 頁。
〔註 9〕張異賓主編：《百年南大》第 11 頁。南京大學出版社，2002。
〔註10〕轉引自《南大報》「百年校慶籌備專刊」第 5 期（2002 年 1 月 18 日）。

下邊從《代理校長郭秉文關於本校概況報告書》（1918 年 10 月）中的訓育、智育、體育大綱看學校的精神結構。具體大綱摘錄如下：

訓育

一、標準　養成負責之國民之人格，並具有堅強之體魄和充實之精神。而於道德、學術、才識三者又有適當之培養。

　　屬於道德者，品性（知力、感情、意志）中正，行為（容儀、言語、動作）和平。

　　屬於學術者，知識（普通、專門）明確，技能（應用、美感）精熟。

　　屬於才識者，計劃（全局、分佈）悠久，執行（作業、遊戲）寬厚。

二、方法　啟發自動之機：利用天性、觸發統覺、引起興趣、應用暗示、選擇思想、養成習慣。

三、程序　對於自己之品性行為負修養之責、對於同學之品性行為負規勸之責、對於本校校風負鞏固發揚之責、對於本校附屬學校之訓育負協助之責、對於本校附近社會之風俗負改良之責。

四、實施　通過修養（於學生則重躬行與省察，於職員則重感化與考查）、服務（於學生則重實踐與研究，於職員則重示範與檢查）。

智育

一、依據誠訓，能思想以探知識之本源，能應用以求知識之歸宿。所思想應用之事物以適合社會需要為本。

二、方法　養成思想的能力（注重興趣與試驗）、養成應用的能力（理想與實際結合）。

三、實施　設科、標準、教授、實驗、研究、實習、參觀。

體育

一、標準　堅強之體魄，充實之精神。

二、方法　養護所（培養元氣，禦邪感於未然）、鍛鍊所（操練筋骨，作耐勞之標準）、醫治所（矯正體格，防病治病）。

三、實施　分修護、衛生預防、鍛鍊。〔註11〕

郭秉文出身美國的哥倫比亞大學，受杜威教育思想的影響，從此「報告書」可見其對學生生活和實踐環節的重視。

下面是三位日後成為著名學者的「南高」學子對母校精神及學風的回味和總結。這是一代人的美好回憶的代表，也是對不可再有的歷史時光的感性回放。

陳訓慈在《南高小史》中寫道：

> 略以言當時共通之佳風。曰誠、曰愛、曰勤、曰儉。殆皆為今時所不能逮。
>
> （一）以言乎誠，則上下相接，往往出之真誠；虛矯不發諸當局，浮動稀見乎學者。教授於授課之外，頗多「身教」之功；至誠感孚，其效以漸。同學之中，雖少殷勤周洽之作態，常存坦白誠摯之真情。
>
> （二）以言乎愛；則真誠互感，互愛斯生。師生之間，時多課外之聯絡，或訪謁請益，或同樂談話，相處既邇，相接常頻。而同學之間，概以級別（自九年行學分制後雖同異稍多，但分級無改，以至於結束始已）。同級之間，彌見款洽。飲食起居，休戚與共，守望相助。即異科各級之間，亦賴自治會與各研究會之媒介，頗多往還互助之樂。
>
> （三）次則為勤，勤於治學，固為當時極普遍之學風……
>
> （四）次則為儉，尤為大多數生活之共態。〔註12〕

這可當作對郭秉文「報告書」的腳註或細化。

張其昀在《「南高」之精神》一文中認為「南高」之精神是：德育、智育、美育、群育四個方面的完滿結合。同時他認為校風的形成，其必要的條件一為歷史的關係，二為理想的確立。他引用劉伯明的話說：「吾校同學率皆勤樸，無浮華輕薄氣習。而其最顯著之優點，在專心致力於學。其艱苦卓絕，日進不已，至可欽佩，實紈綺子之學生所不能及者也。」〔註13〕

「南高」的精神在德育方面的體現是：一面保持質樸的風氣，一面又注

〔註11〕《南大百年實錄》編輯組：《南大百年實錄》（上卷）第55～58頁。
〔註12〕《國風》第7卷2號（1935年9月）。
〔註13〕《國風》第7卷2號（1935年9月）。

重科學的訓練，貫通中西。張其昀說：「世人多稱南高學風偏於保守，這是一種誤解，與其稱為保守，不如稱為謹慎，較近事實。南高的精神中科學的成分極重，他們不囿於成見，不狃私意，發言務求正確，不作妄誕之辭，最富於自由的空氣與真摯的精神。」

智育的最大特色是注重科學。因為「中國科學社」的發起人回國後大多數擔任南高的教授，南高和其它高師的不同的地方，即在其造就科學的人才。劉伯明常常又以「博約」教導學生。張其昀特別強調：「南高又有一最可自負之點，即留學生與國學大師的合作。文科方面有幾位大師對於中國文化有透徹的研究與超越的見解，同時他們也注意於科學的方法，故思慮周密，其探究事理常帶有批評的精神。英人羅素嘗謂西方文化顯著的優點是科學方法，中國文化顯著的優點是一種合理的生活觀念，此二點希望其逐漸互相結合。當年南高的學風，確實存在著這樣自信心。母校真正的教育家，常欲防止特種學科的專制，而儘其力之所及，以開放全部之知識，使學生有充分的自由，以選擇其最能發展其個性的學科。其結果南高的人文學與科學能保持平衡的發展，而且互相影響，得到良好的效果。南高的人文學，如史學、哲學、教育學、中國文學、外國文學等，其造詣之深漸為社會所認識。南高的畢業生未赴海外留學而在各大學擔任人文學教授的，已有十餘人，這也是其它大學罕見其比的。古人說『文勝質則史，質勝文則野，文質彬彬，然後君子。』調和文理，溝通中外，實在是當年南高辦學者的宏旨。」〔註14〕

「南高」情結是張其昀1960年代以後華岡興學（創辦中國文化大學）的一種重要的心理動因。他在《民國六十五年校務總括評述》的報告中說，中國文化大學興學的主旨是德育、智育、體育、美育、群育五育並進，培育青年健全的人格〔註15〕。「五育並重」〔註16〕是張其昀辦學的基本策略和「大學教育的要領」〔註17〕。這和當年「南高」的精神是一致的。

胡煥庸則言簡意賅，認為「前後一貫始終不渝之好尚與學風」即「所謂

〔註14〕《國風》第7卷2號（1935年9月）。

〔註15〕張其昀：《張其昀先生文集續編》第3冊第1344～1345頁，（臺北）中國文化大學出版部，1995。

〔註16〕張其昀：《五育並重四教合流》、《五育並重的「文大」》，收入《張其昀先生文集》第17冊。

〔註17〕張其昀：《五育並重四教合流》，《張其昀先生文集》第17冊第9025頁。

孜孜爲學之精神」〔註18〕，也是「南高」精神的實質。

另外，南京高師──東南大學的興盛，也可以從當時的師資顯示出來〔註19〕。

南京大學的另一源頭爲彙文書院──金陵大學。

彙文書院的首任院長是福開森（J.C.Feguson），他專長中國古典藝術。彙文書院的創立是「以溝通中西文化，介紹西方之新進科學，爲其自然的特點，而文化亦因溝通，而發揚光大」〔註20〕爲辦學方針。福開森對金陵大學的題詞是「溫故而知新」和「建新存故」〔註21〕。陳裕光執掌金陵大學的時間最長，他爲學校所立的校訓爲「誠、眞、勤、仁」。在這其中，首要的是「誠」。同時金陵大學的文科教授多是和東南大學──中央大學互聘的。這說明她和「南高」在精神上有諸多相通之處。

抗戰時期，金陵大學遷至四川成都，金陵大學中文系系主任高文在 1943年 1 月 1 日《斯文》第 3 卷第 1 期上發表了《金陵大學中國文學系之精神》，他說（節錄）：

> 本系之精神，首在泯息詭異之談，研治篤沈之學，知化舊以爲新，必通源而識本，九經三史，日在人間。四部兩藏，取資不盡，又何勞棄自享之千金，珍他人之敝帚也哉。

> 本系之精神，力破浮妄，不雜旁支，不爲誇飾，傳經重師承，言文貴法度，注重學生習作，遵循前哲步趨，以期承先啓後，挽救頹風，光覆文章舊業也。

> 本系之精神，力矯流俗，以古爲則，重日積月累之功，達雄偉不常之域，流連往哲，思振遺風，古道照顏，後生可念，存亡繼絕之交，非今日歟。

〔註18〕 《國風》第 7 卷 2 號（1935 年 9 月）。

〔註19〕 據《南大百年實錄》編輯組：《南大百年實錄》（上卷）第 131～132 頁的《東南大學各科主任名單》（中華民國 10 年 10 月）所示，當時（1921 年）的主要科系的主任多是學界名流，其中農科的農藝系、園藝系、畜牧系、病蟲害系、生物系爲東南大學獨家所具有。另據《南大百年實錄》編輯組：《南大百年實錄》（上卷）第 149～164 頁的《國立東南大學教職員一覽》（中華民國 12 年 1月）所示，當時（1923 年 1 月）的主要教職員許多都是當時學界名師。

〔註20〕 《陳裕光校長在金大舉行 60 週年慶祝大會上的講話》（節錄），《南大百年實錄》編輯組：《南大百年實錄》（中卷）第 85 頁。

〔註21〕 《陳裕光校長在金大舉行 60 週年慶祝大會上的講話》（節錄），《南大百年實錄》編輯組：《南大百年實錄》（中卷）第 85 頁。

劉伯明心目中的「學者精神」和「學風」

1922 年 1 月，《學衡》雜誌在東南大學創辦。《學衡》的宗旨是「昌明國粹，融化新知」。圍繞《學衡》雜誌，形成了五四運動之後著名的文化保守主義文人群體「學衡派」。作為校長辦公室副主任（實際的副校長）、哲學教授的劉伯明是實際的支持者，他是當年「高標碩望，領袖群倫」的人物。在刊物的創刊號上，他發表了《學者之精神》一文，明確提出作為學者的基本素質。他說「學者之精神，究其實際，實為一體」。其內涵可分為五點：「一曰學者應具自信之精神也。二曰學者應注重自得也。三曰學者應具知識的貞操也。四曰學者應具求真之精神也。五曰學者必持審慎之態度也。」〔註 22〕

同時，劉伯明也強調，「真正學者，一面潛心渺慮，致力於專門之研究，而一面又宜瞭解其所研究之社會的意義，其心不囿於一曲而能感覺人生之價值及意義，或具有社會之精神及意識。如是而後始為真正之學者也」〔註 23〕。

面對學潮烽火四起和學風日壞，劉伯明及時在《學衡》第 16 期上發表了《論學風》一文。他明確指出這種現象是民國以來學校中最難調和的兩種精神的作用，即自由與訓練（或稱責任）的關係問題。有學生和學校管理雙方的責任，首先是要對教師提出要求。他主張：「欲消弭學潮，教職員方面亦應深自反省，而憬然覺悟。政治社會方面責任之須共同擔負。以此責諸學生，致令犧牲學業，而己則坐觀成敗，謂之不仁。瞻循顧忌，裹足不前，謂之不勇。不仁不勇，豈能為學子之楷模乎？」

從中國的學術傳統來看，他說：「吾國古來學風，最重節操。大師宿儒，其立身行己，靡不措意於斯。雖經貧窶，守志彌堅。漢申屠蟠所謂安貧樂潛，味道守真，不為燥濕輕重，不為窮達易節。最能形容其精神也。」結合當前學校教育的實際情況，他提出了自己的看法：「學校既為研究學術，培養人格之所，一切權威應基於學問道德。事功雖為人格之表現，然亦應辨其動機之是否高潔，以定其價值之高下。若通俗所重之名利尊榮，則應擯之學者思想之外。老子曰：雖有榮觀，燕處超然。此從事教育者應持之態度，而亦應提倡之學風也。」

劉伯明在具體論述了如何辦學和自由與責任的關係後，進一步指出：「學

〔註22〕　《學衡》第 1 期（1922 年 1 月）。
〔註23〕　《再論學者之精神》，《學衡》第 2 期（1922 年 2 月）。

校精神存乎教師學生間。個人之接觸，無論修學息遊，爲人師者，應隨時加以指導，於以改造其思想而陶冶其品性。不僅以授與智慧爲盡教者之職責，準是以觀，則設備、建築，僅必須之附屬物也。即推廣事業，亦僅此精神之表現也。誠以根柢深固，枝葉自茂。不此之務，而以旁鶩橫馳爲得意。吾恐範圍愈擴大，其距爆烈之時期亦愈近也。反是而致意於個人之感化，精力之涵養，弸於中而彪於外。君子之道闇然而日章。小人之道的然而日亡。此之謂也。」

「學衡派」成員梅光迪、吳宓、胡先驌、柳翼謀在國內公開反對胡適及白話新文學，主要是在 1919～1923 年間，其中梅、吳、湯（指湯用彤。但湯本人並不反對新文學，隨後又成了胡適的朋友〔註 24〕）結盟是在美國的哈佛大學。他們當面的衝突只有一次，即是在 1923 年 12 月 1 日東南大學學生胡夢華與吳淑貞的婚禮上。胡適此時在南京講學，並應邀作證婚人。梅光迪、樓光來爲男女雙方介紹人，楊杏佛、柳翼謀、吳宓到場。也正是這樣一個難得的場面，使北大《新青年》派的胡適與東南大學《學衡》派的梅、吳、柳有了一次當面交鋒的時機。胡夢華說，在這個婚禮上，「吾家博士適之叔展出文學革命觀點，梅、吳二師提出希臘大師蘇格拉底、柏拉圖、亞里斯多德以示當時名遍中國學術界的杜威、羅素二博士，未必青勝於藍，更不足言後來居上。接著柳師還提出子不學的孟軻助陣，適之叔，單槍匹馬，陷入重圍；杏佛師拔刀相助，雄辯滔滔」〔註 25〕。此婚禮的突奇之處，足可以與幾年後

〔註 24〕 湯用彤與胡適一直是很好的朋友，他 1930 年到北京大學任教是張歆海幾年前就向胡適推薦的。1937 年 1 月 17 日胡適讀湯用彤的《漢魏兩晉南北朝佛教史》的稿本後，認爲「此書極好」。說：「錫予與陳寅恪兩君爲今日治此學最勤的。又最有成績的。錫予的訓練極精，工具也好，方法又細密，故此書爲最有權威之作。」胡適在校讀完此書稿後，便寫信給王雲五，推薦此書 1938 年在商務印書館出版。見胡適：《胡適全集》第 32 卷第 609 頁。2003 年 9 月 18 日在北京大學的胡適研究座談會上，湯用彤的兒媳樂黛雲說，湯用彤 1954 年 11 月 13 日腦溢血是他在被迫批判胡適的高壓下發生的。

〔註 25〕 胡夢華：《青春文藝姻緣憶東南》，見胡夢華、吳淑貞：《表現的鑒賞》，1984 年臺灣重印本。此書的最初版本爲上海現代書局 1928 年 3 月版。胡夢華與胡適爲績溪同鄉。胡夢華的祖父胡寶鐸爲同治戊辰年進士，曾任兵部員外郎、軍機，並在總理各國事務衙門行走。胡適的父親胡傳到東北找吳大澄，是得胡寶鐸和張愛玲祖父張佩綸的推薦書。胡夢華的父親胡幼晴也與胡適交好。胡夢華報考南京高等師範學校時，其父特請胡適給校長郭秉文寫了推薦信。胡夢華憑自己的實力考取後，南京高等師範學校英文系主任張士一卻在第一次上課時公開了胡適的人情信，說他們的錄取是憑考生的實力，而不是胡

徐志摩、陸小曼的婚禮上梁啓超訓斥徐、陸之事相比。

　　這裡需要指出的是郭秉文、劉伯明正副校長與胡適的關係。郭、劉、胡都是留學美國，雖文學觀念、學術思想不同，但並不影響他們作爲相好的朋友關係。在南京大學的校史中有這麼一段軼聞、傳說：「胡適之先生在未回國前曾爲郭秉文先生懇邀，但是胡氏苦於已接受蔡元培先生的邀約，赴北大任教。」他告訴郭秉文先生說：「如果不是蔡子民（元培）先生和我已有約在先，我一定會到南高執教。因爲，早已有好幾位和我一同留美的同學好友，如任鴻雋、陳衡哲、梅光迪等，都已經被你拉到南高師了。」〔註26〕據我個人的考察，此說完全是杜撰的。時間、地點和隨後的事實都錯了。可以說與事實正好相反。胡適 1917 年回北大任教時，任、陳、梅都還在美國學習，根本沒有到南高。再說陳衡哲 1920 年夏回國，是經胡適推薦，先到北京大學教西洋史，成爲北京大學的第一位女教授，半年後因懷孕辭去教職，後來才轉到東南大學的。梅光迪回國後是先到南開大學任教，一年後才到東南大學。現據《胡適的日記》所示，1921 年 7 月 20 日，胡適在上海商務印書館考察時遇到了東南大學校長郭秉文。郭勸胡適留在商務印書館當編譯所所長，同時兼任東南大學教授。胡適當面拒絕了。他說：「東南大學是不容我的。我在北京，反對我的人是舊學者與古文家，這是很在意中的事；但在南京反對我的人都是留學生，未免使人失望。」〔註27〕

　　而 1923 年 6 月東南大學發生第一次「風潮及辭職」事件的具體情況，楊杏佛還專門到上海，向胡適彙報。胡適很詳細地寫進 6 月 3 日的日記。

　　　　適的信。意在輕鄙胡適。這是南京高等師範學校與北京大學在新文化運動中尖銳對立過程中的一個小插曲。參見胡昭仰：《胡夢華傳略》，載《績溪文史資料》（內部印刷）第二輯，1988 年。
　　　　1955 年 11 月 10 日胡適在美國與張愛玲相見，當他得知張的祖父是張佩綸後，特在當天的日記中寫道：「始知她是豐潤張幼樵的孫女。張幼樵（佩綸）在光緒七年（1881）作書介紹先父（胡傳，字鐵花）去見吳憲齋（大澄）。此是先父後來事功的開始。幼樵貶謫時，日記中曾記先父遠道寄函並寄銀二百兩。幼樵似甚感動，故日記特書此事。」見胡適：《胡適全集》第 34 卷第 365 頁。胡適 1960 年 2 月 16 日還專門寫了《張佩綸的〈澗於日記〉一文，收入胡適：《胡適全集》第 19 卷第 806～810 頁。張愛玲有《憶胡適之》，記述她與胡適的交往。收入來鳳儀編：《張愛玲散文全編》，浙江文藝出版社，1992。
〔註26〕王成聖：《郭秉文與南高、東大》，見張宏生、丁帆主編：《走近南大》第 92 頁，四川人民出版社，2000。
〔註27〕胡適：《胡適全集》第 29 卷第 373 頁。

胡適是五四新潮思想的領袖人物,白話新文學的首倡者。同時又積極主張用科學的方法「整理國故」。他反對南高師─東南大學部分教授抵制白話新文學和新思想,但在整理舊學這一點上,他自己的學術活動和南高師─東南大學部分教授的工作相同。在 1922 年 12 月 23 日北京大學 25 週年紀念演講中,他說看到北京大學的學術研究成果後,感到中國自然科學研究的落後,而國學研究成果顯著:「我個人以爲至少在社會科學上應該有世界的貢獻。」〔註28〕

劉伯明 1923 年 11 月 24 日因患腦膜炎遽死,年僅 36 歲。胡適爲劉寫的悼詞是「鞠躬盡瘁而死,肝膽照人如生」。郭秉文寫有《劉伯明先生事略》的悼詞,說劉伯明力持人文主義,以救近日實用主義之弊。此說明顯是將劉伯明與胡適對立起來。這樣看來,「學衡派」成員張其昀所說的具有一定的代表性,起碼可以看作這是他們同仁的「心理共同體認」。他說:「吾師劉伯明先生是《學衡》雜誌的創辦人,當時有『北大與南高』之說法,似乎隱隱然以胡適與劉伯明爲代表者。」〔註29〕

因此,張其昀在紀念劉伯明的文章中特別強調,要超越所謂「南高」保守和「北大」革新的簡單比較,在不同之處求「眞正之學者」共同的「自由之心」:

> 自南京高師成立以來,北大南高隱然爲中國高等教育之二大重鎮。時人有北大重革新,南高重保守之語,其說蓋起於胡適之,劉先生嘗聞此言,根本上加以否定。先生謂眞正之學者,當有自由之心。「吾人生於科學昌明之世,苟冀爲學者,必於科學有適當之訓練而後可。所謂科學精神:其最要者曰唯眞是求,凡搜集證據,考覈事實皆是也。唯眞是求,故其心最自由,不主故常。蓋所謂自由之心,實古今新理發現之條件也。」〔註30〕。

〔註28〕《教務長胡適之先生的演說》(陳政記錄),《北京大學日刊》,1922 年 12 月 23 日。

〔註29〕 張其昀:《敬悼胡適之先生》,《張其昀先生文集》第 9 冊第 4574 頁。

〔註30〕 張其昀:《劉伯明先生逝世紀念日》,《國風》第 1 卷第 9 號(1932 年 11 月 24 日)。張其昀在同期的兩篇文章引用劉伯明的同一句話,而文字上有出入。在《「南高」之精神》一文中的這句話是:「吾人生於科學昌明之世,苟冀爲學者,必於科學有適當之訓練而後可。所謂科學之精神,其首要者,曰惟眞是求。惟其如此,故其心最自由,不主故常。蓋所謂自由之心,實古今新理發現必要之條件也。」

1932 年 11 月 24 日，劉國鈞在《學風——爲紀念劉伯明先生作》一文中說，「思想的混淆和淺薄恐怕是現在學風的最大缺點」。「醫治這種毛病，自然最好莫過於論理的思想，科學的方法，和養成對於無論什麼事都要求充足證據的習慣」。因爲此時爲民族危機時刻，所以他強調，「要使國家能重興，民族能得救，必定要從養成誠樸篤實艱苦卓絕的學風起」〔註 31〕。

紀念南高二十週年時的集體反思

1935 年 9 月，原南高畢業生，在《國風》出了「南京高等師範學校二十週年紀念」特刊，許多學者寫了紀念文章。在紀念會後，《國風》8 卷 1 號又出一集專刊，詳細將紀念的過程和校友的演講詞刊發出來。

著名希臘文專家郭斌龢在《南京高等師範學校二十週年紀念之意義》一文中認爲「南高」的精神是「篤實而有光輝」。具體表現爲以下四點：保持學者人格、尊重本國文化、認識西方文化、切實研究科學〔註 32〕。紀念南京高等師範學校二十週年的意義在於保持和發揚「篤實而有光輝」的南高精神。

吳俊升在《紀念母校南高二十週年》的文章中則強調「南高」的事功。他說：「南高」十年，1915（從招生算起）到 1925（與東南大學有交叉，將「南高」的學生畢業時間計入），「南高不僅完成了訓練師資的使命，它還盡了孕育文化和造就學術界與事業界各種特殊人才的責任。在這一方面，它可和巴黎的高等師範學校相比」〔註 33〕。

吳俊升說：「在文化的使命上，南高的成就，雖然在開創方面不能說首屈一指；可是在衡量和批判一切新思想，新制度，融和新舊文化，維持學術思想的繼續性和平衡性這一方面，它有獨特的貢獻。在有些方面，誠然有人批評過南高的保守，可是保守和前進，在促進文化上，是同等的重要。而高等教育機關的文化使命，本是開創與保守，接受與批判缺一不可的。南高對於文化的貢獻，如其不能說在開創與接受方面放過異彩，在保守與批評方面，卻有不可磨滅的成就。何況有些方面，如教育理論與方法的革新，農業的改良，體育的提倡，南高還是開全國風氣之先的呢！」

〔註 31〕《國風》第 1 卷 9 號（1932 年 11 月 24 日）。
〔註 32〕《國風》第 7 卷 2 號（1935 年 9 月）。
〔註 33〕《國風》第 7 卷 2 號（1935 年 9 月）。

這裡吳俊升正視南高的保守，但他同時強調「保守和前進，在促進文化上，是同等的重要。而高等教育機關的文化使命，本是開創與保守，接受與批判缺一不可的」。正是這種「保守」和「批判」才能「維持學術思想的繼續性和平衡性」。

從「南高」精神談到「南高」學風。王煥鑣先是回味十多年前「進退肆習之所，老師宿儒之所講論，四方士友之所磨礱。肫摯繾綣之意，沆瀣孚合之情，詼諧嬰娛之狀。雖極叢細瑣屑，皆醰醰乎若有餘味，深膠於心脾而不可卒解者。」進而指出「南高」學風是許多人共同努力所造就的，「先是江易園先生為校長，提倡陽明之學，所聘師儒，多以講求義理實學為事，故其嚴義利之辨，則以事干謁為無恥。明誠偽之分，則以營虛聲為可羞。使舉校之人暗焉冥焉埋首鑽研於學問而不以外事亂其中。苟於學焉一有所獲，極天下可欣可慕之事舉無以易之，雖有惑世誣民之說足以傾動一國之人而不為其所奪。雖有高官顯宦欲利誘青年以為爪牙而無所施其伎倆。雖辦學者或周旋於要津以圖學校之發展，而輿論匡正甚峻，不使其支蔓。積一校師弟子千百人之力，不自知其不足。銳焉欲撥亂世而反之正，與妄人邪人相抗拒，遭困躓蒙訕譏而無所於悔。雖所就未能盡如其所期，固已皎皎錚錚，不苟同於習俗矣。斯我南高之學風也」〔註34〕。

作為植物學家的胡先驌，有著強烈的人文關懷。他說南高—東大的物理學、氣象學、生物學、農學為中國之最。「此皆南雍事實求是質樸真誠之精神所表現也」。「南雍精神不僅在提倡科學也。文史諸科，名師群彥，亦一時稱盛。」由南高—東大昔日之盛，使他把人文關注投向了現實。他說：「幸今日秉國鈞者，知欲挽救國難，首在正人心，求實是，而認浮囂激烈適足以亡國滅種而有餘。於是一方提創本位文化，一方努力於建設事業。南雍師生二十年來力抗狂潮勤求樸學之精神，亦漸為國人所重視。吾知百世之下，論列史事者，於南雍之講學，必有定評。」〔註35〕

這些南高的師生都是借談論南高的精神和學風，批評現實，進而討伐五四新文化運動。這是他們多年來的一種精神情結，也是他們堅守的文化保守主義的基本立場。

〔註34〕《譚南高學風》，《國風》第 7 卷 2 號（1935 年 9 月）。
〔註35〕《樸學之精神》，《國風》第 8 卷 1 號（1936 年 1 月 1 日）。

羅家倫將「建立有機體的民族文化」作爲「中央大學永久的負擔」

1928 年 5 月，東南大學經兩次易名後，改名爲國立中央大學。

1932～1941 年，原北京大學畢業生，五四運動的急先鋒，「胡適派文人集團」的核心人物羅家倫出任國立中央大學校長。這時候，他的大學理念發生了很大的變化。他在 1932 年 10 月 17 日中央大學的「總理紀念周」上的演講題目是《中央大學的使命》。這位五四運動的青年先鋒，激進的反傳統者和「打孔家店」的同路人，在國民黨革命「成功」，成爲執政黨之後，以教育爲立國之本作爲出發點，爲中國「民族文化」尋求根的支持。這也是 1930 年代民族本位文化派所持的基本觀點，並是其由此得到現政權認同的關鍵所在。

羅家倫上任伊始，首先強調「要把一個大學對於民族的使命認清，從而創造一種新的精神，養成一種新的風氣，以達到一個大學對於民族的使命」。他說：

> 現在，中國的國難嚴重到如此，中華民族已臨到生死關頭，我們設在首都的國立大學，當然對於民族和國家，應盡到特殊的責任，就是負擔起特殊的使命，然後辦這個大學才有意義。這種使命，我覺得就是爲中國建立有機體的民族文化。我認爲個人的去留的期間雖有長短，但是這種使命應當是中央大學永久的負擔。……本來，一個民族要能自立圖存，必須具備自己的民族文化。這種文化，乃是民族精神的結晶，民族團結圖存的基礎。如果缺乏這種文化，其國家必定缺少生命的質素，其民族必然要被淘汰。一個國家形式上的滅亡，不過是最後的結局，必定是由民族文化和民族精神先告衰亡。所以今日中國的危機，不僅是政治社會的腐敗，而最要者卻是在於沒有一種整個的民族文化，足以振起整個的民族精神。〔註36〕

羅家倫認爲，民族文化是民族精神的表現，而民族文化的寄託，當然是以國立大學爲最重要。大學若不負起創立民族文化的使命，便根本失掉大學存在的意義，更無法領導一個民族在文化上的活動。我們若要負得起建立有機體的民族文化的使命，必定要先養成新的學風。於是羅家倫提出了「誠樸雄偉」四字作爲中央大學的校訓。

可以說，「誠」是此時中央大學的靈魂，並貫穿在學校的各項工作中。

八年抗戰，中央大學遷至四川重慶，絃歌不絕，繼續擔當著爲民族培養

〔註36〕《國立中央大學日刊》，1932 年 10 月 20 日。

人才，爲祖國倡揚文化的重任。

讓南京高師─東南大學─中央大學校友自豪的是，1948 年中國產生的第一屆 81 位院士中，有 33 位是出自他們當中。

1955 年 6 月 9 日、1965 年 6 月 9 日、1975 年 6 月 9 日，在臺北的張其昀分別有紀念中央大學 40 週年、50 週年和 60 週年的演講，他說「以鍾山的崇高，玄武的恬靜，大江的雄毅，足以象徵母校的學風」〔註 37〕。張其昀尤其強調國立中央大學爲中國現代儒學復興運動的一個策源地。他說：「在五四運動以後，對中國歷史文化持懷疑與抨擊態度者，滔滔皆是。當時南京的我校，則屹立而不爲動搖，所謂『鍾山龍蟠，石頭虎踞』眞有砥柱中流的氣概。我校所倡導的新學術，雖深受西洋思想的影響，而不爲所轉移，而益充實光輝。這種儒學復興運動，經過四十年的時間，由發軔而漸趨成熟，以期成爲吾國學術的正宗，中國眞正的文藝復興。」〔註 38〕中央大學建校的理想，爲儒學精神與科學精神的融合，「平正通達，均衡和諧，貫通古今，融會中外，而以任重道遠之國士相勖勉。……中大的學風，是要以集大成的精神，來繼承中西學術最佳之傳統，願爲中國眞正之文藝復興而努力」〔註 39〕。張其昀把大學的理想、學風和長期所形成的優良傳統總括爲「大學精神」。他認爲中央大學的精神就是科學精神、革命精神和創造精神。從南京高師到中央大學，特別是五四新文化運動「南高」與「北大」對峙時，「北大爲文學革命的起源地，南高爲科學研究的大本營」〔註 40〕。

南京大學承南高精神及學風：「誠樸雄偉，勵學敦行」

1949 年 8 月 8 日，國立中央大學更名爲國立南京大學。1952 年國立南京大學與金陵大學合併，並調整出一些新的學院。獨立的南京大學卓然而立於虎踞龍蟠的江南門戶鍾山。

〔註37〕 張其昀：《國立中央大學──民國四十四年六月九日在國立中央大學四十週年校慶紀念會講》，《張其昀先生文集》第 16 冊第 8701 頁，（臺北）中國文化大學出版部，1989。
〔註38〕 張其昀：《國立中央大學──民國四十四年六月九日在國立中央大學四十週年校慶紀念會講》，《張其昀先生文集》第 16 冊第 8701 頁，（臺北）中國文化大學出版部，1989。
〔註39〕 張其昀：《中大建校五十週年紀念》，《張其昀先生文集》第 16 冊第 8707～8708 頁。
〔註40〕 張其昀：《中大六十週年紀念》，《張其昀先生文集》第 17 冊第 8710 頁。

　　1952 年以後，原「學衡派」成員繆鳳林、汪辟疆分別在歷史系、中文系任教。樓光來、郭斌龢、范存忠、陳銓在外文系任教。他們在政治鬥爭作為時代主旋律的新的歷史階段，必須向一種新的政治文化認同，然後才能有基本的生存。具有獨立、自由學術精神和強烈批判意識的「學衡派」的文化立場，也隨之喪失。個人和一個小文化、學術群體的力量是十分有限的，在 1920 年代，他們可以抗拒新文化運動的話語霸權，可以發出自己獨立、自由的具有批評力量的聲音，是時代和社會賦予了他們一種特殊的存在的權利。在 1930 年代、1940 年代，他們可以成為民族、國家的代言人，並顯示出自己的存在價值，同樣是因為有一個可供言說的公共空間。而此時，為一個新的意識形態和新的政治生活所改造，所同化，他們集體失語。

　　1978 年 5 月，「真理標準」討論的春風在中國大地蕩起。5 月 11 日《光明日報》所刊《實踐是檢驗真理的唯一標準》一文的初稿出自南京大學哲學系講師胡福明之手。重「實踐」和求「真理」這本身就顯示了南大精神和學風中的誠、樸、智、勇，也是「南高」精神和學風在新時期的繼承與發揚。

　　如今，南京大學已走過百年風雨歷程，南大人回味歷史，繼承傳統，進一步明確了自己「誠樸雄偉，勵學敦行」的校風和學風，並矢志將其發揚光大。

大學張力：校長、刊物與課程

大學教授的學術權力

1910 年代，科舉廢止後，中國開始有了作爲高等教育的大學體制。在大學體制的初始，也就是 1927 年之前，校長的產生是政府任命的。所以才有龔漱滄在 1925 年 5 月 11 日《京報副刊》第 145 號上提出的《大學校長問題》。他說：「我國大學校長之任免權，完全操於教育總長之手，校內之教授學生等全不與聞……恐怕還是十七世紀以前，未脫離政權教權之拘束時代的舊制度罷。」

但 1927 年以後，中國現實社會中的大學校長問題發生了變化。

1928～1948 年間，在中央大學、清華大學，多次發生校長被自己學校的師生驅趕之事。許多著名的校長都沒能逃此一劫，呈現出極大的尷尬。有的人便狠下決心，從此離開大學或教育界。當然，有的是不得不離開，因爲無法再在教育界混下去。

先說清華大學。這所大學的 1920 年代，是在校長曹雲祥手中興，1930 年代是在梅貽琦手中盛。曹、梅之間（1928 年 1 月～1931 年 12 月），清華大學換了嚴鶴齡、溫應星、余日宣、羅家倫、吳南軒、翁文灝 6 位校長。而羅家倫、吳南軒分別是被學生代表大會和教授臨時會議決議驅趕走的。

再說中央大學。1932 年 1 月 8 日，國民黨政府任命桂崇基爲中央大學校長，但師生強烈反對，三個星期下來，他不得不辭職。隨後是劉光華的辭職。中間幾個人都無法接穩校長這個擔子。6 月 28 日，段錫朋被政府任命爲校長，中大師生乾脆以暴力行動把他趕走〔註1〕。有著驅趕和拒絕接受政府新任命校

〔註 1〕 王德滋主編：《南京大學百年史》第 158～159 頁。

長傳統的中央大學，到了 1943 年，又連續拒絕接受吳南軒、陳立夫來做校長。中央大學 21 年間，有 13 人出任校長。出任過清華大學、復旦大學校長的吳南軒，也不被中央大學接受。其中張乃燕也是被教授逼迫辭職的。僅 1932 年，就走馬燈似的換了 5 人。

這裡就顯示出一種在大學場域內存在的近乎自然自在的屬性，以及這種屬性與政府任命的校長之間對立的力量的作用。即「學術權力」〔註2〕的一種或幾種的混合作用力。政府的任命和被任命的校長，這二者是「政治權力」和「官僚權力」的結合。而大學的學術團體的統治，是與專家仲裁的思想相吻合的。教授的「集團統治」力量和可以指使並利用的「學生力量」的結合，是學校的很大的勢力。這種力量常常會和前者矛盾衝突。一旦衝突不可調和，辭職或被驅趕的必定是校長（只有一次例外，就是 1925 年 5 月的「女師大風潮」，結果是在北洋政府的高壓下，保留校長，驅散部分教授、學生）。因為校長的個人權力和相應的統治，是「政治權力」和「官僚權力」結合的產物，而大學的「教授集團」所統治著的學術團體（教師和學生組成）的力量，是學術團體活動的有機的核心勢力，並像載舟的水。當一個人和強大的群體對立時，後果是顯而易見的。

現代中國的大學場域，賦予了教授和學生這種屬於他們自己的「學術權力」，並且這種「權力」多次戰勝了政治和官僚的強權統治。這是民主精神的勝利，因為只有民主精神才能使大學的教授、學生具有選擇自己校長的自由和權力。這也正是歐文・白璧德在《大學與民主精神》中所說的「大學所需要的民主精神是公平與無偏無袒。它的要求越嚴格越具有選擇性便越好。」〔註3〕

羅家倫校長的新風範

蔣夢麟說一個大學中有三派勢力：校長、教授和學生。我以為一個大學的知名度實際上是取決於三個方面：歷史傳統、現有知名教授、現任校長的人格魅力和能力。

羅家倫是五四運動的先鋒人物，1919 年 5 月 4 日天安門大遊行時散發的《北京學界全體宣言》〔註4〕便是出自他的手筆。他是胡適的得意弟子，始終

〔註 2〕 此術語借用自約翰・范德格拉夫等編著：《學術權力》（王承緒等譯），浙江教育出版社，2001。

〔註 3〕 歐文・白璧德：《文學與美國的大學》（張沛、張源譯）第 52 頁。

〔註 4〕 參見周策縱：《五四運動：現代中國的思想革命》（周子平等譯）第 140～141 頁，江蘇人民出版社，1996。

對教育和政治抱有強烈的雙重興趣，北京大學畢業後經胡適推薦赴美國留學，並游學歐洲。歸來後，曾參加北伐，因得蔣介石的賞識，一度從政。1928年9月18日羅家倫宣誓就任清華大學校長。

　　原清華學校本是利用美國退還「庚款」創辦的留美預備學校，由外交部管理。教育的西化和自由的風氣很濃。31歲的年紀，便坐到清華大學校長的位置，春風得意，自然也就盛氣凌人。當然他也不知道這所學校的「水」的深淺，一年零九個月後（1930年5月）便翻了船，因壓制教授自治和學生運動而被清華師生趕走。於是，有「請看剃頭者，今也被剃頭」一說戲之。

　　1932年8月26日羅家倫被任命爲中央大學校長，9月正式上任。相對於西化、自由的清華大學，南京的中央大學，是由南京高師─東南大學改制過來的，這所學校有著自己的傳統，與北京大學作爲新文化─新文學陣營的對立，使她形成了自己文化保守的校風和學風。而昔日北京大學的激進人物來保守的中央大學任校長，他必須首先使自己的原有身份變色，否則會重蹈覆轍。

　　吃一塹長一智。羅家倫選擇了與保守的中央大學師生的趨同，起碼是形式上的。他事先有心理和思想上的準備，所以很快就找到了「民族文化」的認同點。而對中央大學師生的文化保守行爲，如反對新文化─新文學、堅持寫舊體詩詞和尊孔，他是敬而遠之，不表態，不支持、不壓制。只是因「九一八」事變的強烈刺激，他在「民族文化」和「民族主義」的旗幟下，和中央大學的師生一道，爲學校的發展尋求到了共同的機會和利益，並成爲其大學理念的聚相化體現。1932年10月17日在中央大學「總理紀念周」發表了《中央大學的使命》的演說，借「建立有機體的民族文化」這條路徑，他眞正走進和融入了這所大學。從1928年到1949年的21年間，有13人出任過中央大學校長或代校長﹝註5﹞，而羅家倫一人的任期是1932年8月～1941年6月，以實際的學期算，可以說基本上是幹滿9年。

　　此時，羅家倫是有意在學習自己的老校長蔡元培的「思想自由」、「兼容並包」的辦學方針。也正是他的這種辦學方針，中央大學才會有眾多的學術刊物出現，才會有1930年代仍反對新文化─新文學的現象（不允許新文學進大學課堂的國文課程設置），有公開、鮮明的尊孔復古活動。《國風》自然是這種行爲的代表，也最能體現「學衡派」後期的文化保守傾向。

〔註5〕參見張異賓主編：《百年南大》第151～152頁。

刊物的空間與文學人才的培養

　　大學的學術實力要靠自己的知名教授和相應的成果展示，刊物的多少實際上反映了學校對學術的重視程度，同時經濟實力也是重要的因素。這一方面體現了大學的學術研究功能，另一方面，也是思想自由和學術自由的象徵。因爲出版自由是文化和學術發展的基礎和顯示，知識分子的精神產品和科學研究的成果，很大程度上是要通過出版物發散出去。大學場域裏，出版自由是一個獨立的力量，並直接影響學校的學術形象。

　　1928～1949 年中央大學期間，屬於大學或有教授同人主辦的刊物有五十多種，其中重要的有 25 種〔註6〕。這裡著重展示《國立中央大學半月刊》的新舊並存和多樣化現象。因爲這個刊物和以往東南大學時期的《史地學報》、《學衡》、《文哲學報》、《國學叢刊》不同，也有別於隨後的《國風》。它是東南大學向中央大學體制過渡時期的產物。正是這個刊物向文學界和學術界展示了中央大學在這一時期也產生了新文學作家和作品。

　　《國立中央大學半月刊》於 1929 年 10 月 1 日創刊，1931 年 1 月 16 日停刊，共出版兩卷 24 期。其中 1929 年 10 月 1 日～1930 年 6 月 16 日出版了第 1 卷 16 期。1930 年 10 月 1 日～1931 年 1 月 16 日出版第 2 卷 8 期（刊物每年寒暑假的 2 月、7 月、8 月、9 月不出版）。

　　創刊號上有中央大學校長張乃燕的《序》、副校長戴超的《發刊辭》。張乃燕博士留學英國、瑞士，主攻化學，同時又是一位研究歐洲歷史的學者。第一次世界大戰時，他正好留學歐洲。此時他在商務印書館印行了《世界大戰全史》、《世界大戰史》、《羅馬史》。他是國民黨元老張靜江的侄子，但不久因陷入黨爭而辭職。這個刊物是在校長張乃燕的支持下創辦的，校長辭職，刊物也隨之停辦。據 1930 年 12 月 15 日的第 2 卷第 6 期的《本刊啓事一》所說：「因新舊校長交替，奉命暫時結束。」新舊校長交替指的是 1930 年 11 月朱家驊到中央大學任校長，張乃燕離開一事。

　　在第 1 卷第 9 期的投稿簡章中說此刊物是「無論自撰或翻譯」，「不拘文

〔註 6〕此刊物名錄依據南京大學圖書館 1989 年編定的目錄。文中之所以注明南京或重慶中央大學，是因爲在抗戰期間，南京汪僞政權還辦有中央大學。這裡主要介紹《文藝叢刊》（南京：中央大學文學院）。此刊爲年刊，1933 年 11 月～1936 年 1 月間共出四期，第 1 卷兩期，第 2 卷兩期。1933 年 11 月 10 日出第 1 卷第 1 期，1934 年 10 月 1 日出第 1 卷第 2 期，1935 年 6 月出第 2 卷第 1 期，1936 年 1 月出第 2 卷第 2 期。其中第 2 卷第 2 期爲「黃侃紀念專號」。

言白話」。同時這期刊登了「本刊編輯委員會」的成員名單：謝冠生、張曉峰、謝次彭、沈百先、汪旭初、 孫時哲、雷伯倫、潘永叔、盧晉侯、湯錫予、胡小石、蔡作屏、艾險舟、張士一、王堯臣、 徐悲鴻、葉元龍（主席）。自第 2 卷第 1 期，新組建的「本刊編輯委員會」是：雷海宗、胡光煒、樓光來、張其昀、蔡堡、潘菽、謝冠生、葉元龍、吳頌皋、艾偉、徐悲鴻、李岡、孫恩麐、莊效震、陸志鴻、徐佩琨、黃曝寰（主席）。兩屆編委的人員有半數沒變（用名或用字），主席換了。

兩卷共 24 期的《國立中央大學半月刊》有四期是專號：「文藝專號」， 第 1 卷第 7 期。「社會學專號」， 第 1 卷第 14 期。「經濟專號」，第 2 卷第 6、7 期。

《國立中央大學半月刊》上舊體詩詞與白話新文學作品並存。如《學衡》作者和黃侃等人的舊體詩詞一直存在。這裡重點展示的是新文學創作。

第 1 卷第 7 期是「文藝專號」（白話新文學作品專輯）。此專號分為理論、小說、詩歌、戲劇、雜著。其中理論文章的作者有胡小石、吳溉亭、曾覺之、徐悲鴻、陳夢家、孫侯錄、郁永言、胡邁、邱仲廣。

小說：《端午》（壽昌）、《民眾大會 》（倪受民）、《收穫》（莊心在）、《野渡》（陳瘦石）、《醒》（楊晉豪）、《阿英》（傅延文）、《四年前 》（張霽碧）、《某女人的夢》（陳夢家）、《五姊的墳上》（ 李之振）、《埋恨 》（袁菖）、《恨不相逢未嫁時》（李昌隆）、《春光不是他的了》（嚴鍾瑞）、《雪後》（章子良）、《白蘭》（鞠孝銘）。

詩：作者主要有陳夢家（漫哉）、許自誠、辜其一、唐君憶、常任俠、方瑋德、董玉田、施章、陸少執、陸綠紗、林漢新（篇目略）。

戲劇：《幸福的欄杆》（陳楚淮）、《機聲》（ 王起）、《狗》（王起）、《田橫島》（常任俠）。

雜著：為散文，作者有壽昌、陳夢家、陳穆、柳屺生、林培深、施孝銘（篇目略）。

《國立中央大學半月刊》另外各期的白話新文學作品有：凌崇譯：《盈握的黏土》（小說，Henry Van Dyke 原作），第 1 卷第 1 期。楊晉豪：《憶》（散文），第 1 卷第 2 期〔註7〕。陳君涵譯：《粗人》（劇本，俄國柴霍甫著），第 1 卷第 3 期。莊心在：《掃街者》（小說），第 1 卷第 3 期。張耿西：《一個人在城上》（小

〔註 7〕上海北新書局 1931 年 9 月出版了楊晉豪的短篇小說集《少女的追求》。

說），第 1 卷第 4 期。儲元熹譯：《人影》（小說，愛沙尼亞 Friedebert Tuglas 原作），第 1 卷第 11 期。陳君涵譯：《金絲鳥》（小說，英國 K.Mansfield 原作），第 1 卷第 12 期〔註 8〕。李宗文：《戒嚴》（小說），第 1 卷第 13 期。壽昌：《橄欖》（小說），第 1 卷第 15 期。楊晉雄：《苦戀》（詩），第 1 卷第 16 期。陳穆：《造橋的故事》（小說），第 1 卷第 16 期。楊晉雄：《苦悶者的哀歌》（詩），第 2 卷第 1 期。李絜非：《中秋節》（小說），第 2 卷第 1 期。倪受民譯：《黃金似的兒童時代》（小說，蘇俄賽服林娜原作），第 2 卷第 2 期。莊心在：《舊侶》（小說），第 2 卷第 3 期。傅延文：《皮球傳》（小說），第 2 卷第 4 期。楊晉雄：《死後之什》（詩），第 2 卷第 5 期。王起：《銀杏》（劇本），第 2 卷第 8 期。

1917～1927 年間的南京高師—東南大學，由於「學衡派」勢力的存在，是反對和排斥新文學的，自然也就很少人寫新文學作品。第一個十年，東南大學只有師生五人是新文學陣營的積極分子：心理學教授陸志韋、1925 年自德國留學回來的哲學教授宗白華，學生盧前、侯曜、顧仲彝。宗白華出國前是上海《時事新報・學燈》的編輯，因和郭沫若、田漢合作出版通信集《三葉集》而引起文壇的關注，1923 年繼陸志韋之後在亞東圖書館出版新詩集《流雲》。他 1925 年到東南大學後就不再寫新詩了，只是 1928 年將《流雲》印了新版。事實上當時在東南大學寫新詩的教授只有陸志韋一人。可以相對準確說來屬於新文學作家的有三位學生：後來從事戲劇創作的侯曜（也寫有小說）、顧仲彝（兩人都是 1924 年東南大學畢業）和詩人盧前（1926 年畢業）。盧前本是吳梅的弟子，研究詞曲見長。他開始寫新詩在 1919 年，走向新詩壇，受新文學界關注是他東南大學畢業以後的事。1926 年他在南京印行新詩集《春雨》，1928 年，他編輯新詩集《時代新聲》，收錄胡適、沈尹默、冰心、劉復、劉大白、俞平伯、朱自清、郭沫若、徐志摩等二十多位詩人的作品，由上海泰東書局出版。1929 年編輯完第二本新詩集《綠簾》（1930 年開明書店版）。侯曜、顧仲彝（兩人都是 1924 年東南大學畢業，均為「文學研究會」成員，1924 年的「文學研究會會員錄」登錄號分別是 86、134）)、盧前三人當時在

〔註 8〕 刊物的目錄為《金絲雀》，內文為《金絲鳥》，上海中華書局在 1930 年 12 月出版了陳楚淮的四個劇本合集為《金絲籠》。目次為：《金絲籠》（三幕劇）、《藥》（獨幕劇）、《韋菲君》（四幕劇）、《幸福的欄杆》（獨幕劇）。陳楚淮此時還為《新月》寫有劇本《浦口之悲劇》（《新月》第 2 卷第 12 號，1930 年 2 月 10 日）、《骷髏的迷戀者》（《新月》第 3 卷第 1 號，1930 年 3 月 10 日）。

學校均不以寫作新文學出名，沒有影響。有名的是研究文史地的其他學生。

教師中，寫白話新詩的只有 1920 年自芝加哥大學大學留學歸來的心理學教授陸志韋，他 1923 年，得胡適幫助在上海亞東圖書館出版有新詩集《渡河》〔註9〕。亞東圖書館繼群益書社之後，成為《新青年》文人群體和新文學的主要陣地，是皖籍文人、新文學的領袖人物胡適、政治家陳獨秀的的大本營。1927 年，陸志韋到燕京大學任教。1920～1927 年間，陸志韋作為新詩人，在南京高師—東南大學強大的反新文學勢力面前，沒有張揚，也沒有與「學衡派」勢力形成對立，因為他一個人的力量太有限了，無法拓展新文學的空間。因此他的新詩創作在南京並沒有太大的影響。他沒有在相對保守的東南大學繼續呆下去，而是選擇了離開。

1935 年《人言周刊》第 2 卷第 46 期的「藝文閒話」專欄登有邵洵美的《青年與老人》，他提供了一位美國記者在中國旅行後的觀察結果——各大城市的印象：

南京：青年＝老人

北平：老人多，青年少

上海：青年多，老人少

杭州：青年在湖裏，老人在家裏

蘇州：青年在家裏，老人在茶館裏

天津：青年在報館裏，老人在衙門裏〔註10〕

這一方面是所謂的「朝氣」和「暮氣」的顯示，同時也是地域政治文化和文學的思想空間的展示。南京城市裏給人的感覺是：青年等於老人。從 1930 年代文學的實際狀況來看，的確有歷史和地域文化的特殊原因。

特別是 1921 年 10 月 26 日《南高東南大學日刊》還出版推崇舊詩的「詩學研究號」，更是與白話新文學由革命已走上建設的大潮相背離。但是 1928 ～1931 年間，學校的情況發生了變化。這裡有一個特殊的背景。

1927 年國民黨政府定都南京後，東南大學兩易校名。1927 年 6 月改名為第四中山大學，1928 年 3 月改名為江蘇大學，1928 年 5 月改為國立中央大學。1927 年 8 月，時任第四中山大學文學院院長的宗白華（1928 年從文學院分出

〔註 9〕胡適 1923 年 9 月 12 日在杭州收到亞東圖書館寄來的《渡河》後，在當天的日記中寫道：「我初讀他的稿本，匆匆讀過，不很留意。今細讀此冊，覺其中，盡多好詩。」《胡適全集》第 30 卷第 42 頁，安徽教育出版社，2003。

〔註10〕邵洵美：《不能說謊的職業》第 155 頁，上海書店出版社，2008。

哲學院，文學院院長爲樓光來，哲學院院長爲湯用彤），聘「新月派」詩人聞一多來校任文學院外國文學系系主任、副教授。儘管聞一多在校任教只有一年（1927 年 8 月～1928 年 8 月），但他發現和培養了兩位爾後成爲「新月派」詩人的陳夢家、方瑋德。陳夢家、方瑋德是 1927 年 9 月考入第四中山大學的。陳夢家在 1927 年冬曾到聞一多家中作第一次拜訪〔註11〕。1930 年 12 月 10 日聞一多在致朱湘、饒夢侃的信中說：「陳夢家、方瑋德的近作，也使我欣歡鼓舞。夢家是我發現的，不成問題。瑋德原來也是我的學生，最近才知道。這兩人不足使我自豪嗎？……我的門徒恐怕已經成了我的勁敵，我的畏友。我捏一把汗自誇。還問什麼新詩的前途？這兩人不是極明顯的，具體的證據嗎？……夢家、瑋德合著的《悔與回》已由詩刊社出版了。」〔註12〕陳夢家是法政科的學生，方瑋德是外文系的學生。中文系在 1930 年代上半時段還出現了兩位從事新詩寫作的詩人常任俠、沈祖棻〔註13〕，和劇作家陳楚淮、王起、關露。

　　據常任俠回憶，他在 1929 年是聽宗白華講歌德和斯龐葛爾的課時，認識了喜愛新文學的方令孺、方瑋德、陳夢家等人。由於「新月派」詩人徐志摩 1929 年 9 月至 1930 年 6 月在中央大學外國文學系任英文副教授一學年（同時在上海光華大學兼課），方令孺、方瑋德、陳夢家、陳楚淮此時也都成了《新月》的作者。其中陳夢家曾將自己的詩集和《詩刊》寄給胡適，得到胡適 1931 年 2 月 9 日的回覆和積極的鼓勵。陳夢家特將胡適的回覆題名爲《評〈〈夢家詩集〉》〔註14〕刊在《新月》第 3 卷第 5、6 合期上。

　　而在第 1 卷第 15 期《國立中央大學半月刊》又出現了「學衡派」勢力的

〔註11〕聞黎明、侯菊坤編：《聞一多年譜長編》第 357 頁，湖北人民出版社，1994。

〔註12〕聞一多：《聞一多全集》第 12 卷第 253～254 頁，湖北人民出版社，1993。筆者未查得詩集《悔與回》，而上海新月書店 1931 年 1 月所出陳夢家的《夢家詩集》中，收有《悔與回》一詩。新月書店 1931 年 9 月又出版陳夢家編的《新月詩選》。

〔註13〕閒堂（程千帆）所寫的《沈祖棻小傳》中說她的新文學創作「是從二十年代末在中學讀書時期開始的，一直延續到四十年代初，前後約十多年。」見沈祖棻：《沈祖棻創作選集》第 253 頁，人民文學出版社，1985。
　　　沈祖棻 1934 年中央大學中文系畢業後，入金陵大學國學研究班，與游壽、朱錦江、曾昭燏等同學。導師爲黃侃、胡小石、吳梅、胡翔冬、劉繼宣。具體情況可參見徐雁平：《金陵大學國學研究班述考》，《思想家》第 II 輯第 583～598 頁。

〔註14〕胡適：《胡適全集》第 24 卷第 80～81 頁以書信形式所收錄的爲刪節後的文稿。

反彈。這一期上有「學衡派」成員參加的「上巳社詩鈔」和「禊社詩鈔」，作者分別有王伯沆、汪國垣、何魯（奎垣）、黃侃（季剛）、胡光煒（小石）、王易（曉湘、曉香）、汪東（旭初）。「禊社詩鈔」只是兩首詩，一首是何魯的，另一首是五人聯句的《浣溪沙·後湖夜泛連句》：

　　北渚風光屬此宵（季剛）。人隨明月上蘭橈（旭初）。
　　水宮帷箔卷鮫綃（曉湘用義山句）。兩部蛙聲供鼓吹。
　　一輪蟾影助蕭寥（季剛）。薄寒殘醉不禁銷（小石）。
　　青嶂收嵐水靜波（季剛）。迎船孤月鏡新磨（小石）。
　　微風還讓柳邊多（季剛）。如此清遊能幾度（奎垣）。
　　只應對酒復高歌（旭初）。閒愁英氣兩蹉跎（小石）。

詩作者中只有四川廣安人，留學法國里昂大學的數學家何魯（1894～1973）為數學系的教授，其他均為中文系的教授。這裡表現出的中央大學教授的開適和詩酒雅興，也是中國傳統文人常用的一種斗酒詩篇形式的現代體現。

　　「上巳社」的活動有過多次。在黃侃去世後，蘇州的《制言》半月刊為紀念黃侃，在1936年2月16日《制言》第11期刊登「上巳詩社第一集」和「上巳詩社第二集」。1936年6月1日《制言》第18期又刊登「上巳社詩鈔」。

　　在1930年6月，中央大學出版組還出版有施章的《新興文學論叢》，發表了他對新興的普羅文學的看法。隨著《國立中央大學半月刊》的停刊，和1932年9月《國風》的出現，舊體詩詞便獨霸了《國風》這個刊物。同時舊體詩詞的創作實力整個佔據了中央大學。

「土星筆會」與《詩帆》

　　這裡值得一提的是，中文系學生常任俠在1930年與另外五位朋友組織新詩社團「土星筆會」，1934年9月1日始編輯出版新詩刊物《詩帆》半月刊，1937年5月5日終刊。共出版3卷〔註15〕。

　　「土星筆會」和《詩帆》社的作者，由於受中央大學、金陵大學特殊的教授群體的古典主義文學的影響，常任俠、孫望、程千帆、沈祖棻等人很快都走上了古典詩詞的路。

〔註15〕　參見常任俠：《土星筆會和詩帆社》、《五四運動與中國新詩的發展》，《常任俠文集》第6卷，安徽教育出版社，2002。《常任俠先生書》和馮亦同的《「詩帆」猶照夕陽紅——程千帆先生小記》，收入鞏本棟編：《程千帆沈祖棻學記》，貴州人民出版社，1997。

　　「土星筆會」的具體成立時間目前尚無法確立，但他們所出版的三卷《詩帆》卻有具體的時間可查。《詩帆》創刊於 1934 年 9 月 1 日，第 1 卷以半月刊形式出版 6 期（1934 年 9 月 1 日～11 月 15 日）。停刊兩月（1934 年 12 月～1935 年 1 月），第 2 卷以月刊形式出版 6 期（1935 年 2 月～6 月，每月 15 日出版，其中因暑假關係，原本在 7 月出版的第 6 期，與第 5 期合刊，在 6 月 25 日出版）。1935 年下半年和 1936 年全年休刊。1937 年出版第 3 卷，每月 5 日出版，至 5 月 5 日共出有 5 期。第 3 卷 6 期交付印刷廠後，因戰爭而下落不明。3 卷全部為 17 期（實際為 16 冊，第 2 卷第 5 期、6 期為合刊）。

　　《詩帆》沒有發刊詞，也沒有打出什麼旗幟和所謂的理論主張，只是創刊號上有滕剛的一首平和而有些淡淡哀愁、傷感的詩《題詩帆》。說他們「想一支曲子」與「一枝古帆」，帶著的是信號、憂鬱，駛向的目的地也許是「海灘」和「雲光裏」。

　　《詩帆》在第 1 卷的 6 期和第 2 卷的第 1 期只刊登「土星筆會」七位同人汪銘竹、孫望、程千帆、常任俠、滕剛、章鐵昭、艾珂的詩和波多萊爾、魏爾侖的譯詩。自第 2 卷的第 2 期開始有「外稿推薦」。第 2 卷的第 5、6 期合刊為「瑋德紀念特輯」。第 3 卷的第 1 期有「友朋寄稿」。

　　「土星筆會」以外的主要作者有唐紹華、於一平、周白鴻、洪夢茜、余佳、陸田、雨丁、許雨行、若羽、陳康仲、沈祖棻（絳燕、紫曼、蘇珂）、郁風、羅吉眉、姚業珍、卜少夫、李白鳳、侯佩伊、孫多慈、霍薇等，他們多是中央大學、金陵大學的學生，北京、上海等地的詩人占少數。

　　其新詩創作群體雖在南京形成一定的氣候，但影響並不大。陸耀東對《詩帆》有具體的統計：「詩作最多的四位是：汪銘竹先生 60 首，程千帆先生 45 首，孫望先生 23 首，常任俠先生 21 首。」〔註16〕從「土星筆會叢書出版預告」所知，他們已出版和計劃出版的詩文集有 17 種〔註17〕。其中程千帆的詩

〔註16〕陸耀東編：《沈祖棻程千帆新詩集》第 8 頁，武漢大學出版社，1992。
〔註17〕這 17 種作品集為：常任俠著《毋忘草》（詩集）、《收穫期》（詩集）。滕剛譯《波氏十四行詩》（譯詩集）、《波多萊爾評傳》（戈帝葉）、《土星人》（譯詩集）。滕剛著《金字書》（詩集）。汪銘竹著《自畫像》（詩集）、《人形之哀》（詩集）、《紀德與蝶》（詩集）。程千帆著《三問》（詩集）、《無是集》（詩論）。艾珂著《青色之怨》（詩集）。蘇芹蓀譯《忽必烈汗》（譯詩集）。繆崇群著《江戶帖》（小品）。章鐵昭著《鐵昭的詩》（詩集）。孫望著《小春集》（詩集）、《煤礦夫》（詩集）。

集《三問》和第 3 卷 6 期的命運一樣，因戰火而「下落不明」〔註 18〕。自第 3 卷開始增加了詩論、詩話、詩壇消息等內容〔註 19〕。「土星筆會」及《詩帆》成就了程千帆、沈祖棻一對文學姻緣。孫多慈與徐悲鴻、陳夢家的浪漫愛情，也在詩歌中隱現。

文學的古典主義的復活

南京高師—東南大學原本是反對新文學的，當北京大學的五四新文學勢力高漲時，黃侃、吳梅正好在北京大學國文系教書。他們無力抵抗新文學運動，尤其是北大師生白話新詩創作熱潮。1919 和 1922 年，黃侃、吳梅分別離開了北大國文系。

由「禊社詩鈔」而引出中央大學、金陵大學中國文學系〔註 20〕師生的古典詩詞創作的話題。《國立中央大學半月刊》登出的「禊社詩鈔」，實際上是顯示出了中央大學、金陵大學中國文學系師生文學創作中崇尚古典主義的冰山之一角。而實際潛在的是古典詩詞創作的一股很大的勢力。這種勢力分別體現在以黃侃為首的「禊社」，和以吳梅為首的「潛社」。前者以詩為主，後者以詞曲為主。這是被五四新文學運動重創的古典主義文學傳統在 1920 年代末、1930 年代上半期南京兩所大學的文人中的復興。因為自白話新文學開始的 1917 年，南京高師—東南大學的師生一直在低調地堅持古典詩詞創作，並在《學衡》、《文哲學報》、《國學叢刊》上刊登，是公開與北京大學的新文學勢力抗衡。雖然在青年人中，特別是文學青年中的影響不大，但存在本身就是對新文學運動中的白話新詩創作的抵抗。

所謂「禊社」的「禊」，本是古代春秋兩季在水邊舉行的一種祭禮，後來發展成為文人騷客遊山玩水時借酒賦詩聯句的聚會，以至於有「曲水流觴」，「蘭亭高會」的禊集雅聚。春天的聚會通常選上巳日。這是指以干支紀日的曆法中的夏曆三月的第一個巳日，故又稱為「上巳」。三月初三多逢巳日，因此後人習慣在這一天相聚。黃侃 1928 年到南京後，即帶來了他在日本、北京

〔註 18〕 陸耀東編：《沈祖棻程千帆新詩集》第 2 頁。

〔註 19〕 參見汪亞明：《現代主義的本土化——論「詩帆」詩群》，《文學評論》2002 年第 6 期。

〔註 20〕 兩校教授是互聘兼課。據程千帆回憶，黃侃是每週二、四、六上午在中央大學上課，一、三、五下午在金陵大學上課。吳梅是一、三、五上午在中央大學上課，二、四、六下午在金陵大學上課。見程千帆、唐文編：《量守廬學記》第 178 頁。

就喜歡的遊山玩水時借酒賦詩聯句的聚會形式。附錄入《黃侃日記》中的黃焯編定的《黃季剛年譜》顯示，黃侃 1909 年在日本就有與老師章太炎的聯句《遊仙與章先生聯句》〔註 21〕。在北京大學教書時「最愛同學們一起遊山玩水」，程千帆在《憶黃季剛老師》中轉引了曾緘寫的與老師黃侃在北京的聯句《西郊禊遊詩及序》〔註 22〕，並進一步指出：「就文學角度說，老師率弟子出遊，往往也就是一次創作實踐。」〔註 23〕

　　1928 年 2 月黃侃到南京時，他的同學汪東為中文系主任，南京也多舊好朋友。他到南京是「禊社」的主要組織者和參與者。4 月 3 日（農曆戊辰閏二月十三日）他與汪旭初等九人泛舟玄武湖看桃花時，引起極大的詩興，並誘發了結社的興趣，且得到同人的響應。22 日是農曆的上巳節。他與王易、王瀣、汪東、胡小石、汪長祿、汪辟疆等人玄武湖（北湖、後湖）禊集，有《戊辰上巳北湖湖神祠樓修禊聯句》：

> 佳辰晴朗疾亦蠲（侃），相攜北郭尋春妍（易）。
> 平湖落眼沙洲圓（瀣），新荷出水才如錢（東）。
> 蟠紅顈青迎畫船（焯），清遊俊語不羨仙（祿）。
> 就中仲御態最便（辟），或談史漢如茂先（侃）。
> 蘭亭嘉會堪溯沿（易），風日懷抱今猶前（瀣）。
> 亦有修竹何匐娟（東），羽觴流波安足賢（焯）。
> 登樓極目平蕪鮮（祿），柳花密密吹香綿（辟）。
> 遊絲牽情愨到天（侃），遠山窺人應靦然（易）。
> 山殽僧解折竹煎（瀣），題名掃壁龍蛇顚（東）。
> 擲筆大笑驚鷗眠（焯），人生何必苦拘攣（祿）？
> 尺捶取寸亦可憐（辟），焉用蒿目憂戈鋋（侃）。
> 浩歌歸去徐扣舷（易），煙水葭菼延復緣（瀣）。
> 落霞如綺明微漣（東），夕嵐裏宛雞籠懸（焯）。
> 今日之樂非言宣（祿），休文率爾聊成篇（辟）。〔註 24〕

從此，以黃侃為首的結社集會，分韻聯句成為南京中央大學教授時常進行的

〔註 21〕黃侃：《黃侃日記》第 1100 頁。
〔註 22〕程千帆文初刊《學林漫錄》第八集，中華書局，1983 年。
〔註 23〕程千帆、唐文編：《量守廬學記》第 175 頁。
〔註 24〕司馬朝軍、王文暉：《黃侃年譜》第 244～245 頁，湖北人民出版社，2005年第 2 版。

文人活動。據《黃侃日記》和《黃侃年譜》所示，僅 1928 年在南京的這種活動有多次。如：

5 月 6 日，青溪集會。

5 月 20 日，玄武湖集會。賦七言古詩。

5 月 25 日，社集。有陳伯弢新新加入。以咸、銜、嚴、凡韻聯句。

6 月 3 日，社集，有王瀣、汪東、胡小石、汪辟疆、陳伯弢等，柳翼謀新加入。先後遊梅庵、掃葉樓、石頭城等名勝。約各做五律二首。

6 月 24 日，社集，遊孝陵等地，有陳伯弢、胡小石、汪辟疆等參加，連句紀遊詞及詩。

7 月 2 日，遊玄武湖，與汪東連句，和白石《鬧紅一舸》詞。

12 月 2 日，遊古林寺。與王易、汪東、汪辟疆連句。此次《遊古林寺連句》在《汪辟疆文集》中有存錄十六首〔註25〕，1941 年 5 月 31 日，金毓黻在重慶以「季剛先生遺詩及詞」為名收錄入《靜晤室日記》〔註26〕。《黃侃年譜》彙校收錄：

　　　　城西見說古林幽（一作寺）（黃侃季剛），

　　　　暇日招邀作俊遊（汪東旭初，一作王易曉湘）。

　　　　一片疏林萬竿竹（王易曉湘，一作汪東旭初），

　　　　目（一作日）成先與釋千憂（汪辟疆）。

　　　　野色荒寒卻入城（季剛），陂陁高下總難名（辟疆）。

　　　　經霜紅葉知多少（曉湘），只傍歸雲一帶明（季剛）。

　　　　弄暝慳晴亦自佳（辟疆），不因人熱證高懷（曉湘）。

　　　　凡人識得山林趣，布韤青鞋便可偕（旭初）。

　　　　金粉南朝一掃除（旭初），寒林敗葉日蕭疏（季剛）。

　　　　相奉莫作新亭泣（曉湘），但道江山畫不如（辟疆）。

　　　　頻年梵宇幾蒿萊（季剛），古寺偏能避劫灰（辟疆）。

　　　　留得城西荒寂景，盡教詞客一徘徊（季剛）。

　　　　清新不減青玉案，瘦硬還宜金錯刀（旭初）。

　　　　應為古林添掌故，莫（一作英）辭妙墨兩能豪（辟疆）。

〔註25〕汪辟疆：《汪辟疆文集》第 863〜864 頁，上海古籍出版社，1988。
〔註26〕金毓黻：《靜晤室日記》第 6 冊第 4726〜4727 頁，遼瀋書社，1993。

佛火青熒照誦經（季剛），禪關知隔幾重扃（曉湘）。

他生更結魚山願，梵唄從教夢（一作靜）裏聽（旭初）。

蜿蜒細路入修篁（季剛），清淺寒流滿野塘（季剛，一作旭初）。

只覺兒童看客喜（辟疆），豈教（一作知）魚鳥（一作兔）笑人忙（季剛）。

漫雲天險限華夷（曉湘），蕃落零星類置棋（季剛）。

勝絕林巒孤迥（一作回）處（辟疆），蜂房雁戶也相宜（旭初）。

清磬一聲山鳥驚（旭初），石頭城角暮寒生（季剛）。

經行似入雲林畫（辟疆），清絕猶嫌畫不成（季剛）。

華嚴岡畔晚煙低（旭初），咫尺歸雲路易迷（辟疆）。

千遍徘徊應有謂，他年認取古城西（季剛）。

小築偏居世外天（曉湘），不須曆日記流年。

誰知竹樹陰森處（季剛），只在風塵澒洞邊（辟疆）。

此地真疑盤谷隱（辟疆），他年應伴草堂靈（曉湘）。

無多好景供排闥（辟疆），要放鍾山一角青（曉湘）。

寫景誰如柏梘文，黃山遺集付斜曛（季剛）。

百年好事來吾輩，相約團瓢訪隱君（辟疆）。

世亂豈妨人作樂（旭初），山深不礙我尋幽（曉湘）。

青苔寺裏僧何在？黃葉聲中客獨留（季剛）。

偶從林壑得天真（旭初），勝侶連袂發興新（曉湘）。

向晚沖寒歸路遠（辟疆），駿衢廣廣正無人（季剛）。〔註27〕

程千帆的文章中還出示一份黃焯轉贈給沈祖棻的由發（陳伯發）、石（胡小石）、曉（王曉湘）、沆（王伯沆）、辟（汪辟疆）、翔（胡翔冬）、侃（黃侃）共同參與的遊雞鳴寺「禊社」手稿《豁蒙樓聯句》：

蒙蔽久難豁（發），風日寒愈美（沆）。

來年袖底湖（翔），近人城畔寺（侃）。

篩廊落山影（辟），壓酒潑波理（石）。

霜林已齊髡（曉），冰化倏纈綺（發）。

〔註27〕 司馬朝軍、王文暉：《黃侃年譜》第 274～275 頁。

旁眺時開屏（沅），爛嚼一伸紙（翔）。

人間急換世（侃），高遁謝隱几（辟）。

履屯情則泰（石），風變亂方始（曉）。

南鴻飛鳴嗷（發），漢臘歲月駛（沅）。

易暴吾安放（翔），乘流今欲止（侃）。

且盡尊前歡（辟），復探柱下旨（石）。

群屐異少年（曉），樓堞空往紀（發）。

浮眉挹晴翠（沅），接葉帶霜紫（翔）。

鍾山龍已墮（侃），埭口雞仍起（辟）。

哀樂亦可齊（石），聯吟動清此（曉）。〔註28〕

查《黃季剛詩文鈔》、《黃侃日記》，這首聯句詩作於 1929 年 1 月 1 日〔註29〕。
此次「禊社」活動因汪東沒有參加，所以 1 月 14 日，王曉湘、汪東到黃侃家
中飲酒聯句，「用玉田《山陰久客》詞韻，聯句抒懷，後闋轉趨和婉，相與拊
掌高歌」作《渡江雲》〔註30〕。4 月 2 日「禊社」有新加入者，他們在玄武湖
作詩，黃侃有相聚「蘭亭」〔註31〕之感。4 月 7 日，黃侃與胡光煒、汪長祿、
林學衡、陳漢章、汪辟疆、汪東、王瀣、王易又在石橋禊集聯句〔註32〕。4 月
21 日，又有吳梅加入的「禊社」遊玄武湖的活動〔註33〕。5 月 2 日，黃侃還
應吳梅之邀帶王瀣、汪辟疆、胡小石、汪東，到蘇州遊玩〔註34〕，並有聯句
15 首〔註35〕。10 月 10 日（農曆重陽前一日），黃侃又與吳梅、汪辟疆、汪東、
王易遊後湖，並有《霜花腴》〔註36〕的聯句。因有吳梅加入「禊社」，他們之
中便多了唱崑曲的活動。

　　吳梅在北京大學執教 5 年後，於 1922 年 9 月到東南大學任教，東南大學
改制後仍在中央大學教授詞曲，同時在金陵大學中文系和上海的光華大學兼
課。在東南大學—中央大學的 15 年間（至 1937 年抗戰），吳梅是特立獨行型，

〔註28〕程千帆、唐文編：《量守廬學記》第 175～176 頁。
〔註29〕黃侃：《黃侃日記》第 394 頁。
〔註30〕黃侃：《黃侃日記》第 399～400 頁。
〔註31〕黃侃：《黃侃日記》第 412 頁。
〔註32〕黃侃：《黃侃日記》第 413 頁。
〔註33〕黃侃：《黃侃日記》第 527 頁。
〔註34〕黃侃：《黃侃日記》第 529～530 頁。
〔註35〕據黃焯編定的《黃季剛年譜》，見黃侃：《黃侃日記》第 1135 頁。
〔註36〕黃侃：《黃侃日記》第 566 頁。

具有傳統文人的氣質，他以個人的努力，實際上代表一種文學傳統在詞曲上的堅守。由於在北京大學任教的特殊背景，他雖是《學衡》的作者，卻不反對白話新文學，也不與新文學作家為敵，而是堅持向學生傳授詞曲理論，並以填詞譜曲，特別是演唱詞曲作為文學實踐。他在 1924 年 2、3 月間與學生組織有「潛社」，每一月或兩月一聚，在遊玩飲酒中填詞譜曲。「潛社」分前後兩個時期。前期以詞為主，「後約為南北曲」。「社有規條三：一、不標榜；二、不逃課；三、潛修為主。」〔註37〕1924 年春至 1926 年的三年間，在東南大學的詞曲班上的學生有趙萬里、陸維釗、孫雨庭、王起、王玉章、袁鴻壽、唐圭璋、張世祿、葉光球、龔慕蘭、周惠專、濮舜卿等十多人，「潛社」的習詞活動，也由原來遊玩飲酒中的填詞譜曲，發展到印行刊物《潛社詞刊》。1928 年春，中央大學的學生續舉「潛社」，填詞由汪辟疆、汪旭初指導，吳梅改指導南北曲。學生有王起、唐廉、盧炳普、常任俠、張惠衣等。印有《潛社曲刊》。

唐圭璋回憶說，1934～1935 年，吳梅與南京的其他文人汪東、陳匪石、喬大壯、廖懺庵、林鐵尊、仇述庵等另組織有習詞的「如社」，活動形式同「潛社」，並印有《如社詞鈔》。

查南京大學圖書館藏 1936 年 6 月刊印《如社詞鈔》，前有述庵（仇埰）和汪東的題名。內容為十二集共 226 闋：

第一集	傾杯	25 闋
第二集	換巢鸞鳳	18 闋
第三集	綺僚怨	17 闋
第四集	玉胡蝶	14 闋
第五集	惜紅衣	19 闋
第六集	水調歌頭	16 闋
第七集	高陽臺	19 闋
第八集	泛清波摘遍	12 闋
第九集	倚風嬌近	19 闋
第十集	紅林檎近	20 闋
第十一集	繞佛閣	15 闋
第十二集	訴衷情	16 闋

〔註37〕吳梅：《吳梅全集・瞿安日記》第 28 頁，河北教育出版社，2002。

女冠子　　　15 闋

如社詞集同人 24 位作者的姓名如下（名後爲號、字）：

廖恩燾（懺庵、鳳舒）、周樹年（無悔、穀人）、

邵啓賢（純飛、蓮士）、夏仁沂（晦翁、梅叔）、

蔡寶善（聽潮、師愚）、石凌漢（彀素、雲軒）、

林鵾翔（半櫻、鐵尊）、楊玉銜（鐵庵、鐵夫）、

仇　埰（述庵、亮卿）、孫濬源（太狷、閬仙）、

夏仁虎（枝巢、蔚如）、吳錫永（夔廠、仲言）、

吳　梅（霜厓、瞿安）、陳世宜（倦鶴、匪石）、

壽　鉨（玨庵、石工）、蔡嵩雲（柯亭、嵩雲）、

汪　東（寄庵、旭初）、向迪琮（柳谿、仲堅）、

喬曾劬（壯毆、大壯）、程龍驤（木安、木安）、

唐圭璋（圭璋、圭璋）、盧　前（冀野、冀野）、

吳徵鑄（靈瑣、白匋）、楊勝葆（二同軒主、聖褒）〔註38〕

1935～1936 年間，再續「潛社」，有徐益藩（一帆）、張乃香、王凌雲、周法
高、梁瑑、周鼎、劉潤賢等，印有《潛社詞續刊》。1937 年，他們特將原來的
詞刊、曲刊合刊爲《潛社彙刊》。吳梅先後爲《潛社詞刊》、《潛社曲刊》、《潛
社詞續刊》、《潛社彙刊》寫序〔註39〕。

　　吳梅執教北京大學、東南大學—中央大學、金陵大學、光華大學，在學
生中，發現和培養了日後成爲著名詞曲學者一批學人，他們中除盧前英年早
逝外，多在大學開設詞曲課程，再傳詞曲學人。如俞平伯（清華大學—北京
大學）、任中敏（揚州大學）、錢南揚（紹箕，南京大學）、吳白匋（徵鑄，南

〔註38〕　「如社」的詞作者署的都是號，詳見《如社詞鈔》，1936 年 6 月刊印本，南京
　　　　大學圖書館藏。
〔註39〕　關於「潛社」的活動吳梅多位弟子都寫有回憶文章。參見王衛民編：《吳梅和
　　　　他的世界》，河北教育出版社，2002。王衛民編：《吳梅年譜》（修訂稿），載
　　　　《吳梅評傳》，河北教育出版社，2002。
　　　　據《瞿安日記》和吳梅弟子回憶所示，1924 年 2 月至 1937 年 4 月，長達 13
　　　　年的「潛社」，參加活動的先後有七十人，主要人物有：吳梅、常任俠、徐益
　　　　藩、趙萬里、陸維釗、孫雨庭、王起（季思）、王玉章、袁鴻壽、唐圭璋、張
　　　　世祿、葉光球、龔慕蘭、周惠專、濮舜卿、梁瑑、唐廉、盧炳普、張惠衣、
　　　　劉潤賢、周法高、彭鐸、陳昭華、張乃香、陶希華、盛靜霞、陳永柏、陳舜
　　　　年、蔣維崧、楊志溥、宋家淇、魯佩蘭、劉光華、劉德曜、李孝定、朱子武、
　　　　吳南青、盧冀野、陳松齡、瞿貞元、周鼎、王凌雲等。

京大學)、王玉章(南開大學)、唐圭璋(南京師範大學)、王起(中山大學)、萬雲駿(華東師範大學)、汪經昌(臺灣師範大學)等。在 1930 年代他們中間有多人也爲「學衡派」的刊物《國風》寫文章。

在中央大學、金陵大學教授和學生中的「禊社」聯句和「潛社」詞曲活動,隨黃侃、吳梅宴席上「打架」失和而受到影響。這便是學林相傳的黃、吳不和之事。

1981 年 5 月《學林漫錄》第三集中有袁鴻壽的《吳瞿安先生二三事》,文中披露了黃侃、吳梅之間的矛盾和此事對吳梅個人的影響。袁鴻壽說:「據我所知,有三種壓力傷了他的心。……第三最使他傷心的事是到了南京,黃季剛先生曾譏諷曲學爲小道,甚至恥與擅詞曲的人同在中文系當教授,從謾罵發展到動武。排課的人只得把吳的課排在一三五,黃的課排在二四六,使他們彼此不相見面。黃侃與系主任汪東都是章門弟子,自然瞿安先生處於下風。」〔註40〕程千帆在 1983 年 4 月《學林漫錄》第八集刊出的《憶黃季剛老師》一文中對袁鴻壽之說給予否認。但他同時在文章說到「季剛老師脾氣很壞,愛罵人」〔註41〕。其實事實在《黃侃日記》、《吳梅全集·瞿安日記》〔註42〕中有詳細的記錄,作爲《黃侃日記》整理的者程千帆,後來是看到此日記的。他在 1986 年 11 月和 1999 年 10 月先後爲《黃侃日記》寫了《後記》和《附記》。

1929 年至 1933 年 6 月之前,黃侃、吳梅關係尚好。並有多次的「禊社」聯句和酒聚。1933 年 6 月 3 日在應畢業生之請的酒會上,兩人酒後失態,由譏諷到動手打架。6 月 6 日,吳梅託汪東帶書信來謝罪,黃侃拒受,並回信「言不再與之共飲」〔註43〕。至 1934 年 11 月 4 日,金陵大學研究班學生宴請老師,席中吳梅遭黃侃「破口大罵」,和「天下安有吳梅」〔註44〕羞辱。使得胡小石揎拳而起,欲打抱不平。事後胡小石仍表示與黃侃「須有一決鬥也」〔註45〕。

〔註40〕 《學林漫錄》第三集第 8 頁,中華書局,1981。袁鴻壽所說「黃侃與系主任汪東都是章門弟子,自然瞿安先生處於下風」。在《瞿安日記》中得到證實。吳梅說:「蓋旭初與季剛,同爲太炎門人,吾雖同鄉,不及同門之誼,萬事皆袒護季剛。」見吳梅:《吳梅全集·瞿安日記》第 490 頁。
〔註41〕 《學林漫錄》第八集第 41 頁。
〔註42〕 吳梅:《吳梅全集·瞿安日記》第 302～303 頁。
〔註43〕 黃侃:《黃侃日記》第 885 頁。
〔註44〕 吳梅:《吳梅全集·瞿安日記》第 489～490 頁。
〔註45〕 吳梅:《吳梅全集·瞿安日記》第 490 頁。

　　從此，在《黃侃日記》、《瞿安日記》中再也沒有兩人共飲或接觸的記錄。此事自然也影響到了他們各自的學生的來往和交流，以至於四十多年後學生在回憶此事時的態度。

　　另外，在黃侃身上還有中國「私學」傳統的延續。他到中央大學執教後，堅持要問學弟子行叩頭拜師禮，每年呈「束脩」。同時，他對自己在金陵大學指導的研究生也每人每學期另收一個大洋（銀元），並將此事記入日記。他說自己關於經學的真學問是向劉師培叩頭拜師學來的。而劉師培四代治《春秋左傳》，卻因不懂數學，無法解決其中的天文、曆法問題，排不出《左傳曆譜》年月日來。劉師培是向數學家徐紹楨叩頭拜師後才得以解開。

　　這裡特別要說的是南社成員、《學衡》作者曹經沅（纕蘅）。是他將中央大學、金陵大學的學院詩人群體與社會的古典詩詞陣營連通。

　　作為詩人的曹經沅，是 1927～1937 年間著名的「業餘編輯」和文人雅集的組織者。他主編天津《大公報》係《國聞週報》的「采風錄」十年 508 期（1927 年 7 月 3 日第 4 卷第 25 期～1937 年 8 月 16 日第 14 卷第 32 期，署名「國風社選」）時，堅持刊登舊體詩詞。在 1933～1934 年任國民黨南京政府行政院秘書，兼高等文官考試委員期間，共組織有四次大規模的詩人雅集。他先於 1933 年農曆三月主持了「上巳日莫愁湖禊集」〔註 46〕，繼之又因參加 7 月 29 日「同光體」詩壇盟主陳三立主持的廬山「萬松林」詩會，編輯有《癸酉廬山雅集詩草》。這此詩會由江西省主席熊式輝發起，陳三立主持，曹經沅具體操持分韻賦詩。

　　《癸酉廬山雅集詩草》編輯出版時，曹經沅請陳三立題寫書名，並寫有《序一》，請陳衍和冒廣生分別寫有《序二》、《序三》。

　　這次廬山「萬松林」詩會雅集是以晉釋慧遠遊廬山詩分韻賦詩。《癸酉廬山雅集詩草》的作者共 73 人，作者姓名「以拈韻原詩次第為序」：

由雲龍、左景清、龍達夫、釋德峻、黃伯度、周一夔、巴壺天、
李烈鈞、許凝生、姚　琮、劉景晨、方本仁、蔣作賓、關賡麟、
程　臻、丁瑚村、曾學孔、吳宗慈、程天放、釋太虛、蔣　笈、
吳鼎昌、張默君、黃　濬、李宜倜、伍非百、楊獻谷、徐寶泰、
戴傳賢、陳天錫、汪兆銘、張　珩、馬宗霍、楊增犖、許崇灝、
林葆恒、林爾嘉、何承徽、熊式輝、許同莘、邵元沖、王揖唐、

〔註 46〕曹經沅遺稿、王仲鏞編校：《借槐盧詩集》第 138 頁，巴蜀書社，1997。

解樹強、謝遠涵、曹經沅、陳其採、黃　濂、彭醇士、許世英、
黃子獻、李宣龔、宗　威、金天翮、龍沐勳、劉成禺、賀鵬武、
劉道鏗、程學恂、林世燾、鄧鵬秋、曾仲鳴、曹熙宇、張元群、
賀良琦、劉筠友、吳汝澄、沈祖德、祝　諫、陳隆恪、鮑　庚、
平寶善、黃履思、向乃祺。〔註47〕

從這份名單看，作者多是政界名流，像龍沐勳（榆生）這樣的學者是少數。
陳三立親屬中只有他的此子陳隆恪。

1840 年以前，廬山以書院講學和佛教傳播著名，近代以來成爲避暑勝地。
「避暑時節好開會」是廬山政治文化活動的特點。1927～1970 年間，這裡是
國共兩黨重要的政治活動場所。國民黨政府定都南京後，廬山一度成爲政治
文化的活動中心。從 1927 年「南昌起義」前廬山的國共兩黨勢力較量，到 1937
年抗戰開始後的「廬山談話會」，更有 1959 年的中共「廬山會議」。近代以來
的文化活動通常與政治中心相互關聯。1970 年以後，廬山的「政治地位」被
北戴河取代。「文化地位」以電影《廬山戀》爲標誌，由文人詩詞雅聚、講經
傳道轉向影視、旅遊。

有了廬山雅集詩草編輯出版的經驗，接下來曹經沅又連續組織詩人聚會
活動，並編輯出版詩集。

陳三立這年秋自廬山來寧，大家歡聚，並在農曆九月九重陽日登高賦詩，
有 87 人到場，留下了《癸酉九日掃葉樓登高詩集》〔註48〕，於第二年春印行。

陳三立爲《癸酉九日掃葉樓登高詩集》題寫書名，陳衍和陸增煒分別寫
有《序一》、《序二》。以掃葉樓主人龔半千（賢）的半畝園詩分韻賦詩。作者
姓名「以拈韻原詩次第爲序」：

夏敬觀、滕　固、宗　威、巴壼天、吳鼎昌、汪劍翔、靳　志、
邵元沖、羅家倫、徐乃昌、李宣偁、黎承福、許崇灝、冒廣生、
黃　濬、李宣龔、吳　梅、沈　礪、陳其採、劉　三、盧　前、
黃曾樾、何　遂、江絜生、汪國垣、于寶軒、胡　兔、喬曾劬、
張占鼇、廖恩燾、陳世宜、陳　詩、方兆鼇、吳　虞、關賡麟、
黃孝紓、李啓琛、何承徽、梁鴻志、林葆恒、張維翰、張默君、

〔註47〕 曹經沅編：《癸酉廬山雅集詩草》，民國甲戌年（1934）鉛印本。
〔註48〕 曹經沅：《癸酉九日掃葉樓登高詩集》，民國甲戌年（1934）鉛印本（南京大
　　　　學圖書館藏）。曹經沅在《借槐廬詩集》第 147 頁中留下有《癸酉九日清涼山
　　　　掃葉樓登高》。

吳錫永、陳毓華、龍達夫、寒先榘、謝无量、陳新燮、伍非百、

王　燦、高一涵、高贊鼎、方叔章、陸增煒、賀　俞、陳汝霖、

黃孝綽、彭醇士、李翊灼、劉遯蔚、黃福頤、陳樹人、汪兆銘、

王　易、徐寶泰、張元群、釋寄龕、柳詒徵、賴維周、蔡　允、

關　霽、吳鏡子、曾仲鳴、曹熙宇、許世英、吳用威、王用賓、

游洪範、孫澄方、曾學孔、王揖唐、曹經沅、姚　琮、趙尊岳、

陸丹林、周　達、陳　衍。

這 87 位作者，約半數是《癸酉廬山雅集詩草》作者。

　　《學衡》作者柳詒徵、夏敬觀、汪辟疆、王易、吳梅、盧前等參加，連中央大學校長，五四時期「新潮社」詩人羅家倫也參加了此次聚會，並有古體詩一首。這是羅家倫有意學習自己的老校長蔡元培兼容並包的辦學精神，而著力團結不同文學觀念者。高一涵本是胡適派文人，五四時期《新青年》的主要編輯。

　　第二年詩人修禊、登高的規模更大。曹經沅為 1934 年農曆三月三日的 87 人玄武湖修禊和九月九日的 103 人豁蒙樓登高賦詩，編輯有《甲戌玄武湖修禊豁蒙樓登高詩集》〔註 49〕，於第二年（乙亥）鉛印。陳三立為《甲戌玄武湖修禊豁蒙樓登高詩集》題寫書名，陳衍和柳詒徵分別寫了《序一》、《序二》。

　　甲戌上巳日玄武湖禊集時，是以晉孫綽的三日蘭亭詩序分韻賦詩。禊詩作者姓名「以拈韻原詩次第為序」：

程天放、滕　固、趙尊岳、劉道鏗、賀　俞、周　達、徐寶泰、

李景塾、釋寄龕、潘宗鼎、曹熙宇、龍沐勳、常任俠、黃福頤、

宗　威、程學恂、張元節、方叔章、陳毓華、陳汝霖、伍非百、

劉遯蔚、李啓琛、靳　志、彭醇士、吳鏡子、王　燦、黃　中、

汪兆銘、游洪範、黃壽慈、呂賢鈖、胡　奐、廖恩燾、曾學孔、

陳新佐、林世燾、曹浩森、王　易、林葆恒、柳詒徵、陳其采、

江洪姚、許崇灝、盧　前、陳新燮、張維翰、高贊鼎、陳懋解、

關賡麟、巴壺天、夏敬觀、袁思亮、林鵾翔、張元群、馬宗霍、

吳　梅、許凝生、江絜生、陸增煒、曹經沅、鄭　篪、向　煜、

潘　式、陳　詩、吳用威、寒先榘、錢誰槃、劉成禺、謝國楨、

〔註 49〕曹經沅：《甲戌玄武湖修禊豁蒙樓登高詩集》，民國乙亥年（1935）鉛印本（南京大學圖書館藏）。

徐行恭、陳延傑、張翼鵬、盧美意、戴正誠、陸丹林、唐圭璋、
程龍驤、陳伯達、何　遂、陳　衍、吳鼎昌、陳懋咸、冒廣生、
方兆鼇、王用賓、陳樹人。

甲戌重九雞鳴寺豁蒙樓登高，是以杜少陵的九日五首分韻賦詩。登高作者姓名「以拈韻原詩次第爲序」：

黎承福、徐祖武、陳　詩、劉景晨、黃孝紓、吳用威、曹經沅、
吳鼎昌、徐行恭、梁寒操、盧美意、游洪範、鄭洪年、姚　琮、
葉楚傖、黃　濬、李啓琛、趙丕廉、張元節、李翊灼、許崇灝、
于志昂、陳延傑、黃　中、宗　威、李景堃、葉恭綽、談社英、
伍勳銘、汪吟龍、邵祖平、劉道鏗、陳世鎔、汪兆銘、李宣龔、
伍非百、劉　三、唐圭璋、關賡麟、程天放、胡　奐、陸丹林、
林葆恒、酈承銓、林思進、陳懋咸、張默君、李宜倜、黃　侃、
吳　梅、夏承燾、陳伯達、劉趫蔚、錢海嶽、邵瑞彭、周　達、
劉成禺、曾仲鳴、曹熙宇、陳　籙、黃壽慈、鄭　篯、光　晟、
梁天民、夏敬觀、梁鴻志、靳　志、蔡　允、關　霽、王揖唐、
趙尊岳、張維翰、吳　石、黃曾樾、林一廠、何　遂、陳　衍、
方叔章、陳新燮、王　燦、陳毓華、柳詒徵、張翼鵬、廖恩燾、
高贊鼎、林鵾翔、吳鏡子、釋太虛、寒先榘、湯增璧、程學恂、
陳汝霖、戴正誠、張元群、龍沐勳、徐寶泰、陳新佐、謝无量、
黃福頤、林庚白、陳樹人、滕　固、曾學孔。

滕固曾加入過「文學研究會」（1924 年的「文學研究會會員」登錄號爲 50），從事美術研究，此時爲南京政府行政院參事。在南京的「學衡派」成員柳詒徵、邵祖平、馬宗霍、曹經沅、汪精衛、夏敬觀、林學衡（庚白）、林思進、潘式，特別是中央大學、金陵大學的教授中原有的「上巳社」、「禊社」、「潛社」、「如社」社員黃侃、吳梅、王易、陳延傑、唐圭璋、常任俠、盧前、程龍驤等都參加了唱和。從而使大學校園的古典主義文學群體與學院外的詩人有了進一步的融通。

　　上述的禊集雅聚，是文學的「復古」的具體實踐。與他們同時存在的還有一股強大的復古思潮在南京彌漫。

　　1932 年 9 月 28 日，南京中央大學的《國風》出版了紀念孔子的「聖誕專號」。具體的主事者爲張其昀。也正是他 1949 以後在臺灣利用從政的權力優

勢，促成將孔子誕辰紀念日定爲教師節。

　　中央大學的教授的行爲直接影響了此時的中央政府，於是，有了 1934 年 5 月 30 日國民黨中常委決定 8 月 27 日（次時間原本爲農曆，前面提到的 9 月 28 日爲公元紀年的時間）爲孔子誕辰紀念日。隨後的 8 月 27 日，南京、曲阜等地，有了政府行爲的大規模的祭孔活動。這種政府行爲，是對遭五四新文化運動重創的孔子的「反動」。這種反撥，所帶來的是對文言文的重新提倡。魯迅曾針對「孔誕紀念會」演奏「韶樂」和同時的餘姚農民爲爭水毆鬥，在 8 月 30 日作《不知肉味和不知水味》，登 9 月 20 日的《太白》半月刊第一卷第一期，用兩事對比，加以諷刺。

　　1934 年 5 月 4 日、6 月 1 日，南京中央大學教授群體創辦的《時代公論》周刊第 110 號、114 號，刊出了「學衡派」成員、南京中央政治學校教授汪懋祖的《禁習文言與強令讀經》、《中小學文言運動》，直接對 1920 年 1 月、1930 年 2 月政府教育部的兩次禁習文言，改用白話文的通令，提出反撥意見。隨後有應者許夢因、余景陶等。

　　汪懋祖（典存）留學美國哥倫比亞大學時，學習教育學，回國後曾在北京師範大學等校任教，是梅光迪 1915～1917 年在美國反對胡適聯盟的重要成員，畢生反對白話新文學，是鐵杆兒的文言派。刊物從《新青年》、《留美學生季報》、《學衡》，到此時的《時代公論》、《申報》；地點從美國的紐約，到北京、南京、上海，他所發的言論，都是堅決反對白話新文學。他力挺文言的文章的矛頭都是針對胡適的，反擊者自然是胡適最爲引人注目。胡適是以新文學，特別是白話文的倡導者、勝利者的姿態自居。因爲他清楚，已經進入中小學教育體制 14 年的白話文，決非一兩篇反對文章所能動搖的。寫於 1934 年 7 月 9 日，刊登在他自己主編的《獨立評論》7 月 15 日第 109 號的《所謂「中小學文言運動」》，仍是有勝者的自信和現實的喜悅。對於白話這種「我們自己敬愛的工具」，胡適認爲廣大學子最有發言權。胡適最清楚語言作爲負載思想的「工具」的巨大作用，更懂得這一「工具」成爲教育普及的「工具」後的強大威力。十幾年白話文的教育所養育的一代新人，如何能接受知識和「工具」的倒退？

　　針對汪懋祖的文章和許夢因在 6 月 22 日《時代公論》第 117 號所刊的《告白話派青年》所呼籲的「今用學術救國，急應恢覆文言」等，胡適的朋友任叔永也在《獨立評論》7 月 15 日第 109 號上等出《爲全國小學生請命》。同時

胡適在《109 號編輯後記》中就任叔永的文章發出了感慨。他說：「今日的白話文固然有許多毛病可以指謫，今日報紙公文的文言文不通的才多哩！」〔註50〕魯迅在 6 月 9 日致曹聚仁的信中斷言：「讀經，作文言，磕頭，打屁股，正是現在必定盛行的事，當和其主人一同倒斃。」〔註51〕

　　胡適、任叔永是當年白話文新文學討論時期的當事人，十幾年過去了，如今仍是當年提倡文言的人再來反對白話文，出場反擊的已經不只是當年的老人了，而是比當年的當事者更為積極的一些文學創作的新人。他們關注的已經不是文言與白話之爭，而是有了「大眾語」的新的口號和要求。胡適、任叔永在北平，「大眾語」的倡導者在上海，陳子展、陳望道、葉聖陶、胡愈之、黎錦熙、吳稚暉、傅東華、夏丏尊等多是「開明」文學教育派的作家─教育家先後發表文章，參與討論。由於新的口號的出現，和新的論爭方向的產生，白話派的胡適等人言論顯得無力，文言派的汪懋祖等，更是無力再戰。因為這場論爭由文言派挑起，轉向為新文學內部的「舊」白話派與新的「大眾語」的爭論了。於是，文言派也不去理會文壇的爭論，專心寫他們的舊體詩詞。而「大眾語」的討論又成為新起的「文藝大眾化」討論的一部分。尤其是有過中學語文教學經驗的葉聖陶、夏丏尊等作家，五四運動後到「白馬湖畔」、「立達學園」親身實驗過「文」與「教」，從《一般》、《中學生》到《開明》，推動大中小學語文教育，深知白話文的好處。話語權也自然從「提倡有心，創造無力」的胡適轉向這些新的文學創造者。

　　1929 年 9 月中央大學中國文學系創辦的《藝林》，儘管只出版一期，但古典主義傾向卻是十分明顯的。為刊物「題辭」的是汪東。體例分為學術、專集、文錄、詩錄、詞錄、曲錄。為「學術」欄目寫文章的有汪東、汪國垣、王易、高明、錢文晉、姚卿雲、佘蒽墨、葉光球、釋章（施章）。「專集」為黃侃的古典詩詞集《石橋集》。「文錄」的作者有祝光信、王之瑜、何立。「詩錄」的作者有胡光煒、王易、陳延傑、姚卿雲、黃永鎮、蔡耀棟、何立、佘蒽墨、唐劍秋。「詞錄」的作者為王易、佘蒽墨、高明。「曲錄」的作者為蘇拯、李家驥、王起。

〔註50〕胡適：《胡適全集》第 22 卷第 128 頁。
〔註51〕魯迅：《魯迅全集》第 12 卷第 454 頁。

課程與新文學作家生成的校園空間

　　這一節，選取中央大學文學院中國文學系和外國文學系 1932 年度的課程表、清華大學 1929～1930 年度清華大學中國文學系課程表、1934 年上半年的課程表、北京大學文學院中國文學系（1931 年 9 月至 1932 年 6 月）的課程表、武漢大學中國語言文學系 1935 年度的課程表、中山大學中國語言文學系 1932 年和 1935 年度課目表、浙江大學文理學院中國文學系 1938 年的課程草案、教育部 1938 年的《（部頒）大學文學院中國文學系必修科目表》，進行實證性考察。由於課程表的內容較多，武漢大學、中山大學、浙江大學三所中文系的課程表和教育部 1938 年的《（部頒）大學文學院中國文學系必修科目表》的具體名目從略，所引課表也是將其分解，課時和學分略。

　　首先選取 1932 年秋冬學期（1932 年 9 月～1933 年 1 月）中央大學文學院中國文學系、外國文學系的課程，看中央大學師生的心態和學風。這是大學學術傳統的文化展示，也是知識譜系中師資力量的表現。因為課程本身一方面顯示著自己學校的師資水平，另一方面表現出學校的教育理念和文化價值取向。而學生則更多的表現出被動地接受。

　　先看中國文學系的課程一覽：

　　　　各體文選一（錢子厚）、各體文選二（黃耀先）、國學概論一（錢子厚）、國學概論二（黃耀先）、方言（或文字學）（汪旭初）、文學史綱要（胡小石）、目錄學（汪辟疆）、修辭學（王曉湘）、文學研究法（黃季剛）、練習作文（王伯沆）、漢書（黃季剛）、音韻學（黃季剛）、周以後文學（胡小石）、詩歌史（汪辟疆）、唐詩（陳仲子）、詩名著選（汪辟疆）、樂府通論（王曉湘）、宋詩（陳仲子）、詞曲史（王曉湘）、詞學通論（吳瞿安）、專家詞（夢窗）（吳瞿安）、南北詞簡譜（南詞）（吳瞿安）、論孟舉要（王伯沆）、毛詩（陳仲子）、莊子（徐哲東）、左傳（徐哲東）、書經舉要（王伯沆）、漢魏六朝詩（伍叔儻）、鐘鼎釋文名著選（胡小石）、楚辭（徐哲東）〔註52〕

從課程上可以明顯看出，中央大學中國文學系此時沒有開西洋文學和中國新文學。他們的課程基本上是傳統的國學。教授中沒有新文學作家，反而都是舊體詩詞的寫作者，多數為「上巳社」和「禊社」成員。同時有多人是《學衡》、《國風》的作者。他們注重古典知識，強調傳統的繼承。也正是這種濃

〔註52〕　《國立中央大學日刊》1932 年 10 月 7 日。

重的古典氣氛和對古典詩詞的鍾愛，使得寫白話新詩的沈祖棻，在中央大學畢業後，讀金陵大學國學研究所時，很快受老師的影響，改寫舊體詩詞了。

據同時（1933 年）屬於美國教會大學系列的南京私立金陵大學所印行的《私立金陵大學一覽》的中文系課程所示，此時他們開設有「現代文藝」，主講近代以來的新文學創作。另有「中國文化研究所」所開設的歐美學者和日本學者研究中國文化（漢學）的概觀課程。

而此時清華大學的中國文學系，早在 1929 年春季就由朱自清始開「中國新文學研究」的課程〔註53〕。據 1929～1930 年度《清華大學一覽》中《大學本科學程一覽》中的中文系教師名錄所示：

> 教授：楊振聲（系主任）、楊樹達、朱自清、黃節、陳寅恪、
> 　　　劉文典
> 講師：趙元任、錢玄同、俞平伯、容希白、張煦
> 教員：鄒樹椿
> 助教：浦江清〔註54〕

趙元任、錢玄同因是兼職，只能按講師聘任。

《中國文學系的目的與課程的組織》中明確指出「中國文學系的目的，很簡單的，就是要創造我們這個時代的新文學。」〔註55〕要到這一明確的目標，所以「我們的課程的組織，一方面注重研究我們自己的舊文學。一方面更參考外國的現代文學」〔註56〕。

這裡可以進行一個簡單的比較。1930 年編印的《國立中央大學一覽》中的《文學院一覽》的「緒言」是用文言寫成。清華大學中文系的課程說明是白話文。這是兩所大學中文系的不同之一。下邊所引課程的差別是不同之二（節錄，課時略）。

> 第一年
>
> 　　國文（楊樹達、張煦、劉文典、朱自清）、英文、中國通史（歷史系課程）、中國文學史（朱希祖）、公共必修科乙組（（政治學、經

〔註53〕此課程的講義名爲《中國新文學研究綱要》，收入朱自清：《朱自清全集》第 8 卷，江蘇教育出版社，1996。
〔註54〕轉引自齊家瑩編撰：《清華人文學科年譜》第 84 頁，清華大學出版社，1999。
〔註55〕轉引自齊家瑩編撰：《清華人文學科年譜》第 84 頁。
〔註56〕轉引自楊振聲：《爲追悼朱自清先生講到中國文學系》，《文學雜誌》第 3 卷第 5 期。

濟學、社會學、西洋通史、現代文化擇一）、任選課

第二年

　　文字學（容庚）、音韻學（趙元任）、賦（劉文典）、詩（朱自清）、文（上古至秦，下學期）（楊樹達）、英文、古書釋例（上學期）（楊樹達）、任選課

第三年

　　中國音韻沿革、詞（上學期）（俞平伯）、戲曲（上學期）（俞平伯）、小說（俞平伯）、文（漢至隋）（劉文典）、文（唐至現代）劉文典、西洋文學概要（外國語文學系課程）、任選課

第四年

　　文學專家研究（黃節、張煦、楊樹達）、中國文學批評史（郭紹虞）、西洋文學專集研究（外國文學系課程）、任選課

選修科目（各年級）

　　修辭學（下學期）、中國新文學研究（下學期）（朱白清）、當代比較小說（楊振聲）、樂府（黃節）、歌謠（上學期）（朱自清）、高級作文、古書校讀法（上學期）（楊樹達）、目錄學（下學期）（楊樹達）、文選學（下學期）、國故論著、佛經翻譯文學（陳寅恪）〔註57〕

中國新文學研究、當代比較小說、歌謠、西洋文學專集研究等特色課程，是此時清華中文系所高標的創新性和時代性。所以後來楊振聲特別提到：「西洋文學概要、西洋文學各體研究、中國新文學研究、當代比較文學及新文學習作也都是必修，選修課中又有西洋文學專集研究，這在當時的各大學中，清華實在是第一個把新舊文學、中外文學聯合在一起的。」〔註58〕

　　朱自清在 1931 年 6 月 1 日《清華周刊》第 35 卷第 11、12 期上發表有《清華大學的中國文學系概況》一文，他說在 1928 年楊振聲主持中文系時，就提出了一個新的目的：「創造我們這個時代的新文學」〔註59〕。他說現代個大學的國文系，或中國文學系的課程，範圍往往也很廣，除純文學外。更涉及哲學、歷史學、考古學等。他們所要造成的是國學的人才，而不一定是中國文學的人才。對於中國文學，他們所要學生做得是舊文學研究考證的工夫，但

〔註57〕轉引自齊家瑩編撰：《清華人文學科年譜》第 84～85 頁。
〔註58〕楊振聲：《爲追悼朱自清先生講到中國文學系》，《文學雜誌》第 3 卷第 5 期。
〔註59〕朱自清：《朱自清全集》第 8 卷第 405 頁。

在這個時代，這個青黃不接的時代，覺得還有更重大的使命：這就是創造我們的新文學。本系的同學也可以有不能或不願從事新文學，卻喜歡研究舊文學的人，我們應當讓他們自由地發展，但希望大部分都向著我們的目標走近。

鑒於此，他們所開的新課程為：當代比較文學、中國新文學研究、新文學習作〔註60〕。

清華大學中國文學系 1934 年上半年的的教師名錄為：

教授兼主任：朱自清。

教授：陳寅恪、楊樹達、俞平伯、劉文典、聞一多。

專任講師：浦江清、王力。

講師：趙萬里、唐蘭。

教員：許維遹。

助教：余冠英、安文倬。〔註61〕

同時中國文學研究所的導師也為同學們開出了供進一步從事研究的導師和方向：

選學、諸子、中國化之外國語（劉文典）、國文法、漢書（楊樹達）、詩經、楚辭、唐詩（聞一多）、佛教文學（陳寅恪）、詞（俞平伯）〔註62〕

從教師的基本情況看，這時清華中文系授朱自清、俞平伯、聞一多三人是新文學作家。朱自清也是擔任清華大學中文系主任時間最長的教授，他的知識結構、文學理想和辦學理念對這所大學的中文系有直接和深遠的影響。而此時清華大學外文系，有《學衡》的主編吳宓在。但是清華大學特殊的新文學創作的風氣濃厚，使得 1930 年代清華園的學院裏秉承 1920 年代的聞一多、王造時、吳景超、梁實秋、顧毓琇、朱湘、饒夢侃、孫大雨、楊世恩、羅皚嵐、陳銓等作家群起的傳統，新一代學生作家也成群出現，如錢鍾書、李健吾、曹禺、吳組緗、端木蕻良、曹葆華、郝御風、林庚、孫毓棠、李長之、孫作雲等，且多人還是外文系的。〔註63〕因吳宓堅持寫舊體詩詞，對從事新文學創作的學生影響不大，他影響下的主要是張蔭麟、賀麟、陳銓三個堅持

〔註60〕朱自清：《朱自清全集》第 8 卷第 405 頁。

〔註61〕朱自清：《朱自清全集》第 8 卷第 415 頁。

〔註62〕朱自清：《朱自清全集》第 8 卷第 414～415 頁。

〔註63〕關於清華學生的文學活動，可參見張玲霞：《清華校園文學論稿》，清華大學出版社，2002。

上他翻譯課的學生。這三人後來都成了學者，其中陳銓同時又是新文學作家，他不像張蔭麟、賀麟那樣，而是受吳宓影響相對少些。他在 1928 年出版長篇小說《天問》，1929 年出版《戀愛之衝突》，1934、1935 年分別出版《革命的前一幕》、《彷徨中的冷靜》。在 1940 年代因《戰國策》而名勝大起，有劇作《野玫瑰》、詩集《哀夢影》等，和他的老師走了不同的路。

同時清華大學中文系在 1931 年 4 月 15 日還創刊了《清華中國文學會月刊》，中文系的教師都列為顧問，主要是學生來編輯。這個刊物是新舊文學創作兼收，傳統文學研究與新文學研究並重。而寫舊體詩詞的多是教授，如黃節、陳寅恪等人。事實上是新文學作品仍占主導地位。

朱自清去世後，在朱光潛主編的《文學雜誌》1948 年 10 月第 3 卷第 5 期刊出了「朱自清先生紀念特輯」，許多新文學作家、學者都寫了悼念文章。楊振聲有《為追悼朱自清先生講到中國文學系》一文，其中針對新文學如何進大學中文系課堂，與古典文學、外國文學的關係等實際問題，作了說明：

> 自新文學運動以來，在大學中新舊文學應該如何接流，中外文學應該如何交流，這都是必然會發生的問題。也必然要解決的問題。可是中國文學系一直在板著面孔，抵拒新潮。如是許多先生在徘徊中，大部學生在困惑中。這不止是文言與語體的問題，而實是新舊文化的衝突，中外思潮的激蕩。大學恰巧是人文薈萃，來調協這些衝突，綜合這些思潮所在的，所以在文法兩院的科系中，如哲學、歷史、經濟、政治、法律各系都是冶古今中外於一爐而求其融合貫通的，獨有中國文學與外國語文二系深溝高壘，旗幟分明。這原因只為主持其他各系的教授多歸自國外；而中國文學系的教授獨深於國學，對新文學及外國文學少有接觸，外國語文系的教授又多類似外國人的中國人，對中國文化與文學常苦下手無從，因此便劃成二系的鴻溝了。
>
> ……
>
> 朱自清先生是最早注意到這問題的一個。……系中一切計劃，朱先生與我商量規定者多。那時清華國文系與其他大學最不同的一點，是我們注重新舊文學的貫通與中外文學的融會。〔註64〕

〔註64〕楊振聲：《為追悼朱自清先生講到中國文學系》，《文學雜誌》第 3 卷第 5 期。

最後，楊振聲特別強調新文學的作用和意義。他說：

> 我們若沒有新文學，不可能有新文化與新人生觀，沒有新文化
> 與新人生觀，也就不可能有個新中國。因爲新文學，在一種深刻的
> 意義上說，就是來創造新文化與人生觀的。先有了這個，咱們的也
> 才能有個新中國。〔註65〕

因爲在楊振聲之後，朱自清繼任系主任，楊振聲說「我們商定的中國文學的新方向始終未變」〔註66〕。後繼的系主任羅莘田（常培）、羅膺中（庸）、聞一多都保持和發揚了這一「新趨勢」。

下面再看中央大學文學院外國文學系 1932 年秋冬學期的必修課程一覽：

> 四年級英文作文（樓光來）、莎士比亞（張歆海）、英國文字〔沈
> 按：疑爲「學」〕源流（范存忠）、三年級英文作文（韓湘眉）、歐洲
> 文學史（樓光來）、英國戲劇（劉奇峰）、二年級英文作文（范存忠）、
> 名家選讀（韓湘眉）、英國小說（樓光來）、文學批評（Dauy）、約
> 翰生及其遊從（梅光迪）、藍姆及小品散文（梅光迪）、英國散文（劉
> 奇峰）、短篇小說（劉奇峰）、英文會話及演說（Dauy）、現代詩
> （Dauy）、古典主義（梅光迪）、浪漫主義（韓湘眉）、美國文學研
> 究（名著選譯）（張歆海）〔註67〕

僅從教授看，樓光來、梅光迪、張歆海、范存忠四人是留學哈佛大學的，是受新人文主義批評家白璧德影響的學生，其中張歆海與韓湘眉是夫婦。樓光來、梅光迪是《學衡》的作者，他們與新文學是保持一定的距離，或者仍反對新文學。張歆海因是胡適的朋友，一向不與新文學陣營爲敵。

接下來看同一時期，即 1931 年 9 月 14 日《北京大學日刊》刊登的北京大學文學院中國文學系（1931 年 9 月至 1932 年 6 月）的課程：

> **共同必修課科目**
>
> 中國文字聲韻概要（沈兼士、馬裕藻）、中國詩名著選（附實習）
> （俞平伯）、中國文名著選（附實習）（林損）、中國文學史概要（馮
> 淑蘭）

〔註65〕 楊振聲：《爲追悼朱自清先生講到中國文學系》，《文學雜誌》第 3 卷第 5 期。
〔註66〕 楊振聲：《爲追悼朱自清先生講到中國文學系》，《文學雜誌》第 3 卷第 5 期。
〔註67〕 《國立中央大學日刊》1932 年 10 月 7、8 日。

分類必修及選修科目

　　A 類

　　語音學（劉復）、語音學實驗（劉復）、言語學大義（暫停）、中國文字及訓詁（沈兼士）、石文研究（沈兼士）、甲骨及鐘鼎文字研究（商承祚）、說文研究續（三）（錢玄同）、中國音韻沿革（錢玄同）、清儒韻學書研究（三）（馬裕藻）、古音系研究（三）（魏建功）、中日韓字音沿革比較研究（三）（金九經）、中國古代文法研究（鄭奠）、滿洲語言文字（壽春）、蒙古語言文字（奉寬）、西藏語言文字（未定）

　　凡注（三）字者，為三年以上之科目。

　　B 類

　　中國文學

　　毛詩續（三）（黃節）、楚辭及賦（張煦）、漢魏六朝詩（黃節）、唐宋詩（林損）、詞（俞平伯）、戲曲及作曲法（許之衡）、先秦文（林損）、漢魏六朝文（劉文典）、唐宋文（暫停）、近代散文（周作人）、小說（俞平伯）、修辭學（下學期開）（鄭奠）

　　中國文學史

　　中國文籍文辭史（傅斯年）、詞史（趙萬里）、戲曲史（許之衡）、小說史（暫停）

　　文學批評

　　文學概論（徐祖正）、中國古代文學批評（暫停）

　　文學講演（臨時通知，不算單位）

　　新文藝試作（單位未定）

　　C 類

　　目錄學（余嘉錫）、校勘學（暫停）、古籍校讀法（余嘉錫）、經學史（馬裕藻）、國學要籍解題及實習（鄭奠）、考證方法論（上學期開）（鄭奠）、三禮名物（吳承仕）、古聲律學（許之衡）、古曆學（范文瀾）、古地理學（鄭天挺）、古器物學（暫以歷史系的金石學代之）、歐文所著中國學書選讀（劉復）、日本文所著中國學書選讀（錢稻孫）〔註68〕

〔註68〕《北京大學日刊》1931 年 9 月 14 日。

另有共同選修課科目、國語、外國語、畢業論文。其中開設「中日韓字音沿革比較研究」的金九經是朝鮮人。

上述表中的「單位」指的是課時。此時北京大學與清華大學的教授有互相聘用和兼課現象。有的教授在幾所大學同時開課。語言文字學研究一直是北京大學的強項，並形成傳統。尤其是少數民族語言文字的研究，是他們的特色。

僅從上述開課的教師看，俞平伯、劉復（半農）、馮淑蘭（沅君）、傅斯年、魏建功、周作人都是新文學作家，錢玄同是文學革命的積極參與者。

而上述課程表所列的「新文藝試作（單位未定）」，很快得到落實。在《北京大學日刊》1931 年 9 月 24、25、26 連續三日刊登 1931 年 9 月 23 日擬定的「國文學系布告」：

> 新文藝試作一科暫分散文、詩歌、小說、戲劇四組。每組功課暫定爲一單位（每一單位一小時或二小時）。諸生願選習此科者，可各擇定一組（多至兩組）。將平日作品一篇繳至國文系教授會，俟擔任指導教員作評閱後加以甄別。合格者由本學系布告（其一時未能合格者可至下學期再以作品請求甄別）。學年終了時，以試作之平均分作爲成績（但中途對於試作不努力者，如作輟無恒或草率從事之類，得令其停止試作）
>
> 本學年擔任指導教員
>
> 散文（胡適 周作人 俞平伯）、詩歌（徐志摩 孫大雨）、小說（馮文炳）、戲曲（余上沅）、
>
> （以後增聘教員，隨時由本學系布告） 九月二十三日 〔註69〕

據周作人致俞平伯的書信可知，在國文系新添新文藝試作一項是文學院院長胡適的提議。〔註70〕隨後才有廢名到北京大學講授新文學。這份表中的教授全是新文學作家，他們在傳統知識基礎上，追求創新，特別是新文學的創造。其中余上沅於 1925 年 1 月 18 日在美國留學時曾致信胡適，向胡適介紹美國紐約「中華戲劇改進會」，請胡適加入他們的組織。同時他請求北京大學開設「戲劇傳習所」，並在時機成熟時，建立「北京藝術劇院」。余上沅還表示他和趙太侔、聞一多「對戲劇藝術正得了一點門徑，想回國隨同諸先生（沈

〔註69〕《北京大學日刊》1931 年 9 月 24、25、26 日連續刊登。
〔註70〕 孫玉蓉編纂：《俞平伯年譜》第 140 頁，天津人民出版社，2001。

按：指胡適、徐志摩、陳源、丁燮林、張鑫海）做點實驗，同建『中國戲劇』〔註71〕後來余上沅進北京大學執教，自然是文學院院長胡適的作用。

1931 年 10 月 1 日《北京大學日刊》刊出國文學系 9 月 30 日簽發的「國文學系布告」〔註72〕，說「新文藝試作」的同學在 10 月 9 月以前交作品，以候甄別。10 月 8 日《北京大學日刊》刊登國文學系 10 月 7 日簽發的「國文學系布告」〔註73〕，說交作品的最後日期延至 10 月 31 日。11 月 18 日《北京大學日刊》刊登國文學系 11 月 16 日發佈的錄取「新文藝試作」的學生名單為——散文：羅逢讓、徐世綸、洪橝、湯際亨、彭榮棠、熊偉。小說：鄂裕綿、曹曾保、徐世綸、羅逢讓。詩歌：胡毓瑞。

從這份名單看，他們後來也沒有成為知名的新文學作家，熊偉 1933 年北京大學畢業後赴德國留學，為海德格爾的學生。但北京大學所開的「新文藝試作」，為大學教育開了一個新的風氣，並成為一種鼓勵新文學創作的導向，尤其是有指導教師的存在，其他愛好新文學寫作的學生也可隨時請教。也正是在這種倡導新文學創作的氛圍中，1930 年代，北京大學出現的新文學作家有何其芳、李廣田、卞之琳、方敬、李爾重、張季純、荒蕪、徐訏等。當然，他們之中多數不是中國文學系的學生。而相對於 1920 年代北京大學新文學作家群起的現象，1930 年代是弱了一些。

再看北京大學外國文學系英文組的主要課程：

必修課

一年級：基本英文（蒯淑平）、戲劇（貝德瑞）、作文與論文選讀（溫源寧）

二年級：小說（蒯淑平）、戲劇（貝德瑞）、詩（葉崇智）、莎士比亞初步（楊宗翰）、作文與名家論文選讀（蒯淑平）、英國文學史略（溫源寧）

三年級：著名作品之研究（貝德瑞）、作文（貝德瑞）、翻譯（徐志摩）、十八世紀文學（陳受頤）、十九世紀文學（溫源寧）

四年級：文學批評（溫源寧）、十八世紀文學（陳受頤）、十九世紀文學（溫源寧）

〔註71〕轉引自聞黎明、侯菊坤編：《聞一多年譜長編》第 257 頁，湖北人民出版社，1994。
〔註72〕此布告《北京大學日刊》刊登多日。
〔註73〕此布告《北京大學日刊》刊登多日。

選修課

　　小説史（蒯淑平）、戲劇史（王文顯）、莎士比亞（王文顯）、希臘悲劇（余上沅）、今代詩（徐志摩）、但丁（吳可讀）、雪萊（徐志摩）、勃朗寧（涂序瑄）、羅瑟諦（涂序瑄）、哈代（徐志摩）、拉穆（葉崇智）、易卜生（余上沅）、培根論文（羅昌）、箕茨（徐祖正）〔註74〕

教授中，徐志摩、葉崇智（公超）、余上沅、溫源寧都是新文學作家，這也是此時北京大學外國文學系培養出新文學作家李廣田、卞之琳的原因之一。

　　通過上述具體的課程展示，清華大學、北京大學中國文學系、外國文學系與南京中央大學中國文學系、外國文學系的特色一目了然。新與舊，現代與傳統、激進與保守鏡象般的反映，在對待「新文學」的態度上就明顯表現出來。五四新文化─新文學運動的影響，和「學衡派」的反抗，到1930年代的大學校園仍可看到濃重的痕跡。各自大學傳統的形成也在這種鏡象中顯現。同時這也爲我們進一步理解抗戰期間由清華大學、北京大學、南開大學組建的西南聯大的新文學活動提供了認識的路徑。

　　金陵大學與東南大學─中央大學中文系的教授是互相交叉聘任，兩校中文系你中有我，我中有你。同樣情況，在金陵大學中文系的一些喜好從事新文學寫作的學生，在後來也都走上了研究古典文學的路子。1938年教育部頒發了大學中國文學系科目表，作爲大學中文系的教學指導。1939年又有部分修訂。針對這份科目表〔註75〕，畢業於金陵大學中文系，後任教武漢大學、金陵大學的程千帆（會昌）於1941年5月16日《斯文》第1卷第16期和1941年9月《國文月刊》第10期上分別刊發了《部頒中國文學系科目表平議》，指出此科目表存在七項缺陷：基礎之不足、先後之失次、輕重之無當、本末之不揣、習作之不足、流別之不明、名稱之不一。爲此，他作了一份修正表〔註76〕。

〔註74〕《北京大學日刊》1931年9月14日。

〔註75〕《斯文》第1卷第16期《部頒中國文學系科目表平議》中引用的部頒中國文學系科目表。

〔註76〕《斯文》第1卷第16期《部頒中國文學系科目表平議》中有程千帆的修正表。在程千帆之外，《斯文》上還刊登有其他學者對《大學文學院中國文學系必修科目表》的討論意見。1943年10月《國文月刊》第24期，刊有陳覺玄（中凡）的《部頒〈大學國文選目〉平議》。

　　1927 年前後中山大學文科的基本師資來自北京大學，但到了 1930 年代日趨保守。這裡由一件事和一份課程表可見其中的理路。

　　1935 年 1 月 6 日，胡適在香港華僑教育會演講時提到香港是辦學的好地方，廣東是革命的策源地，但文化上是落後的。其原因是「廣東自古是中國的殖民地，中原的文化許多都變了，而在廣東向留著」。當然，胡適還批評了陳濟棠在廣東提倡讀經。此事立即在廣州引起風波。中山大學文學院教授團由中文系系主任古直發言，說胡適出言侮辱宗國，侮辱廣東三千萬人，中山大學布告驅之。古直還發出代電，「請辦胡適」〔註77〕。古直此時與胡適的文化觀念完全相反。胡適在北京大學中文系倡導新文學創作，反對讀經。古直在中山大學中文系提倡忠孝，學生的第一必修科為讀《孝經》。他 1932 年編就並得到校長鄒魯嘉許的《廣東國立中山大學中國語言文學系二十一年度課目表》〔註78〕的「必修課目標說明書」中特別推崇《孝經》，並極力主張讀經。那自然也是排斥新文學的。他說（節錄）：

　　　　讀書之士宜有擔荷世道之志，故忠孝之義宜講。孝經曰事親孝，故忠可移於君。今雖無君，移忠於民，移忠於事，不亦可乎！

　　　　孝經為六藝之總匯（孝經序正義引鄭康成六藝論），六經為文章之奧府（文心雕龍宗經篇贊），故劉氏文心特標宗經，今依此旨，以經為基本國文，而子史輔之焉。諸生勤勉諷誦，必有根柢盤深，枝葉峻茂之一日。

　　　　基本國文以玩味經義涵泳義理為主。……

　　　　司馬溫公曰：孝經、論語，文雖不多，而立身治國之道盡在其中。此二經者，舊家子弟宜已悉讀，然其義理紬繹無窮，……前代哲人往往終身誦之，雖再三重授無妨也，諸生宜知此意。〔註79〕

實際上，此時中山大學的文學院院長是原北京大學「新潮社」的社員吳康，北京大學畢業後曾任教於廣東大學，後又留學法國，1932 年回國。他的研究專長是德國哲學和中國哲學，對於中文系的課程，他自然說不上話。但他領導的文學院中文系，1935 年的課程取消了對《孝經》必讀的要求，內容上必

〔註77〕　胡適：《胡適全集》第 32 卷第 433 頁。

〔註78〕　《廣東國立中山大學中國語言文學系二十一年度課目表》，見《國學近訊》，《國學論衡》第 2 期（1933 年 12 月 1 日）

〔註79〕　《國學近訊》，《國學論衡》第 2 期（1933 年 12 月 1 日）。

修課與選修課的安排也有重大改變，增加了散文習作、近代詩、近代文、文學概論、文學批評、近代文藝思想等〔註80〕。

抗戰時期，浙江大學文學院是「學衡派」成員的聚集場所，院長和中文系系主任均為「學衡派」成員。郭斌龢是著名的希臘文專家，他做中文系系主任時，特別強調外國語言文學和翻譯的重要性，說「旁通西文，研治歐西之哲學、文藝，為他山攻錯之助」〔註81〕。同時注重習作，強調小說、詩歌和戲曲。當然，他也是排斥新文學的〔註82〕。

中山大學文學院中文系、浙江大學文學院中文系的這種實際情況，自然也就談不上培養新文學作家了。

現代與傳統的力量如此交織，其內在的張力也就在相互作用中體現出各自的辦學特色。

中文系培養什麼人？

文學進入中國大學體制是自京師大學堂始。據陳國球考證，「京師大學堂的成立，除了為『文學』的學科地位立下規模之外，還啟動了『中國文學史』的書寫活動」〔註83〕。陳平原、夏曉虹對林傳甲《中國文學史》的編寫也曾有專門的討論。當然中文系的教學活動不只是文學。

在現代大學教育中，朱光潛主張大學中文系或國文系的學生要文史哲兼修，中外語言文學互通〔註84〕。胡適在1930年代曾談到了他的關於大學中文系培養學生的目標：教師、作家、學者。他在1934年2月14日，因翻檢舊日記紙片，看到中國公學學生丘良任所談該校學生近年常作文藝的人有甘祠森、何家槐、何德明、李輝英、何嘉、鍾靈、孫佳訊、劉宇等，而頓起關注。胡適特別在這一天的日記中說：「此風氣皆是陸侃如、馮沅君、沈從文、白薇

〔註80〕 「中國語言文學系課程」據《國立中山大學現況》（民國廿四年）第122～127頁所示。引自（臺北）傳記文學出版社，1971（影印本）。此書內文顯示的書名為《國立中山大學現狀》，而封面顯示為《國立中山大學現況》。疑為影印之誤。

〔註81〕 劉操南：《浙江大學文學院中文系在遵義》，貴州省遵義地區地方志編纂委員會：《浙江大學在遵義》第57頁，浙江大學出版社，1990。

〔註82〕 劉操南的《浙江大學文學院中文系在遵義》一文中有郭斌龢起草的《國立浙江大學文理學院中國文學系課程草案》。引自貴州省遵義地區地方志編纂委員會：《浙江大學在遵義》第58～60頁。

〔註83〕 陳國球：《文學史書寫形態與文化政治》第45頁，北京大學出版社，2004。

〔註84〕 朱光潛：《文學院》，楊東平編：《大學精神》第227頁。

諸人所開。」意思是指他四年前做中國公學校長時，注重新文學教育，鼓勵文學創作，聘了陸、馮、沈、白幾位教師。但後來陸侃如夫婦遠離新文學，走古典文學研究的路，也不重視學生的新文學創作了。所以他說：「北大國文系偏重考古，我在南方見侃如夫婦皆不看重學生試作文藝，始覺此風之偏。從文在中公最受學生愛戴，久而不衰。」為此他強調大學中國文學系應當「兼顧到三方面：歷史的；欣賞與批評的；創作的」〔註85〕。事實上，大學中國文學系的畢業生，一部分走向教育界，成為中文教師，從事中文知識傳授。一部分成為作家，重在文學的創造。而成為學者的，則重在學術研究。胡適特別強調中文系的教學中不可忽視大學生中喜歡文學創作的一批年輕作者。在此之前，胡適作為中國公學的校長，大膽地聘請了只有小學文化程度但已寫過大量小說的青年作者沈從文到中國公學任講師，主講文學創作。沈從文認為這是胡適《嘗試集》後的「第二次嘗試」。胡適和沈從文此舉都成功了。從此沈從文從武漢大學、青島大學，到西南聯合大學，一直都站穩講壇。在西南聯大，他還培養了小說家汪曾祺。而他主講的課程就是「中國新文學研究」和「文體寫作」。

　　在何其芳的文學之旅中，沈從文實際上起了很關鍵的指導和幫助作用。1929年9月～1930年8月，沈從文是中國公學的的文學講師，何其芳正好這一學年在中國公學讀預科。在沈從文的鼓勵和指導下，何其芳攜小說《摸秋》（筆名「禾止」），以《新月》（1930年3月10日，第3卷第1期）為起步登上了現代文壇。1933年9月，沈從文主持《大公報・文藝副刊》後，對何其芳關愛有加，使他得到獎勵（1937年5月《畫夢錄》獲《大公報》文藝獎金）和受到讚揚〔註86〕。

　　從1917年胡適進北京大學，到現代作家約半數以上在各類大學中文系、外文系執教，現代大學中文系的師資結構發生了變化，那麼，其辦學的功能也就相應的有了培養作家的可能。

　　朱自清進清華是胡適推薦的。如前所述，在1928年楊振聲主持中文系時，就提出了一個新的目的：「創造我們這個時代的新文學」。他們所開的新的課程為：當代比較文學、中國新文學研究、新文學習作。1931年8月楊振聲出

〔註85〕胡適：《胡適全集》第32卷第310頁。
〔註86〕上官碧（沈從文）：《何其芳浮雕》，《大公報・文藝副刊》第139期（1935年2月17日）。

任青島大學校長，他就十分重視聘請新文學作家作爲教授，以培育文學新人。聞一多、梁實秋、沈從文、方令孺都歸到他的麾下。

作爲作家的胡適、周作人、徐志摩、陳源、聞一多、梁實秋、俞平伯、朱自清、楊振聲、馮至、袁昌英、馮沅君、凌叔華、許地山、老舍、林語堂、沈從文、錢鍾書等都在大學任教。而他們之中，自然不少人是北京大學、清華學校──清華大學、北京女子高等師範學校培養出來的。他們再在大學培養新的作家。

武漢大學的前身是 1913 年成立的武昌高等師範學校，經武昌師範大學（1923 年）、國立武昌大學（1924 年）、國立第二中山大學（1927 年）多次改名，1928 年更名爲武漢大學。新文學勢力在這所學校形成的較早。1924～1925 年間，新文學作家楊振聲、張資平、郁達夫先後在武昌師範大學任教，在他們的影響下，形成了學生新文學社團「藝林社」，並培養了胡雲翼、劉大杰、賀揚靈等青年作家。這曾引起後來任教於武漢大學文學院的沈從文的注意，他在《湘人對於新文學運動的貢獻》一文中，特別提到由於新文學作家的授課，「學生文學團體因之而活動」〔註 87〕，進而產生青年作家。另據郭沫若在《創造十年續篇》中回憶，武昌高師──武昌師範大學──國立武昌大學，在 1921 年 9 月、1924 年 8 月和 1925 年初，先後三次聘他任文科教授，充當文學系系主任。北京大學的陳源未到武漢大學之前，也曾寫信勸他到武昌去當歌德，還特將此地比成德國的限馬〔沈按：今譯爲魏瑪〕。武大出身的洪爲法在通信中勸郭沫若：「要在中國文化界樹立一勢力，有入教育界的必要。中國人是封建思想的結晶，只要正式地上過你一點鐘的課便結下了師生關係，他便要擁戴你，稱你爲導師，而自稱爲弟子。」〔註 88〕

「現代中國文學」或稱「中國新文學」進大學課堂，列入學校的正式課程表，成爲中文系同學的必修課，一直是沈從文所關心的問題。1930 年下半年曾任教於武漢大學文學院的沈從文，在 1931 年由武漢大學印出了他的《新文學講義》。沈從文之後，1931 年秋到校任教的蘇雪林繼續開「新文學研究」這門課，同時武漢大學又增開「小說入門」和「戲劇入門」兩門

〔註87〕 沈從文：《沈從文文集》第 12 卷第 198 頁，花城出版社、生活·讀書·新知三聯書店香港分店，1984。
〔註88〕 郭沫若著、黃淳浩編：《郭沫若自敘》第 172 頁，團結出版社，1996。

與新文學相關的課程〔註89〕。「新文學研究」這門課在武漢大學立定，與「現代評論派」的主要成員此時佔據武漢大學有關。《現代評論》主要成員王世杰、李四光、王星拱、周鯁生、陳源、凌叔華、沈從文、楊端六、袁昌英等九人在這裡任教，加上分別從安徽大學、中央大學轉來的留學法國的新文學作家蘇雪林、陳登恪（春隨），和留學美國、德國歸來的新文學作家陳銓。特別是兩位新文學作家聞一多、陳源先後任文學院院長（聞一多1928年9月～1930年6月任文學院院長，陳源1930年8月任代理文學院院長，1931年10月被聘為文學院院長兼外國文學系主任，1935年10月續聘為文學院院長）〔註90〕，使1928～1937年間，武漢大學文學院的新文化的勢力佔據了領導主權（中國語言文學系則相反）。據1935年的《國立武漢大學一覽》中的「各學院概況、學程內容及課程指導書」所示，蘇雪林承擔的三門課程「作文一（劉異、朱世溱、蘇雪林合授）」、「中國文學史」、「新文學研究」，有兩門與創作實踐有關。其一是「作文一」，指導書中說「練習普通應用之抒情、描寫、記敘、議論各種文體。或翻譯，或筆錄，或就教員提出之參考材料作為綜合、分析、批評之工作。每次皆當堂交卷以期練習敏捷之思考力」〔註91〕。每周兩小時，一年授完的「新文學研究」則更具有新的內容。指導書中說「本學程講授五四運動後之國語文學。先敘新文學之運動，及文壇派別等等，用以提挈綱領。繼分五編，評論新詩、小品文、小說、戲劇、文學批評。一面令學生研讀名人作品，養成新文藝之鑒賞力，隨時練習創作，呈教員批改」〔註92〕。

　　文學院中文系的保守勢力卻是相當大的。1928年之前，中國語言文學系有黃侃、胡小石等注重國學的保守勢力，新文學作家郁達夫因與黃侃衝突而很快離開。1928年之後黃侃、胡小石（1924年就離開）到了南京的中央大學，武漢大學中文系的領導權長期掌握在劉賾（博平）、劉永濟（宏度、弘度）手中。前者1917年畢業於北京大學國文系，為黃侃高足，長文字、聲韻、訓詁；後者為「學衡派」成員，吳宓的清華同學，長古典文學的詞曲、文論，平時

〔註89〕　《國立武漢大學一覽》（民國廿四年）第48～51頁所刊登的「文學院課程指導書」中有（一）中國文學系的課程。（臺北）傳記文學出版社，1971（影印本）。

〔註90〕　《國立武漢大學一覽》（民國廿四年）第13～16頁、23頁。

〔註91〕　《國立武漢大學一覽》（民國廿四年）第28頁。

〔註92〕　《國立武漢大學一覽》（民國廿四年）第31頁。

會「借題發揮，大罵五四以來的新派」〔註93〕。實際上1931年以後，在中國語言文學系任教的新文學作家只有蘇雪林，陳源、凌叔華、袁昌英主要是在外國語言文學系授課。蘇雪林雖開「新文學研究」的課程，但她自知自己是「只知寫寫白話文，國學沒有根柢的人」〔註94〕，面對著「中文系幾位老先生由保守而復古」，她也逐步轉向古典文學研究與新文學批評並重。蘇雪林後來回憶說：「大凡邃於國學者，思想總不免傾向保守。武大中文系幾位老先生都可說是保守份子。」〔註95〕，1937年7月4日，胡適主編的《獨立評論》第241號上發表了沈從文致胡適的通信《關於看不懂》。胡適在《編輯後記》中有專門的答覆。沈從文主張將新文學傳播到中學生中去，引導學生對中國新文學有一個正面的認識，這其中的關鍵人物是中學老師。而中學教師又是大學（國立大學或師範大學）出身。因此，他提出：「在大學課程中，應當有人努力來打破習慣，國文系每星期至少有兩小時對於『現代中國文學』的研究，作為每個預備作中學教員的朋友必修課。」希望胡適請「所有國立大學（尤其是師範大學）文史學系的負責人注意注意」〔註96〕。

胡適的答覆是：「對於從文先生大學應該注意中國現代文學的提議，我當然同情。從文先生大概還記得我是十年前就請他到一個私立大學去教中國現代文藝的。現代文學不須顧慮大學校不注意，只須顧慮本身有無做大學研究對象的價值。」〔註97〕

經過楊振聲、朱自清的努力，1929年春，「中國新文學」進入大學課堂。朱自清在清華大學多次開講此課，留下了《中國新文學研究綱要》的講義。1940年代，他的研究生王瑤在西南聯合大學讀書時，有意繼承這門新課，並於1951年出版《中國新文學史稿》。經過兩代學者的努力，「中國新文學」成為大學中文系的一個新學科。隨後，蔡儀的《中國新文學史講話》、張畢來的《中國新文學史綱》、劉綬松的《中國新文學史初稿》都採用「中國新文學」這一學科名稱。一門課程逐步發展為一門學科，源頭在朱自清。可以說，中

〔註93〕 蘇雪林：《我們中文系主任劉博平》，龍泉明、徐正榜編：《走近武大》第51頁，四川人民出版社，2000。

〔註94〕 蘇雪林：《我們中文系主任劉博平》，龍泉明、徐正榜編：《走近武大》第51頁，四川人民出版社，2000。

〔註95〕 蘇雪林：《我們中文系主任劉博平》，龍泉明、徐正榜編：《走近武大》第52頁。

〔註96〕 沈從文：《沈從文文集》第12卷第338頁。

〔註97〕 胡適：《胡適全集》第22卷第579頁。

國新文學的一個最為重要的發動點在《新青年》,《新青年》及這場新文學革命的倡導者立身北京大學。「中國新文學」作為一門課程，起源於北京大學的畢業生，發展於清華大學、北京大學、武漢大學及後來的西南聯合大學。從朱自清、沈從文、蘇雪林到王瑤，他們逐步將「中國新文學」發展為一門學科。他們背後的老師（或伯樂）是胡適。從「中國新文學」到「中國現代文學」名稱的變化，是 1950 年代討論歷史分期以後的事。

中文系的學術路徑是什麼？

在大學，老師向學生傳授知識，學生學習知識，這已是不容置疑的事實。人的目的是自由，自由就是自我實現。而自由的實現是要依靠相應的文化過程。因此，費希特說：「國家是一個藝術機構，其目的是文化。文化是一種過程，憑藉這一過程，人可以真正成為人，最充分地實現他自己，並且，正是這種實現才是完美的自由。」〔註 98〕「學衡派」成員郭斌龢是古希臘專家，他任浙江大學中文系系主任時，在中文系課程草案中將清人姚姬傳關於學問之途：義理、詞章、考據引入他自己的辦學理念中。實際上，義理、詞章、考據的分野對應的是哲、文、史的格局。朱光潛主張大學中文系或國文系的學生要文史哲兼修，不必分得過細。郭斌龢認為義理、詞章、考據的並重，是思想性、藝術性、科學性的統一，是見識、才情與學問的交融。他要求中文系的學生在做學問時一定要充分把握這三者的內在理路。

在中文系，這三者互重，無所謂誰長誰短。當然，若三者兼而有之，那自然是件好事，是大家、大師的風範。但事實上卻相當困難。

「新文化派」與「學衡派」的對立自然也影響到大學中文系。據何兆武回憶說：「當時中央大學中文系系主任汪辟疆先生，在新生入系時，他就開宗明義地告誡說：『本系力矯時弊，以古為則。』馴致我們中央大學附中的學生都被教導要做文言文。而入西南聯大之後，讀一年級國文，系裏（系主任是朱自清先生）卻規定，作文必須用白話文，不得用文言文。」〔註 99〕這已經是抗戰時期的事了。

〔註98〕轉引自埃里・凱杜里：《民族主義》（張明明譯）第 31 頁。

〔註99〕何兆武：《也談「清華學派」——〈釋古與清華學派〉序》，見徐葆耕：《釋古與清華學派》第 5 頁，清華大學出版社，1997。

出身北京大學和清華大學的中文系教授，特別關心大學中文系的學科建設，尤其是新文學的地位和融通中西文學的問題。抗戰期間及戰後，《國文月刊》（西南聯合大學師範學院和開明書店聯合辦前 40 期，自第 41 期始由上海開明書店獨家經營）是討論「大學中文系改革」的主要陣地。討論的起因自然是 1938 年教育部頒發了大學中國文學系科目表。

在新文學作家胡山源看來，大學裏的國文系有三個名稱：國文系、中國文學系、中國語文系。他傾向於用「中國語文系」〔註 100〕。爲響應教育部的部頒大學中國文學系科目表，胡山源在 1939 年 12 月《中美日報》的「教育隨筆」欄上刊發了《論大學國文系及其科目》，1946 年 11 月重刊於《國文月刊》第 49 期。他認爲：（一）任何大學，國文系必須成立，並且必須按照教育部所頒佈的科目充實其內容。這樣可使民族精神與民族文化不失。（二）國文系的目的是整理並欣賞舊的文學，同時創造新的文學，這決不是復古。（三）目前的作文應該使得白話和文言一樣的看待。要將眼光放在將來全用白話的地步上。（四）有內容地充實國文系，使有天才和興趣的學生加入。（五）學有專長的國文系畢業生決不會沒有出路〔註 101〕。

程會昌（千帆）在 1942 年 10 月的《國文月刊》第 16 期刊登《論今日大學中文系教學之弊》，是應《國文月刊》的主編余冠英之約作的。眞正意義上的討論是從《國文月刊》第 28、29、30 合期開始。建設性的意見是楊振聲的《新文學在大學裏——〈大一國文習作參考文選〉序》，批評性的意見是陶光的《義理、詞章、考證》。楊振聲認爲他編此書是出於三方面的考慮：（一）殫精竭力於學習古文，不能爲努力創造新中國服務。（二）古文不能表達一個新時代的大學生的思想與情感。（三）近代文明國家，沒有不是語文一致的。那麼，這個參考文選「都是能忠實於自己的思想與情感的作品」。從此發展開來，「便是修辭立誠的門徑，便是創造中國文學的新途，也便是中國文學走上世界文學的大路」〔註 102〕。

1945 年 11 月《國文月刊》第 39 期刊出新文學史家丁易的《論大學國文系》。他的話是有特指的，特別是針對中央大學的國文系。他說：

〔註 100〕 胡山源：《論大學國文系及其科目》，《國文月刊》第 49 期（1946 年 11 月）。
〔註 101〕 胡山源：《論大學國文系及其科目》，《國文月刊》第 49 期（1946 年 11 月）。
〔註 102〕 楊振聲：《新文學在大學裏——〈大一國文習作參考文選〉序》，《國文月刊》第 28、29、30 合期（1944 年 11 月）。

　　現在大學國文系一大部分竟是沉陷在復古的泥坑裏，和五十年前所謂大學堂的文科並沒有兩樣，甚至還不及那時踏實。創造建設中國新文藝，他們固然作夢也沒有想到，就是對舊文學的整理結算，又幾曾摸著邊緣，甚至連乾嘉學者那種實事求是的謹嚴精神都談不上。只是一批五四時代所抨擊的「選學妖孽」、「桐城謬種」，以及一些標榜江西的詩人，學步夢窗的詞客，在那些大學教室裏高談古文義法，詩詞律式。論起學術來，更是抱殘守闕，狂妄荒誕。例如：講文字擯斥甲骨文金文；說音韻抨擊語音實驗。甚至述文學發展不及小說，講文學批評蔑視西歐。而作文必限文言，標點尤須根絕，更是這些大學國文系的普遍現象。……結果最倒徵的自然是學生，恍恍惚惚的在國文系讀了四年，到頭來只落得做個半通不通的假古董。〔註103〕

丁易的改革方案是提倡新文學的創造，並主張現在的國文系應該分為三組：（一）語言文字組；（二）文學組；（三）文學史組。隨後，他又在 1946 年 3 月《國文月刊》第 41 期刊出《談大學一年級的國文》，進一步發揮了上文的觀點。

　　丁易的文章立即引起新文學同人的響應和進一步的討論。1946 年 6 月《國文月刊》第 43、44 合期上李廣田的《文學與文化——論新文學和大學中文系》、王了一（王力）的《大學中文系和新文藝的創造》〔註104〕兩文在部分觀點上認同丁易，並就具體的問題做了發揮。出身清華學校研究院，留學法國的王了一在《大學中文系和新文藝的創造》一文中說，他同意丁易上面引述的對國文系的批評，但不同意丁易所說的文學組的功課著重在文藝的欣賞和批評，創作和實習是本組的主要精神所在，它的比重應占本組課程的二分之一。王了一說自己並不反對新文學，文學的修養是可以在學校裏養成的，他文章的要點有兩個：第一，大學裏只能造成學者，不能造成文學家。第二，現代中國所謂新文學也就是歐化文學，所以要從事於新文學創作的人就非精通西洋文學不為功。具體地說：

　　在西洋，文學只有宗派，沒有師承。文學只是主義的興衰，不是知識的積累。大學應該是知識傳授的最高學府，它所傳授的應該

〔註103〕丁易：《論大學國文系》，《國文月刊》第 39 期（1945 年 11 月）。
〔註104〕此文先刊於 3 月 3 日昆明《中央日報》的「星期論文」欄，這裡是重刊。

是科學，或科學性的東西。就廣義的科學而言，語言文字學是科學，文學史是科學，校勘是科學，唯有純文學的創作不是科學。在大學裏，我們可以有文學討論會，集合愛好文學的師生共同討論，常常請文學家來演講。我們可以努力造成提倡新文學的空氣，但我們無法傳授新文學，或在教室裏改進中國的文學。……

老實說，如果說新文學的人才可以培養的話，適宜於養成這類人才的應該是外國語文系，而不是中國文學系。〔註105〕

李廣田對王了一文章的兩個要點提出了商榷，表示只有部分的同意。針對第一點，他說自己贊同大學中文系不以造就作家爲目的，這個作家包括有舊文學作家和新文學作家。關鍵問題在於，大學不但是應該研究傳統的舊文學，而「對於大學裏的新文學研究與創作的問題，也只當問問應該不應該」。因爲目前的許多大學中文系是沒有新文學的研究和創作指導的。針對第二點，李廣田指出了王了一文章的片面，因爲新文學在發展過程中當然是受西洋文學的影響，但「沒有任何一種外來的影響是能夠單獨支持一個運動的」。很顯然，五四新文學運動是文化運動的一個重要的組成部分，歐化只是一個開始和外因，或是說形式，本質還是中國文化自己的東西。

接著，李廣田談到對丁易文章的看法。他說丁易關於文學組「是以新文藝的創作建設爲目的的」，意圖是理想化的，因爲文學組的新舊文學並重的提法就不容易，舊文學長，而新文學短。文學的通史從舊貫通講到新的「現代文學」是可以的，西南聯合大學就有「現代文學」這門課，但和舊的相比時間是很短的。他還進一步表示「贊成大學中文系應當有創作實習的課程」，但「不贊成文學組的課程以創作爲主，創作的比重不能占二分之一，更不能占二分之一以上，原因是：中文系或文學組的目的，既不在於舊文學之創作，也不在於新文學之創作」。「中文系並不以造就作家爲目的」。中文系的目的是大學的教育目的，是批判地接受舊的文化和世界先進文化，創造並發展新的進步的文化。因爲中國新文學是新文化的一部分，是從舊文學蛻變新生而出的，同樣也是由於世界文學的影響而革新發展的。李廣田引述了楊振聲的《新文學在大學裏——〈大一國文習作參考文選〉序》的意見後表示，楊振聲的話是公平通達的，他論文學是站在整個文化的立場上，是用歷史的觀點和世

〔註105〕王了一：《大學中文系和新文藝的創造》，《國文月刊》第43、44合期（1946年6月）。

界的觀點，「他主張在大學裏提倡新文學或教授新文學，正是『勇於承認現代』的精神，而承認現代乃是爲了將來，總之，是爲了文化的發展」〔註106〕。

王了一針對李廣田的意見，在自己重刊的文章後面加了「附記」，表示有的觀點他們是「差不多」的，他說：

> 我並不反對中國文學史一直講到現代文學；我和李先生一般地不滿意那些絕口不談新文學的文學史家。我不贊成大學裏教人怎樣創作，那是包括新舊文學而言的。對於新文學家，我不贊成在大學裏用灌輸的方法去「造成」，卻還贊成用潛移默化的方法去「養成」；至於舊式的文學家，連「養成」我也反對。〔註107〕

接下來，傅庚生發表了《中文系教學意見商兌》。他覺得丁易的文章說得太「痛快」了。針對王了一在自己重刊的文章後面加了「附記」，把一般人對於大學中文系意見分爲（一）舊派；（二）悲觀派；（三）純文學派；（四）純研究派；（五）研究與創作並重派；（六）研究與創作分立派六派。他認爲自己是贊成研究與創作並重派的。說「並重」也許是「中庸不可能也」，但卻是十分「應該」的，是理想，是未來。「在系裏開一些新文學研究與試作的課程，應該是絕對需要的」〔註108〕。

討論暫時停了下來。就在這年年底，即 1946 年 12 月，由顧廷龍、魏建功、鄭振鐸、葉紹鈞、郭沫若等新文學作家、學者 33 人在上海發起成立了「中國語文學會」。1947 年 4 月 9 日召開第一次理事會，陳望道爲理事長，章錫琛爲總務長，方光燾爲研究部主任〔註109〕。《國文月刊》也相對平靜，多是談論專業的學術文章。

1948 年 1 月《國文月刊》第 63 期上刊出聞一多的遺稿《調整大學文學院中國文學外國語文學二系機構芻議》，文章提出：「將現行制度下的中國文學系（文學組、語言文字組）與外國文學系改爲文學系（中國文學組、外國文學組）與語言學系（東方語言組、印歐語言組）。」〔註110〕同期還刊出朱自清

〔註106〕李廣田：《文學與文化——論新文學和大學中文系》，《國文月刊》第 43、44 合期（1946 年 6 月）。

〔註107〕王了一：《大學中文系和新文藝的創造》，《國文月刊》第 43、44 合期（1946 年 6 月）。

〔註108〕傅庚生：《中文系教學意見商兌》，《國文月刊》第 49 期（1946 年 11 月）。

〔註109〕《中國語文學會之發起與成立》，《國文月刊》第 55 期（1947 年 5 月）。

〔註110〕聞一多：《調整大學文學院中國文學外國語文學二系機構芻議》，《國文月刊》第 63 期（1948 年 1 月）。

的《關於大學中國文學系的兩個意見》。他們的討論進一步涉及到「大學裏傳授新文學」以及「大學裏教人怎樣創作」的基本問題。

朱自清的第一個意見是說自己贊成李廣田在《文學與文化——論新文學和大學中文系》一文中的觀點，大學裏應該而且可以傳授新文學，並教給人怎樣創作。第二個意見是贊成聞一多的意見，融通中西文學〔註111〕。

響應朱自清的議案意見，留學法國的清華大學外語系的教授盛澄華在北平的《周論》上刊登《試說大學外國語文系的途徑》，他站在外語系的立場上同樣看出文化融合的趨勢，主張進一步溝通兩系。即西方文化與中國文化的並重。他說：「總之，欲再造中國在學術上固有的光榮，對本國文化的認識已成當前急務。這一份豐富的遺產對外語系或文法學院學生固然特別重要，即對理工學生也同樣有它不可汩沒的價值」。因爲「外語系，想對本國文化有所貢獻，大致總逃不出這兩條路線：（一）站在自己的文化觀點上去批判西方文化；（二）藉攝取西方文化的精華來彌補並滋養本國文化所患的虛弱」〔註112〕。

浦江清在1948年4月16日《周論》第1卷第14期上發表《論大學文學院的文學系》一文，他的觀點是，語言與文學不能分開，現有的文學院的分系體制已形成固定的格局，也有了自己的所謂「傳統」，將中國文學系與外國文學系合併是不現實的，也是不容易的事，乾脆在文學院裏再新設一個「近代文學系」，從事文學的比較研究。這實際就是後來不同國家和不同語種的所謂「比較文學系」。而原有的中國文學系，他認爲可改稱「古文學系」〔註113〕。

邱春的《大一國文的價值之檢討》，是對上述教授的文章的補充，他試圖調和、超越新舊文學的對立和學界的爭論，提出大學一年級國文的重要性及價值問題。認爲大學國文系的課程的價值可以從以下四個方面考慮：（一）社會的道德價值，即使學生養成公民資格並解答中國文化問題；（二）審美娛樂的價值，即使學生養成欣賞優美文學的習慣與特性；（三）實用的職業價值，即培養學生寫應用文的能力；（四）形式陶冶的價值，即增進學生的想像力、鑒別力、判斷力、和思想力〔註114〕。

〔註111〕朱自清：《關於大學中國文學系的兩個意見》，《國文月刊》第63期（1948年1月）。

〔註112〕盛澄華：《試說大學外國語文系的途徑》，《周論》第1卷第6期（1948年2月20日）。

〔註113〕浦江清：《論大學文學院的文學系》，《周論》第1卷第14期（1948年4月16日）。

〔註114〕邱春：《大一國文的價值之檢討》，《周論》第1卷第10期（1948年3月19日）。

　　1948 年 3 月《國文月刊》第 65 期刊出了「上海公私立大學教授對於中國文學系改革的意見」的專欄討論文章。這是上海學界對幾年來由西南聯合大學到復原後的北京大學、清華大學裏新文學作家、學者們關於中文系學科討論的一個集體回應。共有陳望道的《兩個原則》、徐中玉的《讀聞朱二先生文後》、陳子展的《關於大學中國文學系的建議和意見》、朱維之的《中外文合系是必然的趨勢》、程俊英的《我對於中國文學系課程改革意見》五篇討論文章。陳望道提出改進中國文學系課程的兩個原則是現代化與科學化〔註 115〕。徐中玉是中央大學中文系的畢業生，他十分瞭解母校保守的課程設置，儘管沒有批評自己的母校，但表揚的卻是北京大學和清華大學。他強調在「溝通融會中西文化的工作」上，北大、清華諸位先生的努力值得重視和讚揚，浙江大學在遵義時期，郭斌龢主持中文系時也有過此願望。徐中玉的立足點是如何溝通融會中西文學〔註 116〕。陳子展 1930 年代就關注和研究現代新文學，特別注重古典文學向現代文學的轉變。他認為「中外文合系」雖不易做到，但將來一定可以做到。「大學裏傳授新文學」，這個容易。陳子展的主張實際上是超出中文系的課程問題，是更大的對大學教育的意見。他要求放棄一黨專政，黨團退出學校，活動不掛黨旗，也不搞「總理紀念周」，不准學校宣傳黨義，自動放棄三民主義為必修課〔註 117〕。

　　任何事情在 1949 年的大轉折關頭，都有一個了結或變化。這場持續十年的討論，以邢公畹的《論今天的大學「中國語文學系」》為結束語。他說，以南開大學中文系為例，要把中文系建成「為人民服務的中國語文學系」〔註 118〕。

　　事實上，在隨後的時光裏，中文系的課程中，從中國新文學到中國現代文學，社會政治的強勢話語滲透其間，這門學科由過去那種被中央大學、中山大學強力排斥的學科，一躍而成為和「文學概論」一樣重要的大學中文系裏的強勢學科。由不被重視到被特別重視，從「為人民服務」到「為政治服務」的中國新文學或中國現代文學本身，又面臨新的不幸。

　　當然，這並不是中國新文學或中國現代文學本身的錯。

〔註 115〕陳望道：《兩個原則》，《國文月刊》第 65 期（1948 年 3 月）。
〔註 116〕徐中玉：《讀聞朱二先生文後》，《國文月刊》第 65 期（1948 年 3 月）。
〔註 117〕陳子展：《關於大學中國文學系的建議和意見》，《國文月刊》第 65 期（1948 年 3 月）。
〔註 118〕邢公畹：《論今天的大學「中國語文學系」》，《國文月刊》第 81 期（1949 年 7 月）。

金陵大學的國學研究和中文系，一直和南京高師—東南大學—中央大學的中文系有形影不離的關係，教師互聘者頗多。程會昌（千帆）在抗戰之前曾是《金陵大學文學院季刊》的編輯部主任，他在 1942 年 10 月的《國文月刊》第 16 期和 1943 年 2 月 1 日的《斯文》半月刊（成都，金陵大學文學院辦）第 3 卷第 3 期上刊登《論今日大學中文系教學之弊》的文章，指出今日大學中文教學中存在著「不知研究與教學之非一事，目的各有所偏，而持研究之法以事教學，一也。不知考據與詞章之非一途，性質各有所重，而持考據之方法以治詞章，二也」。他說考據重實證，詞章重領悟。「研究期新異，而教學必須平正通達」。「考據重知，而詞章重能」。若將義理、詞章、考據三者一起來看，「義理者意，所以貴善；考據者知，所以貴眞；詞章者情，所以貴美。則為用不同」〔註 119〕。程會昌實際上是提出了大學中文系教學、研究總體上應當並重，但落實到具體的教學與研究時，卻有不同的取向。同時，他也提出了「從習作舊文體去欣賞舊文體，及從習作舊文體去創造新文體」的主張。而這一點頗似顧實 1923 年在《東南大學國學院整理國學計劃書》中所主張的「以國故理董國故之辦法」。

程會昌本人在大學讀書期間本是新文學的迷戀者和實際的積極參與者，自己也成了 1930 年間「土星筆會」與《詩帆》詩人群的成員。但他後來放棄了白話新詩的寫作，改寫舊體詩詞，同時自己也走上了古典文學研究的路。程會昌之文在隨後遭到了不同意見的批評。1944 年 11 月《國文月刊》第 28、29、30 期合刊上有陶光的《義理、詞章、考證》，1948 年 4 月、5 月的《國文月刊》第 66、67 期連載徐中玉的《國文教學五論》，對程會昌提出批評性的討論。於是，程會昌在 1948 年 6 月《國文月刊》第 68 期刊發了《關於〈論今日大學中文系教學之弊〉》的回應文章，承認自己「關於從習作舊文體去欣賞舊文體，及從習作舊文體去創造新文體這個意思」是不合潮流的偏見。儘管這一主張有他自己的文學體會和意圖。

1978 年以後，程千帆回到昔日「學衡派」的陣地——今日的南京大學設壇講學，招生授徒。他仍要求自己研究古典文學的弟子「從習作舊文體去欣賞舊文體」，特別是寫作舊體詩詞。就古典文學研究而言，這可視為進入古典文學文本研究的一條有益路徑。

〔註 119〕程會昌：《論今日大學中文系教學之弊》，《斯文》第 3 卷第 3 期（1943 年 2 月 1 日）。

大學人事：內耗與外補

浙大因中央大學的師資而興

這裡先說 1910～1920 年代中國的大學體制與學科。

大學之興靠體制，學科之興要靠師資。清末因維新而興北京大學，北京大學的文科因「桐城派」成員群聚而奠定基礎。隨浙人（「浙江派」）主掌北京大學，特別是具有「反清革命」傾向的留學日本的章太炎門生（黃侃、劉文典、康寶忠非浙人）取代「桐城派」，而使北大文科興盛。章太炎門生和「桐城派」後生的區別主要不是「反清革命」，而是他們兼通詞章、義理、考據的所謂「學問」。因為「桐城派」成員主要是「文章派」。隨之而來的「新文學運動」，是因陳獨秀、胡適相聚於北大的「皖派」的自由主義的激進文學革命之風，與太炎門生中（錢玄同、周氏兄弟）被壓抑的「革命」激情之火的交匯後而起的 [註1]。

1920 年代初，中國的兩所實力最強大的國立大學是北京大學、東南大學。這兩所大學的師資流動和畢業生，對 1928 年以後中國的大學體制格局的確立起到了很大的作用。實際上在 1927 年以前，清華文科的底子已由北京大學初步打造起來。1928 年的新校長是北京大學出身的羅家倫，文科的馮友蘭、朱自清、俞平伯、劉文典、楊振聲等來自北京大學。作為文學院長的楊振聲回憶說，清華的國文系是在他和朱自清手中而興 [註2]。

〔註 1〕關於北京大學的人事糾葛，有多人多種著作顯示，如周作人的《知堂回想錄》。還可參見陳萬雄：《五四新文化的源流》，三聯書店（香港）有限公司，1992。陳以愛：《中國現代學術研究機構的興起》第一章，江西教育出版社，2002。

〔註 2〕參見姜建、吳為公編：《朱自清年譜》第 80 頁，安徽教育出版社，1996。

　　1927 年，國民黨得勢後為紀念孫中山，一下子冠名九所中山大學，從南到北，依次是國立第一中山大學（廣州）、國立第二中山大學（武昌）、國立第三中山大學（杭州）、國立第四中山大學（南京），和南昌中山大學、安徽中山大學、河南中山大學（開封）、西安中山大學、蘭州中山大學。到 1928 年，除保留廣州的國立中山大學外，其它皆易名。

　　1927 年由廣東大學改制為中山大學的文科，同樣是靠北京大學扶植起來的。據 1927 年 8 月 25 日出版的《國立中山大學》第 19 期的《本校文史科介紹》所列的教授名單看，他們大都是出自北京大學。「除須聘傅斯年、顧頡剛、江紹原等人外，新聘的教授有汪敬熙、馮文潛、毛準、馬衡、丁山、羅常培、吳梅、俞平伯、趙元任、楊振聲、商承祚、史祿國等」〔註3〕。當然一部分人並沒有聘到，但多數人都到了中山大學。中山大學的國學研究，特別是以「語言歷史學」為路徑和門類的學術研究的崛起，開學界新風。他們辦的《國立中山大學語言歷史學研究所周刊》是北京大學的《北京大學研究所國學門周刊》的繼續和發展，同時他們也把《民俗》周刊辦起來了，更是北京大學「民俗學」研究的南下。而「民俗學」中，他們特別看好的是歌謠等鮮活的民間文學，是胡適白話新文學的一個重要的支撐力量。

　　接下來在蔡元培的主持下，北京大學的師資又把國立武漢大學扶植起來。1928 年 7 月組建武漢大學時，南京政府大學院長蔡元培指派劉樹杞、李四光、王星拱、周覽（鯁生）、麥煥章、黃建中、曾昭安、任凱南 8 人為籌備委員〔註4〕。李四光、王星拱、周鯁生是北京大學的著名教授，黃建中是北大畢業生，他們和隨後從北京大學來的王世杰、陳源為武漢大學的建設貢獻尤多。其中王世杰、王星拱、周鯁生先後做了武漢大學的校長。他們都是胡適的朋友。從自由主義的政治理念和文化精神上看，1928 年以後，武漢大學因「太平洋」—「現代評論」派主要成員的到來而興。胡適 1930 年代曾以武漢大學的興盛，作為中國教育進步的典型向外國人展示，其中的道理也是很顯明的。

　　當然，「學衡派」的勢力也因吳宓和劉永濟的關係而滲透到了清華大學、武漢大學。但在這兩校並未形成文化主力，也沒有佔據主流話語。吳宓雖做過近兩年的清華學校研究院主任，但他不研究國學，也不是導師，所以他的工作和影響在外文系。劉永濟是吳宓的朋友，《學衡》的作者，他的影響在國文系。

〔註 3〕轉引自陳平原：《中國大學十講》第 223 頁。
〔註 4〕《國立武漢大學一覽》（民國廿四年）第 12～13 頁。

　　而在浙江省則由幾個專科學校改組為第三中山大學，由原北京大學代校長，浙江餘姚人蔣夢麟為校長。1928 年 2 月 6 日，大學院令第三中山大學改名為浙江大學。7 月 1 日，浙江大學正式改稱國立浙江大學。作為校長的蔣夢麟，想利用北京大學的師資力量和辦學方法來改造浙江大學。1928 年 3 月 25 日，胡適收到蔣夢麟的來信，說要辦浙江大學文理科，要胡適去辦哲學與外國文學兩個系科。胡適推辭了，但他向蔣夢麟推薦北京大學的陳源去辦外國文學，要蔣夢麟自兼哲學，請北京大學教授單不庵幫管中國哲學〔註 5〕。後來由於蔣夢麟做了教育部長，浙大的事他也管不了那麼多。而浙大的真正崛起是在竺可楨手中。

　　竺可楨 1936 年 4 月出任浙大校長是由鄭曉滄（原中央大學教育系系主任，此時的浙大教務長）向陳布雷推舉的〔註 6〕，後得到蔣介石的同意。蔣夢麟想利用北京大學的師資力量和辦學方法來改造浙大沒有成功，而竺可楨利用南京中央大學的師資力量來改造浙大卻成功了。

　　竺可楨 1910 年與胡適同時考取庚款留美學生資格〔註 7〕，1918 年獲哈佛大學博士學位後回國，任南京高等師範學校地學系系主任。南京高等師範改制為東南大學後，仍留任。《學衡》雜誌在東南大學創辦時，他不是主要成員，但與《學衡》雜誌的諸多同人是朋友。

　　浙大的文理科師資主要是原南京高師—東南大學的畢業生和中央大學的教授。竺可楨從中央大學帶來了五位關鍵人物：理學院院長胡剛復，兩任文學院院長梅光迪、張其昀，中文系、外文系系主任郭斌龢，教育系系主任、教務長鄭曉滄（從學術背景看，竺、胡、梅、郭四人為哈佛大學同學。從籍貫上看竺、張、鄭為浙江同鄉。從特殊關係看，竺、張為師生）。

　　抗戰期間，在江西還出現一所國立中正大學，校長是胡先驌，不少師資是他從中央大學帶過去的。中正大學自然是因中央大學而興。

〔註 5〕胡適：《胡適全集》第 31 卷第 9 頁。

〔註 6〕竺可楨：《竺可楨日記》第 I 冊第 19 頁中記有：「據叔諒云，首先推余長浙大者為鄭曉滄。」

〔註 7〕據胡適的日記所示，他 1934 年 2 月在南京竺可楨家中得到一份他們 1910 年（第二次庚子賠款留學美國學生）留學考試的「油印榜文」，他託竺可楨抄了一份。隨後胡適又讓章希呂重抄一份保存在自己 1934 年 3 月 27 日的日記中。70 名錄取考生中，竺可楨是第 28 名，考分為 63.8，胡適是 55 名，考分為 59.175。胡適：《胡適全集》第 32 卷第 338～342 頁。

「學衡派」與浙江大學文學院

抗戰期間，浙大遷至貴州遵義的湄潭，「學衡派」的主要人物梅光迪為文學院院長，戰後由張其昀繼任。這一時期，在浙大的「學衡派」成員計有梅光迪、張其昀、郭斌龢、張蔭麟、王煥鑣、繆鉞、王庸、陳訓慈〔註8〕。

1937年6月，陳福田接替王文顯出任清華大學外文系系主任時，吳宓是積極的支持者（6月29日的日記中記有「晨函陳福田，表示讚助，並賀就系主任」）〔註9〕，並有不同意馮友蘭的將來聘錢鍾書為系主任的主張。但在以後的工作中，吳宓與陳福田的意見分歧越來越明顯，並公開化。他又希望錢鍾書來幹系主任。1940年3月11日，吳宓在與陳的一次談話中發現，陳福田「擬聘張駿祥，而殊不喜錢鍾書」，引起了吳宓的「感傷」。他認為這是陳福田的「妾婦之道」〔註10〕。

當然，錢鍾書也瞧不上他的幾位清華老師，正如同大學畢業時不願在清華外文系作研究生，認為沒有人能當他的導師一樣。西南聯大時的清華外文系不聘他，他也決不會去求誰。他憤然離開了執教一年的（1938年9月～1939年7月）昆明西南聯大，到了藍田的國立湖南師範學院（其父錢基博為國文系系主任，他為外文。此校的主要師資是來自原上海光華大學）。

時值1940年7月12日（記錄於13日），吳宓欲見梅貽琦校長，直陳自己與陳福田的優劣比較，請求校長立即罷免陳的系主任職務，然後由吳宓取代。否則，以後自己不代陳福田行任何事務。如果以上兩者皆不行，吳宓便立刻辭去清華（在西南聯大）外文系的教授職務，前往浙大〔註11〕。

事實上，吳宓並沒有把自己的這一想法告訴梅校長，他於7月16日，作快函給浙大的梅光迪等朋友，表示願意到浙大任教。

7月26日，郭斌龢回信，表示已與梅光迪商定，聘吳宓為浙大教授。此事，梅光迪最初不同意，他擔心「學衡派」成員共集一校，恐遭人忌詆。同時，梅還認為自己與吳宓的性情不同，將會如從前在東南大學時一樣互有牴牾。當梅光迪等人同意此事，並報請竺可楨校長批准後，吳宓卻反悔了。因為他的摯友湯用彤勸他勿往浙大，以免與梅光迪不和諧。

〔註 8〕此節的部分內容已出現在沈衛威的《吳宓傳》中，東方出版社，2000。這裡是補充、改寫。
〔註 9〕吳宓：《吳宓日記》第Ⅵ冊第157頁，生活·讀書·新知三聯書店，1998。
〔註10〕吳宓：《吳宓日記》第Ⅶ冊第140頁。
〔註11〕吳宓：《吳宓日記》第Ⅶ冊第191頁。

　　7 月 29 日，在浙大的費鞏、張其昀、王煥鑣分別來信，歡迎他到浙大執教。但他拒絕了。8 月 5 日，他又接到張其昀、郭斌龢、繆鉞、費鞏的電報，勸他接受浙大聘書。郭斌龢在信中勸他決不可前後相矛盾，對此事猶同兒戲。說浙大文學院的同人盼望他的到來，其最大目的，是在創辦刊物（指《思想與時代》），負起指導學術思想的重任。郭在信中還提到吳宓一生的光榮在《學衡》，自入清華後便意志消沉。清華生活對他來說，是害多利少。同時表示，如果吳宓不到浙大，浙大的同人即缺少一位勇毅精勤的指導者，這將是浙大文學院同人不可補救的損失。

　　在這種局面下，吳宓於 9 月 12 日，致函錢鍾書，說他已推薦錢為浙大外文系系主任，吳自己則前往浙大作教授。當天下午，他向文學院院長馮友蘭提出欲往浙大的意見後，馮友蘭表示，清華外文系應聘錢鍾書歸來主持。他同時向馮提出，如今陳福田為外語系系主任，非經「革命」實無整頓的辦法。14 日，他再次訪馮友蘭，商議聘錢鍾書回清華之事。結果是「今年不舉動」〔註 12〕。吳宓由 1937 年的反對清華外文系聘錢鍾書作系主任，到如今因與陳福田的關係緊張而同意聘錢，是經歷了一個對錢的認識、接受過程。當年因錢鍾書在《天下》英文月刊發表《吳宓先生及其詩》，惹惱了吳宓，使他擔心錢鍾書做清華外文系系主任，導致胡適派、新月派「新文學」佔據清華外文系，而自己必將被排斥。如今的清華外文系，卻因陳福田主持的緣故而引起了吳宓的極大不滿。

　　9 月 15 日、27 日，吳宓在分別聽取了好友陳逵、張清常的意見（陳認為浙大內部矛盾，費鞏、郭斌龢欲借吳宓的力量使文學院與理學院抵抗。張認為郭斌龢欲借吳宓的力量倒梅光迪，梅光迪想借吳宓的影響壓郭斌龢）後，打消了去浙大的念頭。

　　結果是吳宓沒有應浙大的聘請，堅持到 1944 年冬離開西南聯大的清華外文系（其中 1943～1944 年代理系主任）到成都的燕京大學。錢鍾書也沒有回西南聯大的清華外文系。只是 1944 年秋冬，吳宓在離開昆明西南聯大赴成都燕京大學的途中，路過遷在遵義湄潭的浙大，停留了半個月，並為浙大師生講了他的《紅樓夢》研究。

　　1945 年 12 月 27 日梅光迪因病去世後，1946 年 1 月 3 日浙大外文系薄學文等六位同學找到竺可楨校長，說梅光迪死後，欲請吳宓為文學院院長，表

〔註12〕吳宓：《吳宓日記》第Ⅶ冊第 229 頁。

示拒絕「非文學院人，且熱心於政治」的張其昀擔任文學院院長。竺可楨特向同學們解釋說：「雨僧不宜於行政，且亦不願當行政。」〔註13〕

1943 年，張其昀到了美國哈佛大學訪學，他將《思想與時代》前 20 期（1941 年 8 月～1943 年 3 月）借給卸任駐美大使後賦閒的胡適。胡適在 1943 年 10 月 12 日的日記中寫有讀後札記。

《思想與時代》沒有發刊詞，但每期有「歡迎下列各類文字」（列有 6 項）的啓事。胡適認爲其中的前兩項就是他們的宗旨：1. 建國時期主義與國策之理論研究。2. 我國固有文化與民族理想根本精神之探討。

由於胡適一向對於「學衡派」的文化保守主義不滿，如今由「學衡派」同人新創辦的《思想與時代》的「保守」、「反動」傾向又引起了他的警惕。他在日記中寫道：「此中很少好文字。如第一期竺可楨兄的《科學之方法與精神》，眞是絕無僅有的了（張蔭麟的幾篇『宋史』，文字很好。不幸他去年死了）。張其昀與錢穆二君均爲從未出國門的苦學者；馮友蘭雖曾出國門，而實無所見。他們的見解多帶反動意味，保守的趨勢甚明，而擁護集權的態度亦頗明顯。」〔註14〕

胡適的看法是有見地的。錢穆、張其昀在後來果然成了蔣介石獨裁政治的擁護者，在擁護蔣介石違憲連任「總統」時，錢穆的表態曾引起了自由主義義士李敖的尖銳批評〔註15〕。馮友蘭在「文革」中同樣也曾陷入政治的泥潭（成了「梁效」寫作班子的四大顧問之一），不能自拔。

兩個「學衡派」成員的去世

張蔭麟出身清華，是梁啓超的得意弟子，同時在文學翻譯和情感生活上受吳宓的極大影響。他 1923 年秋考入清華，在清華做學生時即爲《學衡》寫文章，並成爲《學衡》的主要作者。因受梁啓超、吳宓的影響而文史兼治。吳宓主持《大公報・文學副刊》時，他是主要撰稿人。1929～1933 年留學美國斯坦福大學、加州大學（與謝幼偉同船出國），主修哲學，研究符號論、邏輯學。歸來後，在清華大學任教，講授歷史、哲學。

張蔭麟在清華讀書時被人稱奇的是，他 1923 年 9 月入校的同時，已經在

〔註13〕 竺可楨：《竺可楨日記》第 II 冊第 900 頁。
〔註14〕 胡適：《胡適全集》第 33 卷第 524 頁。
〔註15〕 李敖：《從蔣介石非法連任看錢穆與胡適》，見李敖：《胡適與我》第 281～283 頁，（臺北）李敖出版社，1990。

《學衡》第 21 期上刊出《老子生後孔子百餘年之說質疑》〔註16〕。這篇文章曾被《學衡》雜誌社的人疑為是清華的教授所作。也正是這篇文章引起了清華教授梁啓超的注意，接下來的便是他更榮耀的事：《清華學報》創刊號（第 1 卷第 1 期）上首篇是梁啓超《近代學風之地理的分佈》，第二篇便是張蔭麟的《明清之際西學輸入中國考略》〔註17〕。這時候他進清華還不到一年。1925 年 1、2 月的《清華學報》第 2 卷第 2 期，他和老師梁啓超一起又刊出《中國奴隸制度》（梁）、《宋盧道隆吳德仁記里鼓車之造法》（張）。

1933 年 11 月 2 日，為推薦張蔭麟入北京大學歷史系任教事，陳寅恪致信傅斯年，說：「張君為清華近年學生品學俱佳者中之第一人，弟嘗謂庚子賠款之成績，或即在此人之身也。」〔註18〕現代學人能得到陳寅恪如此賽揚是不容易的，也是唯一的。所以當張蔭麟病逝的消息傳來，陳寅恪為自己的這位學生痛寫了《挽張蔭麟二首》〔註19〕。竺可楨在日記中說張蔭麟「研究歷史之有成就，由於其有哲學論理之根底也」〔註20〕。

1940 年 7 月底，張蔭麟離開昆明的西南聯大，到遵義湄潭的浙大。

情感的折磨、生活的艱辛和忘我的工作，使他英年早逝。1942 年 10 月 24 日去世時，他還不足 37 歲。將史學與哲學在文化精神上融合，並試圖將歷史的科學性與藝術性統一是他的有意識的追求。著作有《中國史綱》第一冊和大量的未收集的論文。

生活中往往有一種宿命和偶然的巧合。張蔭麟是梁啓超的得意弟子，也是被認為最有希望傳承梁氏史學的，他卻和自己的導師一樣，死於腎病。他的婚姻感情生活受老師吳宓的影響而陷入和吳宓一樣的悲劇：為追婚外的情人與原妻倫慧珠（著名學者倫明之女）離婚，最後卻是婚外的情人容琬也離開他回北平嫁了別人。

張蔭麟去世後《思想與時代》第 18 期（1943 年 1 月 1 日）出版了「張蔭麟先生紀念號」。隨後，賀麟在第 20 期（1943 年 3 月 1 日）上又發表了《我所認識的蔭麟》。

禍不單行。諸多「學衡派」成員在抗戰的艱苦年代，都到了西南各地。

〔註16〕《學衡》第 21 期（1923 年 9 月）。
〔註17〕《清華學報》第 1 卷第 1 期（1924 年 6 月）。
〔註18〕陳寅恪：《書信集》第 47 頁。
〔註19〕陳寅恪：《陳寅恪詩集》第 33 頁，清華大學出版社，1993。
〔註20〕竺可楨：《竺可楨日記》第 I 冊第 623 頁。

他們堅守文化的道統，卻因外敵入侵和生活的艱苦而拖垮了自己的身體。梅光迪是於抗戰勝利復員之即的 1945 年 12 月 27 日在遵義去世的。他和張蔭麟一樣也是死於腎病。

作爲與梅光迪復旦相識、哈佛同學（有一年同住一室），有著 36 年交情的校長竺可楨，認爲梅光迪「有不可及者三：（一）對於作人、讀書，目標極高，一毫不苟。如讀書，必讀最佳者，甚至看報亦然。最痛惡爲互相標榜、買空賣空。不廣告，不宣傳。（二）其爲人富於熱情。……（三）不驚利，不求名，一絲不苟。……但因陳義過高，故曲高和寡。爲文落筆不苟，故著作不富」〔註21〕。隨後竺可楨又說梅光迪「喜歡批評胡適之，亦以適之好標榜而迪生則痛惡宣傳與廣告也」〔註22〕。在 1946 年 1 月 27 日的追悼會上，有陳布雷電話告知蔣介石囑送「人師典範，蔣中正敬挽」〔註23〕的輓聯。《思想與時代》第 46 期（1947 年 6 月 1 日）出有「梅迪生先生紀念專號」。

梅光迪的文章不多，在他去世後，浙大文學院於 1946 年爲他編輯出版薄薄一冊《梅光迪文錄》。1968 年臺灣聯合出版中心據原浙大文學院的這冊《梅光迪文錄》出了增補本。1979 年，梅光迪夫人李今英在臺灣又編印了一冊《梅光迪先生家書集》。臺灣大學的侯健〔註24〕和他的學生沈松僑〔註25〕各在自己的著作中對梅光迪有專章的研究，侯健還有《梅光迪與儒家思想》〔註26〕的單篇文章刊登。近年有羅崗、陳春豔編的《梅光迪文錄》，由遼寧教育出版社出版發行〔註27〕。

〔註21〕竺可楨：《竺可楨日記》第 II 冊第 891 頁。
〔註22〕竺可楨：《竺可楨日記》第 II 冊第 904 頁。
〔註23〕竺可楨：《竺可楨日記》第 II 冊第 904 頁。
〔註24〕侯健的博士論文爲「Irving Babbitt in China」。另有《從文學革命到革命文學》，（臺北）中外文學月刊社，1974。
〔註25〕沈松僑：《學衡派與五四時期的新文化運動》。
〔註26〕收入傅樂詩等著：《近代中國思想人物論・保守主義》。另據王晴佳在《白璧德與「學衡派」》一文中所示，有以梅光迪爲主要研究對象的論文是 Rosen, "The National Heritage Opposition"。
〔註27〕儘管梅光迪眼高手低，寫的文章不多，但兩岸先後編印的三個版本的《梅光迪文錄》，均不全，如他在《留美學生季報》第 1 卷第 3 號所刊的《民權主義之流弊論》，東南大學「文學研究會」的講演稿《中國文學在現在西洋之情形》，經何惟科記錄，刊發在東南大學的《文哲學報》第 2 期上。刊於《時事新報・學燈》1920 年 8 月 7～9 日的《文學概論》、1921 年 4 月 11 日的《文學之界說》、4 月 16～17 日的《戲曲原理》，《梅光迪文錄》均未能收錄。2008 年 1 月，傅宏星先生找得當年東南大學學生楊壽增記錄的梅光迪的《文學概論講義》稿本，並轉贈我一份電子本。

第四卷　個人體驗

劉伯明：事功與影響

南京高師—東南大學的靈魂

　　1923 年 11 月 24 日，劉伯明因腦膜炎去世後，東南大學校長郭秉文在《學衡》第 26 期上撰寫了《劉伯明先生事略》〔註 1〕。九年後，中央大學教授柳詒徵、張其昀、繆鳳林、倪尚達主編的《國風》半月刊第 9 期（1932 年 11 月 24 日）爲劉伯明出版了紀念專號。主要悼念文章有《悼先夫伯明先生》（劉芬資）、《悼先兄伯明先生》（劉經邦）、《九年後之回憶》（梅光迪）、《憶劉師伯明》（胡煥庸）、《中國今日救亡所需之新文化運動》（胡先驌）、《學風——爲紀念劉伯明先生作》（劉國鈞）、《〈四十二章經〉跋》（湯用彤）、《劉先生論西洋文化》（繆鳳林）、《教育家之精神修養》（張其昀）、《劉伯明先生逝世紀念日》（張其昀）、《劉伯明先生事略》（郭秉文）。其中《九年後之回憶》是遠在美國教書的梅光迪專門爲好友寫的紀念文章。從多位友人的回憶、紀念文章中，可以感受到劉伯明的人格魅力和學識，以及他作爲南京高師—東南大學的靈魂人物的身影。當然，在紀念文章中，朋友們多隱諱過去那些不愉快的事情。而正直的梅光迪則敢直言當年東南大學校長郭秉文的過失，並爲好友鳴不平。梅光迪說：「余於民九年之夏，以伯明之招來京。其時學校猶稱高等師範，旋改稱東南大學，伯明規劃之力居多，而其在校之權威亦日起，以文理科主任而兼校長辦公處副主任。校長辦公處副主任，滑稽之名稱也。日惟局守辦公室，校中日常事務，萃於一身，而略關重要者，則須仰承逍遙滬濱某校長〔沈按：此指郭秉文。郭此時兼上海商科大學校長和商務印書館股東，

〔註 1〕1924 年 2 月。

故長住上海〕之意旨，而不敢自主。故任勞任怨，心力交瘁，有副校長之勤苦，而副校長之名與實，皆未嘗居。追學校局面擴大，思想複雜，而內部之暗爭以起。民十一年，《學衡》雜誌出世，主其事者，爲校中少數倔強不馴之份子，而伯明爲之魁，自是對內對外，皆難應付如意，而其處境益苦矣」。「其有所掣肘，無完全自主之權。」〔註2〕

學生時代

劉伯明名經庶，字伯明，1887 年生，南京人。南京彙文書院畢業後，留學日本，任中國留學生青年會幹事，與章太炎及同盟會均有交往。一度從師章太炎學習「說文」及「諸子」，故國學有較好的根基。辛亥革命以後，步入官場的同盟會朋友勸劉伯明到外交界供職，劉伯明拒絕了，他選擇到美國繼續留學。劉伯明入西北大學研究院學習哲學和教育學。在西北大學的四年間，劉伯明每年暑假都要到附近的大學聽課。1913 年暑假，梅光迪自威斯康辛大學轉學到西北大學時，劉伯明正好到附近的芝加哥大學「暑假學校」學習希臘文、梵文。秋天開學，梅、劉得以相識，並成爲朋友。梅光迪說：「來年暑假，余訪伯明於芝加哥大學，則蟄居斗室，終日習德意志文。酷暑之中，使人心緒煩懣，坐立不寧，少年尤然，余見伯明之靜坐讀書，意態蕭然，猶一服清涼散也。」

劉伯明在西北大學有三年得獎學金，他省吃儉用，而「室中哲學書籍，幾奪去其桌椅床榻之地，除上課外，終日枯坐一室。在普通輕浮好動之美國人視之，似一東亞病夫之現身。抑知乃西北研究院中之第一高材生乎」。劉伯明的哲學導師爲勞衛爾，師生兩人的學術品性十分相似。劉伯明的碩士論文是《華人心志論》，博士論文爲《老子哲學研究》。這些學位論文雖是研究中國文化，但他對西洋文化的源淵也十分用心，對希臘文化精神中崇尚理智、美感和希伯來文化精神中崇尚宗教、道德的學說精髓也有精當的瞭解。這是他回國後在大學講授西洋哲學的文化基礎和學術功力所在。

南京高師—東南大學的事功

劉伯明歸國後，原彙文書院已於 1910 年改制爲金陵大學。金陵大學校長包文聘他爲國文部主任。同時南京高師校長江謙延攬他爲倫理學、哲學、語

〔註 2〕胡先驌、梅光迪在文章中均表示出對東南大學校長郭秉文的不滿。這是郭秉文不及蔡元培的地方。

言學教授。1919 年，郭秉文任南京高師校長後，劉伯明辭去金陵大學的教職，改任南京高師訓育主任及文理科主任。1921 年，南京高師改制爲東南大學後，於校中設校長辦公處，劉伯明爲副主任兼文理科主任、行政委員會主任、介紹部主任、哲學教授。形成了郭秉文理外（與政府的官員周旋、應酬，以求經費和發展），劉伯明主內的局面。劉伯明自然也就成了東南大學的「魁宿」〔註3〕。所以有張其昀的「全校主要負責者是劉伯明先生」和「隱然爲全校重心所寄」〔註4〕之說。

教學、著作和繁重的事務性工作壓力，使劉伯明患胃病和失眠症。1923 年暑假，在酷暑中他主持「暑期學校」，初秋又到湖南講學。超負荷的工作，極度的勞累，使他原本消瘦的身體，積勞成疾。11 月 24 日因腦膜炎不治身亡。

劉伯明使東南大學的多個方面走上了大學的軌道，同時又以自己的人格魅力，群聚了一批學界精英，並領袖群賢，促成《學衡》雜誌的創辦。由於他的道德、學問受人敬重，因此也就贏得了「南雍祭酒，純粹君子」的殊譽。張其昀在《「南高」之精神》一文中說劉伯明對南京高師—東南大學的影響最大。他說：「作者求學時期亦可謂南高之全盛時代。本篇想要說明南高所給予我們，究竟是些什麼？若捨枝葉而求根本，便是南高的精神，而不限於某部某科。當年『高標碩望，領袖群賢』的人物，是哲學教授劉伯明先生。」〔註5〕具體地如南高學生陳訓慈所說：「劉師於傳授知識之外，獨重人格之感化。實際主持校務，爲全校重心所寄，綜一生精力，悉瘁於南高之充實與擴展。倡導學風，針砭時局，尤爲時論所推重。」〔註6〕

劉伯明爲南京高師—東南大學留下了四種精神遺產：學者之精神、學校之精神、自治之精神、自強之精神〔註7〕。其中他提倡的「學者之精神，應注重自得」。注意潛修，深自韜晦，以待學問之成。樹立節操，不可同流合污。他所謂的「學校之精神」的實質，是要求學校的性質應與公民之精神相同，「即對於地方之歷史現狀，有自負之精神是也」。他強調的「自治之精神」，就是國人自覺地對於政治及社會生活負責任。「自強之精神」是對人格、品性和儀表

〔註3〕郭秉文：《劉伯明先生事略》。
〔註4〕張其昀：《〈中華五千年史〉自序》（一），《張其昀先生文集》第 20 冊第 10838 頁。
〔註5〕《國風》第 7 卷第 2 號（1935 年 9 月）。
〔註6〕《南高小史》，《國風》第 7 卷第 2 號（1935 年 9 月）。
〔註7〕張其昀：《劉伯明先生論學風》，《張其昀先生文集》第 9 冊第 4369～4372 頁。

的要求，除個人基本的自信、判斷能力、莊重、溫良外，還要求儀表的堂堂正正。這是對人的全面發展的要求，也是一個大學應具有的綜合的精神空間。

同時，劉伯明對教育上的問題，最具有批評的精神。他尤其反對狹義的「職業主義」，對計功求效，缺乏人性人情的機械生活，深表不滿。認為這樣一來人的精神世界就會枯萎，實用的機械主義會使人失去自主獨立的精神。張其昀特別強調說，劉伯明這裡是「力持人文主義，以救今之倡實用主義者之弊」〔註8〕。

朋友的感念

在東南大學，劉伯明撐起一片藍天。同時，他又是一棵可以讓鳳凰棲身的梧桐。劉伯明的去世，讓許多人痛心疾首。劉伯明突然去世，東南大學倒了最堅實的精神支柱和務實的領導人，《學衡》在東南大學的實際力量也自動瓦解。

《學衡》是反對胡適及新文化運動的。劉伯明去世後，胡適送來「鞠躬盡瘁而死，肝膽照人如生」〔註9〕的輓聯以表達對朋友的敬意和哀悼。《學衡》的靈魂人物吳宓有一特長的輓聯：

> 以道德入政治，先目的後定方法。不違吾素，允稱端人。幾載綰學校中樞，苦矣當遺大投艱之任。開誠心，布公道，納忠諫，務遠圖。處內外怨毒謗毀所集聚，致抱鬱沉沉入骨之疾。世路多崎嶇，何至厄才若是。固知成仁者必無憾，君獲安樂，搔首叩天道茫茫。痛當前，只留得老母孤孀淒涼對泣。

> 合學問與事功，有理想並期實行。強為所難，斯真苦志。平居念天下安危，毅然效東林復社之規。闢瞽說，放淫辭，正民彝，固邦本。擷中西禮教學術之菁華，以立氓蚩蚩成德之基。大業初發軔，遽爾撒手獨歸。雖云後死者皆有責，我愧疏庸，忍淚對鍾山兀兀。問今後，更何人高標碩望領袖群賢。〔註10〕

郭秉文認為劉伯明是「外和而內嚴，意有不可，力持不為群說所動。其在學校，諄諄教學者以植身行己，樹立節操，不可同流合污。學者化其人格，多

〔註 8〕 張其昀：《源遠流長之南京國學》，《張其昀先生文集》第 16 冊第 8692 頁。
〔註 9〕 轉引自張其昀：《敬悼胡適之先生》，《張其昀先生文集》第 9 冊第 4574 頁。
〔註10〕 吳宓：《吳宓自編年譜》第 254 頁。

心悅誠服」〔註11〕。

梅光迪認爲回憶劉伯明的意義在於張揚他那種「以其學術與事功合一」；「以其實行人格化之教育」的美德和人格力量。同時，作爲摯友，梅光迪也毫不保留地指出劉伯明的缺點。

作爲學生的張其昀在文章中說：南高時代，常有全體師生集會，以爲精神上陶冶，其地點即在今日的我校最大的教室──紀念老師的伯明堂。劉先生每次演說，必縱論學風。他強調古來學風，最重節操，大師宿儒，其立身行己，靡不措意以斯。他特別看重的是修養與學風的關係。他說：「學校既爲研究學術培養人格之所，一切權威，應基於學問道德。事功雖爲人格之表現，然亦應辨其動機之是否高潔，以定其價值之高下。」東南大學改制後的數年之間，校長郭秉文先生奔走不遑，而劉先生爲全校重心所寄。上溯江源，下窮嶺海，四方學子，聞風來集，皆信服劉先生之精神，而相與優游浸漬於其間。「願得觀賢人之光耀，聞一言以自壯」。而先生以勞瘁逝世，學校遂失重心。

張其昀同時指出：自南京高師成立以來，北大、南高隱然爲中國高等教育之兩大重鎭。時人有北大重革新，南高重保守之語，其說蓋起於胡適之，劉先生嘗聞此言，根本上加以否定。先生謂眞正之學者，當有自由之心。「吾人生於科學昌明之世，苟冀爲學者，必於科學有適當之訓練而後可。所謂科學精神：其最要者曰唯眞是求，凡搜集證據，考覈事實皆是也。唯眞是求，故其心最自由，不主故常。蓋所謂自由之心，實古今新理發現之條件也。」因此，張其昀進一步強調：「大學教授的責任有兩種：一是學術的傳授；一是人格的感化。」

原東南大學哲學教授，此時任教於北京大學的湯用彤回憶說：「劉伯明先生以恕待人，以誠持己。日常以敦品勵行教學者，不屑以詭異新奇之論，繁蕪瑣細之言，駭俗以自眩。居恆談希臘文化，並曾釋老子。蓋實有得於中正清淨之眞諦者，用是未嘗齒及考證。一日忽以《四十二章經》版本之原委相詢。」因此他特作《四十二章經》跋來紀念劉先生。

繆鳳林跟隨劉伯明最爲密切，並爲老師的講義整理者，他在《劉先生論西洋文化》一文中說：「先生於西方文化，惟取其對於人生有永久之貢獻，而又足以補吾之缺者。與時人主以淺薄之西化代替中國文化者迥異。」他是試

〔註11〕　郭秉文：《劉伯明先生事略》。

圖將雅典市民自由貢獻之共和精神，希臘學者窮理致知，不計功利之科學精神，基督教之仁博之愛，及中國文化之人道人倫之精髓，和力求融和無間之態度，拿來用於滿足人類最高意欲之要求，而又可以相互調和，相互補救。

圖書館學專家劉國鈞（衡如）在回顧劉伯明論學風的文章後指出：思想的混亂和淺薄恐怕是現在學風的最大缺點。醫治這種毛病，自然最好莫過於論理的思想，科學的方法，和養成對於無論什麼事都要求充足證據的習慣。「我們注重知識的增進，但我們更注意人格的修養」。有理想和適當的方法，同時更需要堅毅不拔的精神。總之，要使國家能重興，民族能得救，必定要從養成誠樸篤實，艱苦卓絕的學風起步。

植物學家胡先驌，以他特有的人文情懷，借紀念劉伯明寫了《今日救亡所需之新文化運動》，並力主孔子學說。他說：吾國立國之精神大半出於孔子之學說。蓋孔子學說爲中國文化泉源，與基督教之爲歐美文化之泉源相若。然孔子學說之所以較基督教爲優者，則因其無迷信之要素，無時代性，行之百世而無弊。同時，胡先驌基本上否定了五四新文化運動的功績。他認爲今日中國的弱勢來自三個方面的原因：一爲晚清秉國者之無精忠體國之誠，與洞徹內外治道之識；二爲辛亥革命，但知求體制上之革新，而不知著眼於叔世心理之改造；三爲最大之原因──「五四運動以還，舉國上下，鄙夷吾國文化精神之所寄，爲求破除舊時禮俗之束縛，遂不惜將吾數千年社會得以維繫，文化得以保存之道德基礎，根本顚覆之」。最後他強調解決中國問題的根本之要圖，爲一種較五四運動更新而與之南轅北轍的新文化運動。要想弘揚和維護我民族生存至四千年之久的精神，必須身體力行和發揚光大孔子學說。

劉伯明的實際影響，不只是在東南大學和將《學衡》引爲同調的文化保守勢力當中。新文化的領袖人物胡適敬重他，周作人也注意到他的一些言論。周作人曾對他發表在《學衡》第 2 期上的《再論學者之精神》表示了自己的看法。在 1922 年 3 月 12 日《晨報副鐫》上發表的評介趙元任翻譯加樂爾的《阿麗思漫遊奇境記》一文中特別提到劉伯明。周作人說：「劉伯明先生在《學衡》第二期上攻擊毫無人性人情的『化學化』的學者，我很是同意。我相信對於精神的中毒，空想──體會與同情之母──的文學正是一服對症的解藥。」〔註12〕

由於忙於校務，劉伯明並沒有寫出有分量學術專著，劉伯明的簡明哲學

〔註12〕 周作人著、鍾叔河編：《知堂書話》下冊第 1318 頁，南海出版社，1997。

著作是在中華書局出版的。其中兩冊都是講義，由他的學生繆鳳林記錄整理，先在《民國日報‧覺悟》和《時事新報‧學燈》上連載一部分。《西洋古代中世哲學史大綱》、《近代西洋哲學史大綱》和他翻譯杜威的《思維術》列入「新文化叢書」。其中《西洋古代中世哲學史大綱》、《近代西洋哲學史大綱》署名為劉伯明講，繆鳳林述。劉伯明散見於報刊的文章未能收集刊印，如 1919 年 11 月 5 日《太平洋》第 2 卷第 1 號上的《人生觀》就不曾為「學衡派」同人或劉氏門生提及。他在文中強調「健全之人生觀，必基本於精神之我，有精神之我，而後有個性有人格之可言。欲發展個性，必以一己之精神，貫注於人群，而後其精神滔滔汩汩，長流於人間，永不止息，隨社會上進化而俱長。此之所謂自我實現，此之謂化小我為大我，此之謂靈魂不滅。」此說與胡適之說是一致的。另有《東西洋人生觀之比較》，刊 1920 年 6 月 4 日《民國日報‧覺悟》。《文學之要素》、《關於美之幾種學說》，分別刊《學藝》第 2 卷第 2 號、8 號。

柳詒徵：大樹成蔭

「柳門」之說

　　柳詒徵是南京高師—東南大學的元老，1921 年 11 月創刊的《史地學報》是在他的具體指導下創辦的。《學衡》的發刊《弁言》、《史地學報》的序、《國風》的《發刊辭》僅此就可見其在「學衡派」中的實際地位和學界的影響力。

　　1915 年 9 月 10 日，南京高師國文部第一屆學生入學，1919 年春改國文部為綜合的文史地部，並於同年 9 月以綜合的「文史地」名義招生。南京高師文史地三個學科的代表人物分別是王伯沆、柳詒徵、竺可楨。這三位南京高師的著名人物中，王伯沆是「四書」專家，人稱「王四書」，同時又是《紅樓夢》專家，先後以 24 年之功，精讀 20 遍《紅樓夢》，並做下了 12387 條批註〔註1〕。王伯沆在南京淪陷後，操持民族大節，堅決不食汪偽政權各種名義的俸祿，1944 年病逝於南京。柳詒徵、竺可楨二人於 1948 年當選為「中央研究院院士」。竺可楨到南京高師稍晚於王、柳，南京高師的文史傳統因這二人而確立，所以張其昀回憶說：「當時溧水王氏與丹徒柳氏，有南雍雙柱之譽。」〔註2〕

　　「學衡派」的主要成員中，在 1948 年院士選舉時，胡先驌、柳詒徵、湯用彤、陳寅恪當選。據《胡適遺稿及秘藏書信》所示，柳詒徵是胡適的學生傅斯年提名的〔註3〕，當然這裡面也包含著他倆關係的緩和及胡適個人對柳詒

〔註1〕王伯沆：《王伯沆〈紅樓夢〉批語彙錄》（上、下），江蘇古籍出版社，1985。
〔註2〕張其昀：《〈王冬飲先生遺稿〉序》，《張其昀先生文集》第 20 冊第 10916 頁。
〔註3〕耿雲志主編：《胡適遺稿及秘藏書信》（手稿本）第 37 冊第 526 頁，黃山書社，1994。

徵的敬重〔註4〕

「柳門」之說起於何人、何時，已很難考證，倒是胡先驌《懺庵叢話》中的《柳翼謀先生》一文值得一提。胡先驌說：「予初至南京高等師範學校任教時，先生正主講中國文化史，不蹈昔人之蹊徑，史學史識一時無兩。其所著《中國文化史》，實爲開宗之著作。其門弟子多能卓然自立，時號稱柳門，正與當時北京大學之疑古派分庭抗禮焉。」〔註5〕

「柳門」弟子的長成

柳詒徵任教於兩江師範學堂、南京高師、東南大學的二十多年間，培養出來的文、史、地、哲學者和自然科學的專家最多。蔡尚思回憶說，在 1930 年代，他親自聽到曾任教於北京大學、中山大學的林損教授說過：「翼謀先生培養出大批人才，實爲我和其他專家所莫及。」〔註6〕

吳宓在東南大學有親身的經歷，他說：「南京高師校之成績、學風、聲譽，全由柳先生一人多年培植之功。論現時東南大學之教授人才，亦以柳先生博雅宏通，爲第一人。」〔註7〕他在《書上柳翼謀先生》一詩中說自己與柳翼謀是「平生風義兼師友，三載追陪受益多」〔註8〕。隨後，他在《空軒詩話》中，說近今學者、人師，柳翼謀可與梁任公「聯鑣並駕」，並補充說：「柳先生乃實宓之師也。」〔註9〕

這裡僅展示他前後的三批學生。

1903 年，陳三立將家塾改爲南京最早的新式小學思益學堂，柳詒徵爲國文、歷史教師。三年後，他轉爲江南中等商業學堂的國文、歷史教師。而茅以升正好是這兩所學校的小學生、中學生。小學三年、中學五年，茅以升在柳詒徵的教導下讀了 8 年的書。柳詒徵的學生中，茅以升是第一批新式學校中的第一個有作爲的學生。1922 年，茅以升受聘東南大學任工科主任，與自己的老師同校執教。1948 年又一起當選爲中央研究院院士。作爲國際知名的橋梁專家，茅以升晚年回憶說：「我從先生受業八年，感到最大的獲益之處，

〔註4〕柳曾符：《柳詒徵與胡適》，見柳曾符、柳佳編：《劬堂學記》。
〔註5〕胡先驌：《胡先驌文存》（上卷）第 513 頁。
〔註6〕蔡尚思：《柳詒徵先生之最》，《柳翼謀先生紀念文集》（鎮江文史資料第 11 輯，1986 年 8 月）第 158 頁。
〔註7〕吳宓：《吳宓自編年譜》第 228 頁。
〔註8〕吳宓：《吳宓詩集‧遼東集》第 4 頁。
〔註9〕吳宓：《吳宓詩集‧空軒詩話》第 151 頁。

是治學方法上從勤從嚴，持之以恒，並認識到「知識本身只是一種工具，知識之所以可貴，在於它所起的作用」。這對我數十年來治學治事都有極大的影響。」〔註10〕

柳詒徵 1915～1924 年，在南京高師—東南大學任教的 10 年間，講授中外歷史和專門的中國文化史。人才群起的是 1918～1924 年間的幾屆學生，特別是 1919 級、1920 級、1921 級的文史地部三班。

1919 級的三十六弟子〔註11〕，後來幾乎都成為文、史、地、哲各學科的著名學者，且多文史、史地或文哲兼通的名家，尤其是以歷史地理學的學者為特色：繆鳳林、張其昀、景昌極、陳訓慈、王庸、范希曾、錢子厚、徐震堮、夏崇璞、何惟科、陸鴻圖、劉文翮、王玉章、黃國章、張廷休（梓銘）、方培智（圓圃）、胡煥庸（煥榮）、周光倬（漢章）、王勤堉（鞠侯）等。

1919 級以後的幾屆雖不及前者那麼整體的出眾，但也造就了向達、王煥鑣、陸維釗、鄭鶴聲、胡士瑩、趙萬里、周愨（雁石）、束世澂（天民）（以上為 1920 級）、劉掞藜、孫為霆（雨霆），1921 級、張世祿（福崇），1922 級等著名的文史學者。

這些學生多是當時《學衡》、《史地學報》、《文哲學報》、《國學叢刊》的作者，成了「學衡派」的成員。「後學衡時期」，他們大都是《國風》、《史學雜誌》、《地理雜誌》—《方志月刊》、《思想與時代》的作者。尤其是史學研究，他在南京高師—東南大學為其弟子確立了基本的學術規範。同時，他這一時期也有大量的文章刊登在這些刊物上。

1927～1937 年，柳詒徵任江蘇省立國學圖書館館長 10 年，1945～1948 年又主持三年。江蘇省立國學圖書館的前身是繆荃孫創立的江南圖書館（1907 年始創，1910 年 12 月 12 日正式對外開放）。柳詒徵是晚清大學問家繆荃孫的受業弟子。繆荃孫在南京主持江楚編譯局時，柳詒徵得以在繆荃孫的手下修業，1902 年又曾隨繆荃孫到日本考察教育。繆荃孫是張之洞的好友，與張合著有《書目答問》。柳詒徵做圖書館館長後，在主持編纂四十四卷（一說三十六卷）《江蘇省立國學圖書館圖書總目》的繁忙工作中，又指導自己的學生范

〔註10〕 茅以升：《記柳翼謀師》，《柳翼謀先生紀念文集》第 89 頁。
〔註11〕 陳訓慈在《劬堂師從遊脞記》一文中說這一級的級友為 36 人。見《柳翼謀先生紀念文集》第 104 頁。胡煥庸說這一級的級友是 38 人。見《柳翼謀先生紀念文集》第 102 頁。

希曾完成了《書目答問補正》，並親自作序〔註12〕，且以此作為對業師繆荃孫的紀念，和對繆荃孫未竟事業的繼續。任館長期間，柳詒徵還主編了《中央大學國學圖書館第一年刊》、《中央大學國學圖書館第二年刊》、《江蘇省立國學圖書館年刊》〔註13〕共九年的年刊，並為創刊號寫了《發刊辭》〔註14〕。

柳詒徵兩度任江蘇省立國學圖書館館長期間，又培養了多位文史學者，其中蔡尚思、卞孝萱最具代表性。1933～1935 年 9 月間，蔡尚思為寫《中國思想史》做準備，在柳詒徵的特別關照下，他利用兩年的時間，把江蘇省立國學圖書館的文集幾乎翻了一遍，並有機會當面得到柳詒徵的諸多指教。蔡尚思晚年回憶說，他和柳詒徵的關係「竟超過了一般師生的感情。我始終認為：柳先生是對我在學問上有最大幫助的恩師」。「如果沒有柳先生給我多讀書的大好機會，就連今天這樣的我也不可能」〔註15〕。

卞孝萱是1945年抗戰勝利後柳詒徵復任江蘇省立國學圖書館館長和1949以後到上海定居時的「私淑弟子」〔註16〕。在通信中，當柳詒徵得知卞孝萱孤苦的身世，並業餘自學文史時，特賦詩一首寄贈。詩中以清代的洪亮吉、汪中、汪輝祖相勉勵。因為這三位學者都是由寡母撫教成才的。而柳詒徵本人也和上述三位學者有著相似的身世和經歷。事實上，從孔子開始，在中國孤兒寡母的家庭裏，培養出了許多聖賢豪傑。這就使得卞孝萱更加堅定了自學的決心〔註17〕。卞孝萱後來成為著名歷史學家范文瀾的助手和南京大學中文系的教授，柳詒徵的教誨起了很大的作用。

從《中國文化史》到「中國文化大學」的內在血脈

張其昀是 1919 年秋入南京高師的。在他入學的關鍵時刻，是柳詒徵先生起了作用。那年入學考試的中文題目是「說工」，口試是五分鐘的演講。柳詒徵對他的筆試和口試都很滿意。但發榜之前的預發名單中卻沒有張其昀的名

〔註12〕 此序初刊於《國風》第 4 卷 9 號（1934 年 5 月 1 日）。
〔註13〕 江蘇省立國學圖書館最初為中央大學國學圖書館。故九年的年刊的名稱不一，實際為一家。
〔註14〕 徐昕：《柳詒徵與國學圖書館》對此有詳細論述，見徐有富、徐昕：《文獻學研究》。
〔註15〕 蔡尚思：《柳詒徵先生之最》，《柳翼謀先生紀念文集》第 161 頁。
〔註16〕 卞孝萱：《〈柳詒徵評傳〉序》，孫永如：《柳詒徵評傳》第 3 頁，百花洲文藝出版社，1993。
〔註17〕 卞孝萱：《〈柳詒徵評傳〉序》，孫永如：《柳詒徵評傳》第 2 頁。

字。這引起了柳詒徵的注意。經查詢，是張其昀的體檢不及格。校醫在張其昀的名下寫有「Very thin build」，意思是身體太單薄。這樣一來，張其昀就被淘汰了。柳詒徵及時站出來說話，認為張其昀各科成績都很優秀，這樣犧牲掉太可惜了。並以自己為例，說自己年輕時也很瘦弱，中年才豐滿、健壯起來。柳詒徵提出復議，張其昀也就通過了入學資格。到了發榜時，張其昀竟獲得了領銜金榜的榮譽。而這些具體的情況，張其昀本人當時並不知道。十多年後，在一個偶然的機會，柳詒徵才向張其昀談起，令弟子感激涕零。

柳詒徵教張其昀歷史課，同時有「中國文化史」的專題研究課。這門「中國文化史」課的講義即後來出版的名著《中國文化史》。1923 年大學畢業後，張其昀到上海的商務印書館做編輯。1927 年，柳詒徵作為改制的「第四中山大學」文科籌備人之一，特推薦張其昀回母校任教。

柳詒徵在 1923 年《學衡》第 13、14 期上有《五百年前南京之國立大學》，論述當年「南雍」興學之盛。1929～1930 年間《史學雜誌》第 1 卷第 5、6 期，第 2 卷第 1、2、3 期連載了他的《南朝太學考》，追溯當年南京的興學歷史。1935 年 9 月，南京高師二十週年紀念時，張其昀繼柳詒徵之學理，在《國風》第 7 卷第 2 期上寫了《源遠流長之南京國學》，師生的學術承傳是如此的緊密、鮮明。

張其昀 1949 年到臺灣以後，利用自己做教育部長的特殊地位，做了三件與南京高師—東南大學—中央大學有關的事：影印《學衡》雜誌、《史地學報》、《方志月刊》等，定 9 月 28 日孔子誕辰為「教師節」，在華岡創辦「中國文化大學」。

「中國文化大學」的創辦，是張其昀對老師柳詒徵的最好紀念，具體體現了柳詒徵在《中國文化史》中所張揚的民族本位文化精神。張其昀在「中國文化大學」內特為老師柳詒徵設有「劬堂」，以表達他對自己老師的感激和懷念之情。同時，張其昀在自己的多部歷史著作中都提到老師柳詒徵對他的影響，特別強調自己對柳氏史學的繼承和發揚光大。「中國文化大學」的創辦，又是歷史著作之外的實際文化載體。

張其昀將當年入學時的老師暗中幫助、影響和「中國文化大學」的創辦結合起來，並有一段飽含深情的敘說：「當然一位恩師和慈母一樣，盡其心力，施不望報，我哪裏會知道？直到我在母校任教多年，在一個偶然機會，柳師與人談及此事，我聽了以後，真是感激涕零，無法表達我的感恩。實在說，

我在華岡興學之舉，以感恩圖報爲主要動機，獎勵優秀清寒學生，是時時銘刻在心的。」〔註18〕

他在《華岡學園的萌芽》一文中，說他在華岡興學就是「含有本人報答當年柳師提拔我的殊遇隆恩」〔註19〕。

政治的黨派鬥爭是短暫的，歷史文化的負載卻是永恒的存在。文化的薪火在柳詒徵、張其昀身上是相傳不息的。

〔註18〕張其昀：《吾師柳翼謀先生》，《張其昀先生文集》第9冊第4713頁。
〔註19〕張其昀：《華岡學園的萌芽》，《張其昀先生文集》第17冊第9038頁。

梅光迪：新人文主義者的語境錯位

「哈佛味」及留學生與新文化運動的疏離

　　1920～1930年代中國留學生在美國哈佛大學讀書的學生不少，「學衡派」成員中就有近十位。1933年7月15日，白璧德在哈佛大學所在地美國的劍橋逝世，1933年12月25日，吳宓在《大公報・文學副刊》第312期刊出《悼白璧德先生》的紀念文章。他所列舉的白璧德的「中國門弟子」依此是梅光迪、吳宓、湯用彤、張歆海、樓光來、林語堂、梁實秋、郭斌龢八位。同時他指出「林語堂君，則雖嘗從先生受課，而極不贊成先生之學說」。「而要以吳宓、郭斌龢君，為最篤信師說，且致力宣揚者」。門弟子以外有胡先驌，曾翻譯白璧德的文章，「又曾面謁先生，親承教誨」。吳芳吉、繆鉞是讀白璧德文章，間接受白璧德的影響。在吳宓所列舉的上述十一人中，沒有陳寅恪。梁實秋曾寫文章宣揚人文主義，他所編的《白璧德與人文主義》，1929年在新月書店出版，被吳宓在此稱「為欲知白璧德先生學說大綱者之最好讀物」。若以林語堂的界說，他們回國後多少都帶有「哈佛味」。林語堂、湯用彤、陳寅恪、樓光來、張歆海、梁實秋、郭斌龢可以算是「四年畢業」（並非實際時間），而梅光迪、吳宓則始終沒能「畢業」，即患上了「哈佛病」，沒有擺脫「哈佛味」。

　　林語堂有過哈佛大學一年學習的經歷，本與樓光來、吳宓同坐一個長凳聽課，因不滿白璧德的保守而轉學〔註1〕。他在《哈佛味》一文中強調，文章有味，大學也有味。他引美國著名幽默家羅吉士（Will Rogers）的話說：「哈佛大學之教育並非四年。因為是四年在校，四年離校，共是八年。四年在校使

〔註1〕林語堂：《林語堂自傳》第75頁。

-353-

他變成不講理的人，離校以後，大約又須四年，使他變成講理的人，與未入學時一樣。」他說自己初回國時，所作之文，患哈佛病。後來轉變了，不失赤子之心。於是，他罵人的話出來了：「許多哈佛士人，只經過入校之四年時期，永遠未經過離校四年之時期，而似乎也沒有經過此離校四年時期之希望。此輩人以爲非哈佛畢業者不是人，非哈佛圖書館之書不是書，知有俗人之俗，而不知有讀書人之俗。我見此輩洋腐儒，每每掩袂而笑，笑我從前像他。」〔註2〕

哈佛大學是名校，美國人自己也有對名校的尖銳批評。意思是說即使世界上最好的名校，它的傑出人才率也只是十分之一到二，其餘的極有可能平庸者，因此他通常會是宗派主義的主要來源。師承、校別往往是平庸者的最佳保護傘。當然，此話與「學衡派」無關。事實上，名校的不同之處在於他們的習俗、禮儀，以及對於自己人的信賴，即對於出身名牌學校的學歷的自豪。這也正是名校的特殊性和神秘性。

林語堂是胡適的朋友，也是新文化派的重要成員。他日後嘲笑哈佛學子，與新舊文學之爭有關。胡適在與梅光迪、任叔永論辯時，說「我輩不作腐儒生」〔註3〕。此話中有話。溫源寧在英文著作《一知半解及其他》中有《吳宓先生》一章，他說吳宓的病在「白璧德式的人文主義的立場。雨生不幸，墜入這白璧德人文主義的圈套。現在他一切的意見都染上這主義的色彩。倫理與藝術怎樣也攪不清。你聽他講，常常莫名他是在演講文學或者是在演講道德」〔註4〕。林語堂對此文有特別的興趣，將其譯爲中文。林語堂甚至在自傳中有關哈佛大學同學的那一節裏說：「吳宓，看來像個和尚，但其風流韻事則可以寫成一部傳奇。」〔註5〕

是受導師的影響太深，還是自己的信念執著？或本身處於極端矛盾、分裂之中？

究竟什麼是「哈佛味」？白璧德的中國學生的「哈佛味」又表現出什麼特點？有學者注意到了梅光迪、吳宓身上在爲人處事方面體現出的白璧德「不苟言笑、執著專致和嚴肅認眞」〔註6〕的風格，和除張歆海、范存忠外，白璧

〔註2〕林語堂：《中華散文珍藏本·林語堂卷》第120頁。

〔註3〕參見沈衛威：《無地自由——胡適傳》第31頁。

〔註4〕溫源寧：《一知半解及其它》（南星等譯）第98頁。

〔註5〕林語堂：《林語堂自傳》第75頁。

〔註6〕王晴佳：《白璧德與「學衡派」》，見陸曉光主編：《人文東方——旅外中國學者研究論集》第509頁。

德的中國學生像導師一樣，「也都以獲得碩士學位爲滿足，而沒有攻讀博士學位」〔註7〕。

　　1933 年 4 月 16 日《論語》半月刊第 15 期載有林語堂的《有不爲齋隨筆・論文》一文。主張「文章者，個人性靈之表現」的林語堂，借評論沈啓無編的《近代散文鈔》，由談論胡適與公安三袁排斥倣古文學的性靈立場，進而拉出金聖歎與白璧德的對決。他說了這樣一段讓梁實秋不快的話：

　　　　白璧德教授的遺毒，已由哈佛生徒而輸入中國。紀律主義，就
　　是反對自我主義，兩者冰炭不相容。……

　　　　中國的白璧德信徒每襲白氏座中語，謂古文之所以足爲典型，
　　蓋能攫住人類之通性，因攫住通性，故能萬古常新，浪漫文學以個
　　人爲指歸，趨於巧，趨於偏，支流蔓衍必至一發不可收拾。殊不知
　　文無新舊之分，惟有眞僞之別，凡出於個人之眞知灼見，親感至誠，
　　皆可傳不朽。因爲人類情感，有所同然，誠於己者，自能引動他人。

〔註8〕

梁實秋隨即在天津《益世報・文學周刊》第 27 期（1933 年 5 月 27 日）刊出《說文》，表示不滿。他說我是「哈佛生徒」之一，但不自承是「中國的白璧德信徒」之 一，「因爲白璧德教授的思想文章有些地方是我所未能十分瞭解，亦有些地方是我所不十分贊同的」。他認爲林語堂所說的「遺毒」，頗似衛道口吻，未免有違幽默之旨。並進一步表示：「林語堂先生要談『性靈』儘管談，要引金聖歎儘管引，但不知爲什麼拉上一位哈佛老教授做陪襯？」〔註9〕

　　據潘光旦在《留美學生季報》第 11 卷第 1 號上所寫的《今後之季報與留美學生》示，在留美學生界，有兩種名義上足以代表全體的定期出版物。一是英文的《留美學生月報》，二是中文的《留美學生季報》。前者是對外的，後者是對內的。而《留美學生季報》是 1914 年據原《留美學生年報》改刊的，在國內的上海印刷發行（第三年本第 1 號的出版日期爲 1914 年 1 月，「編輯員」爲胡適，隨後胡適任「總編輯」，直到 1917 年夏胡適回國）。這時的《留美學生季報》是廣大留美學生的一個公共空間，後來成爲「學衡派」成員的

〔註 7〕王晴佳：《白璧德與「學衡派」》，見陸曉光主編：《人文東方——旅外中國學
　　　者研究論集》第 511 頁。
〔註 8〕《梁實秋文集》編輯委員會編：《梁實秋文集》第 7 卷第 136～137 頁。梁實
　　　秋文章引了林語堂的的這段話。
〔註 9〕《梁實秋文集》編輯委員會編：《梁實秋文集》第 7 卷第 137 頁。

胡先驌、梅光迪、吳宓、汪懋祖、徐則林（陵）和主張文學革命的胡適、陳衡哲、趙元任等都在上面發表言論。1915 年《留美學生季報》第 2 卷第 4 號的「詩詞」欄目中有胡適的《送梅覲莊往哈佛大學》，其中有「神州文學久枯餒，百年未有健者起。新潮之來不可止，文學革命其時矣。吾輩勢不容坐視，且復號召二三子，革命軍前仗馬箠」的詩句。這是與國內新文化運動同步的「文學革命」的開始，「文學革命」一詞首先在胡適的詩中出現。另有唐鉞、任鴻雋、楊銓、胡先驌的詩。這時候，正值文學革命在美國胡適的朋友中開始討論。

1917 年 1 月文學革命的火焰在《新青年》上由胡適以《文學改良芻議》而點燃。反映在《留美學生季報》上的是作為該刊主編的胡適的東西特別多，同時作為刊物編輯陳衡哲的白話「記實小說」《一日》也在 1917 年 6 月第 4 卷第 2 期上發表。正是這篇小說，被美國著名學者夏志清視為是早於魯迅《狂人日記》（《新青年》第 4 卷第 5 號，1918 年 5 月）的中國現代文學的第一篇白話小說。這期上有胡適的詩八首、詞三首，如詩《嘗試篇》、《蝴蝶》，詞《沁園春·生日自壽》、《沁園春·新年》等。「筆記」欄目中有胡適的《江上雜記》和記錄他和梅光迪討論文學的《新大陸之筆墨官司》。而這篇《新大陸之筆墨官司》是胡適後來寫《逼上梁山》敘述文學革命在美國由討論到孕育成熟的最初底本。另有任鴻雋詩六首、詞一首、文一篇，楊銓的詞三首、文兩篇。陳衡哲除小說外還有詩兩首、文一篇。可以說，此時的《留美學生季報》是和文學革命的討論、發端同步的。他們這些在美國的留學生是中國新文學的催生者。胡適的這些詩詞在他回國後都收入《嘗試集》。

隨著胡適回國，總編輯易人，1918～1919 年的《留美學生季報》是相對沉寂的。在國內新文學運動高漲，刊物紛紛刊登新文學作品時，1918～1920 年間的《留美學生季報》仍是大量刊登舊體詩詞。作者中有胡適的朋友任鴻雋，也有反對新文學的吳宓、汪懋祖。如汪懋祖在 1919 年 3 月第 6 卷第 1 號上刊登的《送梅君光迪歸圜橋（Cambridge Mass，U.S.A.）序》（歸國後，此序又刊 1922 年 4 月《學衡》第 4 期）就明確表示和梅光迪意見一致，反對新文化─新文學運動。他說與梅光迪相識而成知音，且恨相見時晚。他對神州新化，吾國學者「泊於既狹且卑之實利主義。論文學則宗白話，講道德則校報施」表示極大的不滿。因為新文化運動導致數千年先民之遺澤被摧鋤以盡，中國人的靈魂喪失。而梅光迪要「以文救國，馴至乎中道。當不迷其同而放

所異」。汪懋祖最後說他「將攘臂奮首，以從君之後，而助成其業也」。並以「堅其盟」為志向。這個「盟」即後來的「學衡派」，「業」即梅光迪在南京東南大學發起創辦的反對新文化—新文學的《學衡》雜誌。他們在 1922 年以後果真因《學衡》而聚到一起。因為梅光迪的保守在 1914 年第 1 卷第 3 號上他刊登的《民權主義之流弊論》一文中就顯示出來。而汪懋祖早在 1918 年 7 月 15 日《新青年》第 5 卷第 1 號上就有《致〈新青年〉》的通信，對《新青年》倡導新文學而又不許反對派「討論是非」表示不滿。為此胡適有《答汪懋祖》〔註10〕作覆。

吳宓主要是寫舊體詩詞，並堅持終生。如第 5 卷第 1、3 號、第 7 卷第 3 號上的詩，第 7 卷第 2 號上的文（《曹君麗明傳》）、第 7 卷第 3 號上《英文詩話》等。但這些都無法構成與新文化—新文學的對抗。因為白話新文學的主流話語，此時已經構成大眾話語的霸權之勢，林紓、章士釗等試圖抵抗、瓦解，都沒能成功。

1920 年第 7 卷第 2 號，孟憲承發表《留美學生與國內文化運動》，他引陳獨秀的話：「西洋留學生，除馬眉叔、嚴幾道、王亮疇、章行嚴、胡適之幾個人以外，和中國文化史又有什麼關係呢？這班留學生對於近來的新文化運動，他們的成績，恐怕還要在國內大學學生中學學生的底下。」〔註11〕對此，孟憲承表示說：「我們對於這樣老實的公平的評判，要坦白地承受，積極地歡迎。」因為「從去年五四學潮以後，國中知識階級，傳播新思潮，速率很快了。在一年的短期間內，發生了許多有趣味有價值的問題的討論，——如孔子問題，禮教問題，文學的改革問題，貞操問題，戲劇改良問題，新村問題，女子解放問題等等。…… 在這『如荼如火』的運動中，留美學生是比較的沉寂了。我們加入的討論很少，差不多表面上沒有什麼貢獻。並且有時發現反對新思潮的言論，如關於國語文學，雖在國內已不成問題，在我們中間，懷疑的人還不少。」

最後，孟憲承呼籲：「我們應該覺醒，應該奮起」。「我們對於國內文化運動，應該具更深的同情，感濃厚的興味」。「應該有分擔一部分文化事業的志願，作相當的有意識的準備」。「也應該發抒意見，自由討論。」

〔註10〕　胡適：《胡適全集》第 1 卷第 76～77 頁。
〔註11〕　陳獨秀此話出自《留學生》一文。原刊 1919 年 12 月 1 日《新青年》第 7 卷第 1 期「隨感錄」。原話的後面有「（至於那反對新文化的老少留學生，自然又當別論）」。又見陳獨秀：《獨秀文存》第 567 頁，安徽人民出版社，1987。

到了 1921 年,「發抒意見,自由討論」開始後,《留美學生季報》便從第 8 卷第 1 號始,設「思潮」專欄,並有署名「記者」寫的《發端》作為引言。

「記者」在《發端》中希望留美學生中有思想者,對於國內的新文學運動,無論贊成或反對,當共同研究,盡情發表。《發端》作者特別強調,新舊思想之交接,往往發生衝突。新文化運動實不始自今日。思想雖有新舊之分,惟適者乃存。「余深願中國人士,保守固有更預備現在及將來」。《發端》還指出,崇拜古人的實際是兩種人:泥古者和知古者。前者忘現在及將來,弊病甚大。後者能善用古人之長,為現在及將來之準備。

在展開的「留美學生與國內文化運動」的討論中,最先出陣的是吳宓反對新文化運動的文章。他在第 8 卷第 1 號刊出了《論新文化運動》,這是他反對新文化─新文學的主要言論,也是他的基本文化立場。此文在他回國主編《學衡》時又被轉載〔註12〕。同時由於孟憲承《留美學生與國內文化運動》指責留學生不響應國內的新文化運動,不知近世思潮,吳宓也是針對此種言論有感而發。

他說新文化運動導致了:「一國之人,皆醉心於大同之幻夢,不更為保國保種之計。沉溺於淫污之小說,棄德慧智術於不顧。又國粹喪失,則異世之後,不能還復。文字破滅,則全國之人,不能喻意。長此以往,國將不國。」

就新文學而言,他說文學的根本道理及法術規律,中西均同。文章起於摹仿。「中國之新體白話詩,實暗效美國之 Free Verse」。「浪漫派文學,其流弊甚大。……今新文化運動之流,乃專取外國吐棄之餘屑」。他說中國的新文化簡稱之曰歐化。清末光緒以來,歐化則國粹亡,新學則滅國粹。「言新學者,於西洋文明之精要,鮮有貫通而徹悟者」。「西洋正真之文化,與吾國之國粹,實多互相發明,互相裨益之處。甚可兼蓄並收,相得益彰。誠能保存國粹,而又昌明歐化,融會貫通,則學藝文章,必多奇光異采」。吳宓認為對於西洋文化的選擇,「當以西洋古今博學名高者之定論為準,不當依據一二市儈流氓之說,偏淺卑俗之論」。「按之事實,則凡夙昔尊孔孟之道者,必肆力於柏拉圖、亞里士多德之哲理。已信服杜威實驗主義者,則必謂墨獨優於諸子。其它有韻無韻之詩,益世害世之文,其取捨之相關亦類此。凡讀西洋之名賢傑

〔註12〕 吳宓將《論新文化運動》的全文和《再論新文化運動》的大部分內容合而為一,名為《論新文化運動》,刊《學衡》第 4 期(1922 年 4 月)。吳宓同時說明此文是「節錄《留美學生季報》」。

作者，則日見國粹之可愛。而於西洋文化專取糟粕，採卑下一派之俗論者，則必反而痛攻中國之禮教典章文物矣」。

最後他說：「新文化運動之所主張，實專取一家之邪說，於西洋之文化，未示其涯略，未取其精髓。萬不足代表西洋文化全體之眞相。」他希望國內的學子之首，宜虛心，不要捲入一時之潮流，不要妄探門戶之見，多讀西文佳書，旁徵博覽，精研深造。以西洋之哲理文章之上乘爲標準，得西方學問之眞精神，以糾新文化之偏淺謬誤。

這些言論和五年前梅光迪與胡適討論文學革命，批評胡適時所說的一樣，也是留學生中攻擊新文學運動最爲激烈，最具有顛覆意義的一篇。日後在《學衡》發表時，沒有能夠引起注意，是因爲新文化運動和文學革命早已過了討論時期，歷史已經進入了新的時段，由舊的破壞到新的建設，並開始尋求對中國問題的徹底解決的理論和實踐。也就是說，現實已經超越了文化層面的關注，而進入社會政治層面的變革。用胡適的話說，文學革命早已勝利，且已牢牢佔據中國新文化的統治地位了，幾個留學生的反對，已毫無力量。

到了 1921 年的第 8 卷第 2 號上，有陳克明的《留學生對於祖國之責任論》一文，她將留學生分爲文士派、尙外派、流學派、名譽派、求學派，並分類評說。最後她強調留學生要「善擇求學派，據愛國之精神，堅持道德，以謙恭爲本，忍耐爲心，踴躍犧牲。以博愛爲主」。爲中國的振興而儘其責任。

吳宓反對新文化運動的《論新文化運動》文章發出後，立即引起尖銳的批評。同年第 8 卷第 4 號的「思潮」專欄，有留學哥倫比亞大學的邱昌渭的《論新文化運動——答吳宓君》。邱昌渭首先指出，吳宓罵新文化運動是「非牛非馬」，與其維持「聖道」的苦心相印。說他把文學的意義和用途誤解了。他質問吳宓：「以我國數千年的文字專制，始有今日新文化來開放。就進化上而論，英人已遠我國百年有餘。我國的新進化，恰如呱呱墜地的小孩，帶著一團的新生氣。你不獨不爲這新生命作保母，反來摧殘他，置他於死地。你眞是一個忍人呵！」同時，邱昌渭也承認，在歐洲，「浪漫派」文學的流弊甚大，但有 18 世紀的 Pope 的專制，始有 19 世紀的「浪漫」來開放。浪漫派在英國以外的國家的勢力很大，並促進了這些國家的文化、藝術、教育的開放和發展。如今，我們決不能因其有流弊而完全否認其歷史作用。最後邱昌渭向吳宓進言：「所有不能採取的學說，或你以爲不可採取的學說，請勿目爲『邪

說』。因爲西洋學說不是『白蓮教』、『張天師』類的學說。」

對於邱昌渭的批評，吳宓在同期上又寫了長達 17 節的反批評文章《再論新文化運動》〔註 13〕。他對於邱昌渭的批評有詳細的答覆，最後，他對邱昌渭說他維持「聖道」的話，感到「此其名如何之美。此其事如何之大」。他認爲要維持的「聖道」，不單是孔子之聖道。耶穌、釋迦、柏拉圖、亞里士多德風之所教，從根本上說都是聖道。要一併維持，不分中西門戶之見。

孟憲承是哥倫比亞大學師範學院及中國教育研究會的的成員，自然也是杜威的實驗主義信奉者，和中國的實驗主義教育思想主導下的「新教育」派。吳宓此時是哈佛大學的白璧德及新人文主義的信奉者，這兩大思想，在美國學院之間也是矛盾對立的。美國的實驗主義和人文主義的矛盾鬥爭，由求學的中國留學生的接受而體現在《留美學生季報》上。後來，他兩人都在東南大學任教，分別在《學衡》的人文主義和《新教育》的實驗主義對立陣營之中。

《留美學生季報》在 1926 年～1927 年間，由在清華學校的經歷過五四新文化運動的留美學生來主持，一度思想、學術十分新銳，所登的文學創作也完全是白話新文學，不再有舊體詩詞。如第 11 卷第 1 號上所登的聞一多的著名詩篇《七子之歌》。

白璧德的身影

如緒論中所言，「學衡派」主要成員以及外圍成員（意指文學觀念相似）的西學資源是英國的馬修・阿諾德和美國的白璧德、穆爾。韋勒克在《近代文學批評史》中指出，阿諾德給我們提供了一份文化辯護書，即重申基督教世界改頭換面過的古希臘人文學（paideia）的理想，並開啓了美國的新人文主義文學批評。梅光迪、胡先驌、吳宓則重申儒教世界「改頭換面」的先秦孔孟的人文主義理想和文學道統。阿諾德強調：「文學貴在教化，造就人材，使人看清事物，使人認識自我，使人陶冶性情。」〔註 14〕他要求大家安於「詩境」的人生觀，他所倡導的「以情養德」的道德哲學所表現出的道德理想主義的詩意生活，即是重視「道德與情感」。這種人文主義理想完全被梅光迪、胡先驌、吳宓所接受，並呈現出十分鮮明的道德教諭作風。而道德教諭的外現是一張保守的外衣，眞實的內心卻是浪漫情感的詩意的棲息地。

〔註13〕《留美學生季報》第 8 卷第 4 號（1921 年冬季號）。《學衡》第 4 期節錄。
〔註14〕雷納・韋勒克：《近代文學批評史》（楊自伍譯）第四卷第 182 頁。

　　從梅光迪、胡先驌、吳宓到梁實秋，其文學批評的基本概念和理路，同樣是對阿諾德、白璧德的因襲或者說繼承。諸如教諭作風、道德批評下的「普遍人性」、「情感想像與理性節制」、「中庸」、「中和」、「高度的嚴肅」、「道德與倫理」、「古典與浪漫」、「標準、紀律與規律」，以及「無偏無黨，不激不隨」的純粹、中正的批評立場等等。可以說，在梅光迪、胡先驌、吳宓以及梁實秋的文學批評中，搖曳著的是阿諾德、白璧德的身影。同時在具體的文學、文化批評中，特別是在對待浪漫主義文學的態度上，表現出十分強烈的二元對立。

　　在與胡適論爭的同時，梅光迪因受白璧德的影響，思想觀念和文化態度趨向於新人文主義的方方面面也越來越明顯。這同剛到美國時排斥西方文化的態度有著明顯的思想觀念上的不同，即他找到了自己反對文學革命的理論依據和知識上的支持。他在致胡適信中表明了自己在思想觀念上對白璧德的新人文主義的認同。

　　作為白璧德的忠實信徒，梅光迪此時完全接受了白璧德及新人文主義的理論，反對盧梭以下的浪漫主義運動，主張文學的既定規範和紀律，強調中庸、理性和節制。尤其主張對古典知識（特別是古希臘以來的先哲智慧）的繼承和借鑒，在古典文化傳統的基礎之上，融化新知，實現新的人文主義理想，創造新的精神文明，並極力牴觸、反對現代主義名目下的各種新潮流，甚至反對現代物質文明，認為物質文明帶來了人的享樂和更大的欲望，這樣就必然產生人的精神需求的極度膨脹，並由此走向墮落。可以說，在這個時期梅光迪的思想觀念和文學主張中，來自白璧德的新人文主義思想的啟示，所引發出的文學的古典主義理想，完全與胡適所接受的杜威的實用主義思想，和由此激發出的文學革命主張是背道而馳的。白璧德及梅光迪強調並重視傳統的繼承，反對主情，反對一切激進的思想與文學的革命，尤其是不能接受文學的新潮和一切新的文學的試驗。白璧德的主要觀點，在梅光迪與胡適的通信中都有體現，連白璧德所展示出的文學的基本知識和態度，都表現在他的通信中和回國後刊發在《學衡》上的文章裏。

　　作為哈佛大學白璧德的學生，從師必須接受導師的嚴格學術訓練。法國學者馬西爾的《白璧德之人文精神》一文，在介紹白璧德的人文主義教育方法和基本的學術訓練思路時他指出：

> 白璧德欲使學生先成為人文學者，而後始從事於專門也。夫為

人類之將來及保障文明計，則負有傳授承繼文化之責者，必先能洞
悉古來文化之精華，此層所關至重，今日急宜保存古文學，亦為此
也。自經近世古文派與今文派偏激無謂之爭，而古文學之真際全失，
系統將絕，故今急宜返本溯源，直求之於古。蓋以彼希臘、羅馬之
大作者，皆能洞明規矩中節之道及人事之律。惟此等作者為能教導
今世之人如何而節制個人主義及感情，而復歸於適當之中庸。〔註15〕

同時，白璧德強調中庸之道，說欲達到真正的人文主義理想的實現，必須不
以物質之律自足，而以尊依人事之律，並在個人修養上下功夫。這樣才可能
返於中庸。返此道的方法，尤其當效古希臘人利用前古之成績以為創造，以
個人自我之方法，表闡人類共性之精華。不當於科學的及感情的自然主義和
浪漫主義，作為走捷徑的企圖。

作為一種具有十足知識理性和歷史意識的文化保守主義，在中國文學革
命的孕育和討論時期，便有機地介入其中，並成為一種反對和制衡的力量存
在。所以說，在中國新文學的革命和建設時期，在高揚的激進的旗幟下，一
直存在著一股保守的文學勢力，其中由白璧德及新人文主義所內在驅動的反
對新文學的力量佔有一定的位置。

梅光迪在一系列給胡適的信中，表明了他的新人文主義的文學觀念和胡
適的實用主義的文學革命主張公開對壘，他們之間的分歧和對立，已經超出
朋友間的個人爭執，實際上已經成為激進與保守的鬥爭，新人文主義與實用
主義信徒之間在中國文學上的較量。在中國文學革命的關鍵時刻，個人信念
的征程，直接介入了這場偉大的文學革命，成為不可分割的一種互動關係。
個人的榮辱得失，也與這種關係密切相連。是時代造就和決定了這一代人的
命運。當胡適向梅光迪表明自己主張「實際主義」（實用主義、實驗主義的別
個譯名）的人生信仰時，梅光迪便在信中也明確打出了自己的「人學主義」（人
文主義、新人文主義的別個譯名）主張，並且與胡適的思想觀念明顯的格格
不入，但表面上又似乎想牽扯到一起。

隨著胡適 1917 年 1 月在《新青年》上刊出《文學改良芻議》，及隨後陳
獨秀推波助瀾的《文學革命論》，新文學革命運動空前高漲，胡適也借助這場
革命的成功，走上輿論與思想界的前沿，成為公眾矚目的人物。但胡、梅的
爭論還沒有結束。舊的問題並沒有解決，新的矛盾又在孕育。

〔註15〕馬西爾：《白璧德之人文主義》（吳宓譯），《學衡》第 19 期（1923 年 7 月）。

　　由於其語境的錯位和文化背景的改變（1920 年北洋政府教育部已頒佈法令，使小學一、二年級教材改用白話文），使得他們反抗的話語和行為陷入堂吉訶德大戰風車的悲劇境地。面對新文化運動主帥人物的話語霸權，他們陷入了「落伍」和「保守」的困境。正如中央大學歷史系教授賀昌群在 1946 年1 月 29 日寫的《哭梅迪生先生》一文中所說的：「其實他的中文不如他的英文，這話他自己也承認。他的中文從古文入手，古文的家法，他也不盡守，而他所寫的文章內容，又多半是現代的材料，他的見解雖高明正確，如他在浙大《國命旬刊》上所發表的幾篇，然而，其行文終難引人入勝，從這點說，他是失敗的。古文的句法和詞彙絕不能充分的顯示現代意識和現代精神，這層，他未嘗不知道，無奈受古文的影響太深，而他的文章遂不知不覺的成了『改組派』的小腳了。」〔註 16〕最早研究「學衡派」的學者沈松僑也引述了這段材料，並明確指出：「學衡派之所以堅持使用文言文，與其『知識貴族』的觀念息息相關。這也是他們所以失敗的另一個因素。」〔註 17〕

旁觀者清與當事人的反應

　　當「學衡派」還在反對「文學革命」的時候，新文化運動的主將胡適已從整理國故的路徑走上「文化建設」。一場他所領導的借「整理國故」而「再造文明」的新文化運動已全面展開。海外的其他留學生的反應雖是旁觀，卻有立場。

　　王徵是北京大學的教授，也是胡適的朋友，他在日本時有一封信給胡適，談到他對胡適、梅光迪之爭的看法。他說：

　　　　你對於老梅的態度，我始終佩服。我也□□〔沈按：表示無法辨認的字〕望有能與新思潮對峙的人出來，但我恐怕老梅的「古本高價買入」（此間舊書店的招牌）的保守主義，止能造反動，不能改進，不能建造。我嘗講：文化運動的最大功績，就是與人以新趨向。合盤算起，「文化運動」是個很健康的運動（你可以把這話當史評看）。但趨向不是生活，也不是資生之具。要得這兩種東西，那就□學不可了。所以我也曾為新運動下一符語，說：「新文化運動之後，就要學術建設。老梅的反動思想，我極不贊成。我與一班同志，可

〔註 16〕羅崗、陳春豔編：《梅光迪文錄》第 265 頁。
〔註 17〕沈松僑：《學衡派與五四時期的新文化運動》第 241 頁。

是要不動聲色的往學術建設上一方面去了。」〔註18〕

事實上，胡適正是走著一條由革命到建設的路。從《文學改良芻議》的「八不主義」，到《建設的文學革命論》中「國語的文學，文學的國語」的提出，以及《新思潮的意義》中所說的「研究問題，輸入學理，整理國故，再造文明」的系統主張，由破到立，可以明顯昭示出他從革命到建設的內在理路。

1920 年 4 月 13 日，林語堂在哈佛大學致信胡適，說：「近來聽見上海有出一種《民心》是反對新思潮的，是留美學生組織的，更是一大部分由哈佛造出的留學生組織的。這不知道真不真，我這邊有朋友有那種印刊，我要借來看看。但是我知道哈佛是有點兒像阻止新思想的發原。」他讀了胡適的《嘗試集》自序後，對胡適說，梅光迪與胡適爭論時所講的許多問題都是哈佛大學白璧德教授的東西。白璧德這個人對近代的文學、美術，以及寫實主義的東西，是無所不反對的。梅光迪師從白璧德幾年，必然受到相應的影響。「況且這其中未嘗沒有一部分的道理在裏邊。比方說一樣，我們心理總好像說最新近的東西便是最好的，這是明白站不住的地位。但是這卻何必拿他來同白話文學做反對。我也同 Prof.Babbitt 談過這件事，好像他對爾的地位的主張很有誤會。我碰見梅先生只有一次，不知道他到底是什麼本意；看爾那一篇裏他的信，摸不出來他所以反對白話文學的理由。本來我想白話文學既然有了這相配有意識的反對，必定是白話的幸福，因為這白話文，活文學的運動，一兩人之外，大多數人的心理，有意識中卻帶了許多無意識的分子，怎麼都沒有一個明確的文學理想。但是現在我想有意識的反對是沒有的東西；所以反對的，不是言不由心，便是見地不高明，理會不透徹，問題看不到底。」〔註19〕查《民心周報》，「學衡派」成員在此刊發文章的主要是梅光迪（《自覺無盲從》，第 1 卷第 7 期）、吳宓（《〈紅樓夢〉新談》，第 1 卷第 17、18 期。《餘生詩話》，第 3 卷第 1 期）。

前文說及林語堂在哈佛大學聽白璧德的課時，是與吳宓、樓光來等同坐一條長凳子。他受新文化運動的影響較大，是胡適的朋友（他留學的部分費用是胡適自己暗中墊支的），因「不肯接受白璧德教授的標準說」〔註20〕，在哈佛只讀了一年，便轉學了。

〔註18〕耿雲志主編：《胡適遺稿及秘藏書信》（手稿本）第 23 冊第 485～486 頁，黃山書社，1994。

〔註19〕耿雲志主編：《胡適遺稿及秘藏書信》（手稿本）第 29 冊第 313～315 頁。

〔註20〕林語堂：《林語堂自傳》第 75 頁。

　　北京高等師範學校英文系一年級的學生楊鴻烈（後入清華學校研究院），在讀了《學衡》雜誌後致信胡適說：「近閱《學衡》雜誌，不勝爲新文化運動前途懼！如梅光迪之偏狹嫉惡，固不足論，若胡先驌先生之評文亦應有詳密公正之討究，俾白話詩得無本身動搖之患。」〔註21〕

　　因爲師承效應，南京高師─東南大學的學生，不少人受柳詒徵、梅光迪、吳宓、胡先驌的影響，是反對白話新文學的。在美國留學的江澤涵曾寫信告訴胡適自己同學中的情況：「還有一位郭斌龢君，他是同我同車到美國的。他的言論性情最與梅光迪先生相近，學問或者還高些。他當然是最痛恨你們。他回國後主辦《學衡》雜誌，並在東北教書。他在哈佛學拉丁文與希臘文，從 Irving Babbitt 學。他也許不去見你們（這裡的東南大學的學生很有幾位，很奇怪的是他們都反對白話文）。」〔註22〕

　　《學衡》出現後，新文學家自然是有積極的回應。吳宓、梅光迪、胡先驌、柳翼謀、胡夢華的言論都引起了批評。這裡僅以周氏兄弟爲例。其一爲魯迅（署名「風聲」）在《晨報副鐫》上的文章就有：《估〈學衡〉》，1922 年 2 月 9 日。《「一是之學說」》，1922 年 11 月 3 日。《對於批評家的希望》，1922 年 11 月 9 日。《反對「含淚」的批評家》，1922 年 11 月 17 日。

　　其中《「一是之學說」》，是針對吳宓在 1922 年 10 月 10 日《中華新報》增刊上發表的《新文化運動之反動》而發的。吳宓所列的反新文學的刊物爲七種：《民心周報》、《經世報》、《亞洲學術雜誌》、《史地學報》、《文哲學報》、《學衡》、《湘君》。其中，《史地學報》、《文哲學報》、《學衡》三種爲東南大學辦的。《亞洲學術雜誌》爲張爾田、孫德謙在上海所辦，此刊停辦後，吳宓把張、孫二人拉入《學衡》。《對於批評家的希望》，是針對「學衡派」的批評家「獨有靠了一兩本『西方』的舊批評論，或則撈一點頭腦板滯的先生們的唾棄，或則仗著中國固有的什麼天經地義之類的，也到文壇上來踐踏……」〔註23〕意指「學衡派」借助白璧德及新人文主義思想來反對新文化運動。《反對「含淚」的批評家》是批評東南大學學生胡夢華對汪靜之新詩集《蕙的風》的道德評判。

　　其二爲周作人，他以「式芬」的筆名在 2 月 4 日《晨報副鐫》和 2 月 13

〔註21〕耿雲志主編：《胡適遺稿及秘藏書信》（手稿本）第 38 冊第 189 頁。
〔註22〕耿雲志主編：《胡適遺稿及秘藏書信》（手稿本）第 25 冊第 159～160 頁。
〔註23〕魯迅：《魯迅全集》第 1 卷第 401 頁。

日《時事新報・學燈》上發表《〈評嘗試集〉匡謬》。胡適在日記上認爲周的文章是持中的,公正的。2月12日周作人又以「仲密」爲筆名在《晨報副鐫》刊出《國粹與歐化》,反對梅光迪關於模仿的主張。4月23日《晨報副鐫》又刊出周作人(仲密)的《思想界的傾向》的文章,悲觀地說:「現在思想界的情形,……是一個國粹主義勃興的局面;他的必然的兩種傾向是復古與排外。」因仲密文章中提到《學衡》,所以胡適在27日《晨報副鐫》上刊出《讀仲密君〈思想界的傾向〉》,做針對性的回應。他說梅光迪、胡先驌「不曾趨時而變新,我們也不必疑他背時而復古」。「知道梅、胡的人,都知道他們仍然七、八年前的梅、胡。他們代表的傾向,並不是現在與將來的傾向,其實只是七八年前——乃至十幾年前——的傾向。不幸《學衡》在冰桶裏擱置了好幾年,遲到1922年方才出來,遂致引起仲密君的誤解了」〔註24〕。

隨後周作人變換筆名又刊登多篇批評文章,僅《晨報副鐫》上就有:仲密:《復古的反動》,1922年9月28日。作人:《什麼是不道德的文學》,1922年11月1日。荊生:《復舊傾向之加甚》,《晨報副鐫》,1924年2月24日。荊生:《童話與倫常》,1924年2月28日陶然:《詩人的文化觀》,1924年3月17日。陶然:《百草中之一株》,1924年3月28日。陶然:《國故與復辟》,1924年3月29日。陶然:《小雜感》,1924年4月7日。陶然:《小雜感》,1924年4月15日。另外《語絲》第115期上有豈明:《〈東南論衡〉的苦運》,1927年1月22日。

《復古的反動》、《什麼是不道德的文學》是批評胡夢華的。《復舊傾嚮之加甚》、《童話與倫常》、《詩人的文化觀》、《小雜感》是批評、諷刺柳翼謀的強調中國文化中的五倫,指出他擁護的綱常禮教是一種反動的運動。《百草中之一株》是針對柳翼謀弟子田楚僑的《中國文化商榷》而發的。《國故與復辟》是批評《學衡》作者、上海澄衷中學校長曹慕管標榜「注重國故」言論。《〈東南論衡〉的苦運》是諷刺胡先驌在《東南論衡》第28期上所作的《半斤與八兩》的短文。

周作人對新文學的系統反思是1930年代的事,當然,集中的體現是《中國新文學的源流》。其實,他自1928年始,已開始對新文學「探源」,先後有《雜拌兒・跋》、《燕知草・跋》、《棗和橋的序》、《雜拌兒之二・序》、《現代散文選・序》、《中國新文學大系・散文一集・導言》、《近代散文抄・序》、《近

〔註24〕 胡適:《胡適全集》第21卷第265頁。

代散文抄‧新序》、《重刊袁中郎集‧序》。其中《現代散文選‧序》一文涉及
《學衡》。

他說：「古文復興運動同樣的有深厚的根基，彷彿民國的內亂似的應時應
節的發動，而且在這運動後面都有政治的意味，都有人物的背景。五四時代
林紓之於徐樹錚，執政時代章士釗之於段祺瑞，現在汪懋祖不知何所依據，
但不妨假定爲戴公傳賢罷。只有《學衡》的復古運動可以說是沒有什麼政治
意義，眞正爲文學上的古文殊死戰，雖然終於敗績，比起那些人來更勝一籌
了。」〔註25〕

周作人還進一步分析了與「非文學的古文運動」的關係：

　　　　非文學的古文運動因爲含有政治作用，聲勢浩大，又大抵是大
　　規模的復古運動之一支，與思想道德禮法等等的復古相關，有如長
　　蛇陣，反對的人難以下手總攻，蓋如只擊破文學上的一點仍不能取
　　勝，以該運動本非在文學上立腳，而此外的種種運動均爲之支柱，
　　決不會就倒也。但是這一件事如爲該運動之強點，同時亦即其弱點。
　　何也？該運動如依託政治，固可支持一時，唯其性質上到底是文字
　　的運動。文字的運動而不能在文學上樹立其基礎，則究竟是花瓶中
　　無根之花，雖以溫室硫黃水養之，亦終不能生根結實耳。古文運動
　　之不能成功也必矣，何以故？歷來提倡古文的人都不是文人──能
　　寫文章或能寫古文者，且每下愈況，至今提倡或附和古文者且多不
　　通古文，不通古文即不懂亦不能寫古文者也，以如此的人提倡古文，
　　其結果只平空添出許多不通的古文而已。〔註26〕

另外，沈雁冰針對梅光迪及其他「學衡派」同人也有多次尖銳的批評〔註27〕，
並針對陳德徵的來信作了積極的回應。他早在1921年10月下旬，因閱讀《南
京高等師範日刊》，發現該刊有大量吹捧舊體詩歌的文章，特別是「詩學研究
號」。沈雁冰爲這所代表東南文明的大學的部分師生的思想陳舊而氣憤。他和

───────────────

〔註25〕周作人著、鍾叔河編：《知堂序跋》第348頁，嶽麓書社，1987。
〔註26〕周作人著、鍾叔河編：《知堂序跋》第348～349頁。
〔註27〕郎損：《評梅光迪之所評》，《時事新報‧文學旬刊》第29期（1922年2月21
　　日）。郎損：《近代文明與近代文學》，《時事新報‧文學旬刊》第30期（1922
　　年3月1日）。郎損：《駁反對白話詩者》，《時事新報‧文學旬刊》第31期（1922
　　年3月11日）。冰：《「寫實小說之流弊」？》，《時事新報‧文學旬刊》第54
　　期（1922年11月1日）。雁冰：《文學界的反動運動》，《文學周報》第121
　　期（1924年5月12日）。

鄭振鐸、葉聖陶商議，要在《文學旬刊》上撰文「大罵他們一頓」〔註28〕。陳德徵這位 1929 年後紅極一時的國民黨文化教育官員（曾因提出《嚴厲處置反革命分子案》而引起胡適等「新月」派同人的強烈抗議），在 1922 年 5 月 6 日於安徽蕪湖五中致信《小說月報》主編沈雁冰，說：「我不贊成復辟式的的復古，和《學衡》派一樣；我以為應拿現在的眼光思想，去窺測批評中國文學，我以為應拿現在的運動和文字，去反證和表述中國文學，我希望有人起來研究中國文學。希望《小說月報》有兼研究這一項的傾向。我並不是希望專研究外國文學者轉向以便復古，這是要鄭重聲明的！」〔註29〕沈雁冰的回信表示：「你的兩個意見，我都非常贊成，並且想竭力做去。」〔註30〕

「學衡派」主張「文學的古文運動」的失敗，與政治無關，是生不逢時，語境錯位。所以連一直關注國學的錢穆在 1928 年春脫稿的《國學概論》中也承認：「最近數年間思想知識界之成績，只是不明確的精神、物質之爭，無力氣的東、西洋哲學之辨。盲目的守舊，失心的趨新而已。」〔註31〕他特別指出梁啟超的《歐遊心影錄》、梁漱溟的《東西文化及其哲學》和《學衡》雜誌所介紹的美國的「人文主義」的「言論之影響於時代思潮之進程者，捨為新文化運動補偏救弊之外，亦不能有若何積極的強有力之意味也」〔註32〕。

鄭振鐸是 1921～1922 年間反對南京高師——東南大學「文學的古文運動」的急先鋒，他在「文學研究會」的主要陣地《時事新報·文學旬刊》上發文最多。在為上海良友圖書印刷公司 1935 年出版的《中國新文學大系·文學論爭集》所寫的「導言」中，同樣強調了「時勢」的因素，與周作人之說基本相同。他說：

> 復古派在南京，受了胡先驌、梅光迪們的影響，彷彿自有一個小天地，自在地在寫著「金陵王氣暗沈銷」一類的無病呻吟的詩歌。……他們當時都在南京的東南大學教書，彷彿是要和北京大學形成對抗的局勢。林琴南們對於新文學的攻擊，是純然的出於衛道

〔註28〕 唐金海、劉長鼎主編：《茅盾年譜》（上）第 135 頁，山西高校聯合出版社，1996。
〔註29〕 《譯名統一與整理舊籍：致雁冰》，《小說月報》第 13 卷第 6 號（1922 年 6 月 10 日）。
〔註30〕 《譯名統一與整理舊籍：致雁冰》，《小說月報》第 13 卷第 6 號（1922 年 6 月 10 日）。
〔註31〕 錢穆：《國學概論》第 363 頁，商務印書館，1997。
〔註32〕 錢穆：《國學概論》第 347 頁。

的熱忱，是站在傳統的立場上來說話的。但胡、梅輩卻站在「古典派」的立場來說話了。他們引致了好些西洋的文藝理論來做護身符。聲勢當然和林琴南、張厚載們有些不同。但終於「時勢已非」，他們是來得太晚了一些。新文學運動已成了燎原之勢，決非他們的書生的微力所能撼動其萬一的了。

然而在南京的青年們竟也有一小部分是信從著他們的主張。

他們在一個刊物上，刊出一個「詩學專號」所載的幾全是舊詩。《文學旬刊》便給他們以極嚴正的攻擊。這招致了好幾個月的關於詩的論爭。這場論爭的結果便是撲滅了許多想做遺少的青年人們的「名士風流」的幻想。同時也更確切的建立了關於新詩的理論。〔註33〕

1949 年以後，由於政治文化的強化，以往魯迅、茅盾的批評話語，被政治的權力滲透，更具話語霸權。為此，吳宓在《自編年譜》中，回味當年《學衡》反抗新文學的話語霸權時，特別說到當時「與《學衡》雜誌敵對者」〔註34〕如魯迅、茅盾。

雖然說旁觀者清，但回放歷史時，尤其要看當時的語境，不可單看當局者如胡適的《五十年來中國之文學》、《逼上梁山》中的「臺上喝彩」，更不可只見吳宓日記中對新文學發出的極端仇恨和謾罵〔註35〕。而對於梅光迪多年後在《人文主義和現代中國》〔註36〕一文中的怨天尤人，當給以同情的理解。

歷史潮流有時就是這麼無情。對於五四新文化運動來說，的確是時勢造英雄。胡適及新文學運動的成功，是順應了歷史的發展。這對於梅光迪來說，是事業上失敗的灰色、低靡和一種終生相伴的痛苦。

能否以成敗論英雄？

歷史有時的確會有偶然的巧合和反諷。「學衡派」的美國導師，新人文主義思想家白璧德 1933 年 7 月去世，《學衡》雜誌恰好在這個月停刊。

梅光迪是新文化運動的反對派，思想方法和文化觀念與胡適為敵。但

〔註33〕鄭振鐸編：《中國新文學大系・文學論爭集・導言》（上）第 13 頁，上海良友圖書印刷公司，1935。
〔註34〕吳宓：《吳宓自編年譜》第 235～236 頁。
〔註35〕吳宓：《吳宓日記》第 II 冊第 90～91 頁、129 頁、144 頁、152 頁。
〔註36〕羅崗、陳春艷編：《梅光迪文錄》。

他卻是最積極的自由戀愛、自由婚姻的實踐者。他革了舊式包辦婚姻的命，拋棄包辦的妻子王葆愛和兒子梅樊和，與自己的女學生（東南大學第一屆女生，也是西洋文學系的學生）李今英結婚﹝註 37﹞。而胡適卻一生就範於包辦婚姻。

梅光迪反對白話文學，也拒絕寫白話文。可是他的女兒梅儀慈作為在美國大學執教的漢學家，卻是以研究中國白話新文學為志業，並且是著名的丁玲研究專家。

若以實用的功利眼光來看，由於胡適的存在，梅光迪成為一個人生的失敗者。胡適的陽光和輝煌，使得梅光迪逃遁海外﹝註 38﹞或暗淡一隅。可以不以成敗論英雄，但歷史卻是如此的殘酷。在 1930 年代初梅光迪執教美國時，因受 Mercier 教授的《美國的人文主義》一文的啓發，而寫了《人文主義和現代中國》，這是他自 1922 年 8 月在《學衡》第 8 期發表《現今西洋人文主義》十多年後的歷史反思。回顧自己曾置身而失敗的中國的人文主義運動，一腔的傷感，滿腹的怨尤，以及無限的惆悵，流於言表。因為他看到新文化運動以來所形成的文化激進主義浪潮，以及關於變革與革命的信仰已經成為一種新的傳統。這種傳統比以往任何舊的傳統都具有自我意識和良好的組織性，具有極其強烈的話語霸權性，且不容異己的存在。他感到無能為力，一時又無法施加自己的學術影響。

事實上，梅光迪的著作很少，影響也是有限的。但他的學生，「學衡派」同人張其昀卻說：「梅先生著作不多，但其議論之正確，文辭之優美，卓然稱為人文主義之大師。」﹝註 39﹞「大師」之說顯然是虛誇之辭。隨後張其昀又稱道梅光迪為「先知先覺者」，更是有些過於美言。他說：「迪生先生對西方文化有廣博精粹之研究，眞切深透之瞭解，其所欲特別介紹者，即為白璧德所倡導新人文主義的中庸之道。《學衡》雜誌之宗旨，光明正大，其時正當孔學衰落之世，益有崇論宏議，砥柱中流之氣概。由今觀之，迪生先生實可謂

﹝註37﹞ 王晴佳在《白璧德與「學衡派」》一文中注意到了白璧德與自己的學生結婚一事，並由此聯繫到白璧德的中國學生，說影響到了梅光迪與學生李今英結婚、吳宓追女學生。見《人文東方──旅外中國學者研究論集》第 514 頁。

﹝註38﹞ 梅光迪去哈佛大學教中文是趙元任推薦的，也是因要背離包辦婚姻（同時追求自己的女學生）而陷入尷尬境地時尋求暫時逃避的行為。當時趙元任要回國，哈佛大學教中文的位置必須有人接替。楊步偉：《一個女人的自傳》第 243 ～244 頁，嶽麓書社，1987。

﹝註39﹞ 張其昀：《六十年來之華學研究》，《張其昀先生文集》第 19 冊第 10253 頁。

中國文藝復興運動之一先知先覺者。」〔註40〕

梅光迪的美國學生、朋友顧立雅在《梅迪生——君子儒》的懷念文章中說，梅光迪是一個忠實的孔子信徒，富於理想主義，不肯隨眾附和，所以無緣施展他的抱負。梅光迪給人「印象最深的還是他的品格」。顧立雅回憶：「他常說真正的學者須具有嶙峋的氣節，這是他對『廉』字的解釋。他並引澹臺滅明為例，子游說：『有澹臺滅明者，行不由徑，非公事，未嘗至於偃之室也。』他不僅津津樂道這種做人的道理，而且躬而行之。他又謹慎小心，不肯逢迎獻媚，更不屑作一個隨俗浮沉的鄉愿，照流俗人的看法，假使先生稍能表襮他的固有偉大可愛的風度，其成就當不至於此。過分的隱藏，有時難免成了一種過錯，然『人之過也，各於其黨，觀過斯知仁矣』。」〔註41〕

章太炎在《黃季剛墓誌銘》中專門提到因黃季剛「不肯輕著書」一事。他曾對黃季剛說：「人輕著書，妄也。子重著書，吝也。妄不智，吝不仁。」〔註42〕

梅光迪作為一個忠實的孔子信徒，一生沒有著書，是仁，還是不仁？答案是：眼高手低！

人文主義運動？

在1920～1930年代，中國是否有一場所謂的人文主義運動？梅光迪的回答是肯定的。在《人文主義和現代中國》〔註43〕一文中，他有系統的論述；《評〈白璧德——人和師〉》中，他說這是「儒家學說的復興運動」〔註44〕。同時梅光迪也承認「這樣的一次運動沒有引起廣泛的注意，得到公平的待遇」〔註45〕，是「中國領導人的失敗」〔註46〕。其失敗的原因有兩點：一是因為它與中國思想界胡適及新文化派，化了一代人的時間與努力想要建成和接受的東西完全背道而馳。二是因為他們自身缺乏創造性，甚至沒有自己的名稱和標語口號以激發大眾的想像力。從一開始，這場運動就沒能提出和界定明確的議題。領導人也沒有將這樣的問題弄清楚，或者只看到了其中的一部分。因此，它

〔註40〕張其昀：《〈梅光迪先生家書集〉序》，《張其昀先生文集》第21冊第11440頁。
〔註41〕羅崗、陳春豔編：《梅光迪文錄》第249～250頁。
〔註42〕程千帆、唐文編：《量守廬學記》第2頁。
〔註43〕羅崗、陳春豔編：《梅光迪文錄》。
〔註44〕羅崗、陳春豔編：《梅光迪文錄》第236頁。
〔註45〕羅崗、陳春豔編：《梅光迪文錄》第225頁。
〔註46〕羅崗、陳春豔編：《梅光迪文錄》第236頁。

對普通學生和大眾造成的影響不大。《學衡》的原則和觀點給普通的讀者留下的印象是：它只是模糊而狹隘地局限於在一些供學術界閒談時談論的文史哲問題上。梅光迪的反思和總結與羅傑・斯克拉頓在《保守主義的含義》中所說的相通：「因為，保守主義者缺乏明確的政治目標，因而無法提供任何能夠激發大眾熱情的東西。」〔註47〕

而白璧德及新人文主義運動在五四後期未能形成風潮的實際的語境也被梁實秋一語道破：「只是《學衡》固執的使用文言，對於一般受了五四洗禮的青年很難引起共鳴。」〔註48〕

而胡適對《學衡》的看法則是認為它只是一本「學罵」。他認為「新文化─文學」的「反對黨」已經破產，「學衡派」根本無力與「新文化─文學」對抗。

1932年9月28日，梅光迪為《國風》第3期的孔子誕辰紀念專號寫了《孔子之風度》。在文章中他仍是主張尊孔。他說：孔子以多藝聞於當時。除了有最深摯道德修養外，更富於藝術興味，故其發於外者，不為矜嚴，為雍容大雅之君子。孔子多情。多情者必多恨。他恨貪官蠹吏；恨自命放達，玩世不恭，而實一無所長者；恨鄉愿。這也正是梅光迪與胡適對壘，始終不變的表現。

阿諾德是英國維多利亞時代的文化主將，是英美知識傳統中具有文化保守傾向的思想家。他對社會的變革，有自己的主見。阿諾德《文化與無政府狀態》的中文譯者韓敏中在《譯本序》中指出：阿諾德所希望看到的變革和進步是「絕對不能脫離過去，脫離歷史和文化的根基，絕不能輕言甩掉我們的歷史、文化、情感、心理的包袱」。「為了在秩序中實現變革，使英國、當然也是使人類平穩地走向更高的理想境界，就必須依靠廣義的文化力量。文化不是行為的敵人，而是盲目、短效行為的敵人」〔註49〕。

1914～1915年間，在西北大學讀書的梅光迪，因偶然的機會，聽到R・S・克萊恩教授的一次演講。克萊恩指著白璧德的新著《法國現代批評大師》對同學們說：「這本書能讓你們思考。」〔註50〕一種頂禮膜拜的熱忱，使梅光迪

〔註47〕 羅傑・斯克拉頓：《保守主義的含義》（王皖強譯）第12頁。
〔註48〕 梁實秋：《影響我的幾本書》，《中華散文珍藏本・梁實秋卷》第133～134頁。
〔註49〕 馬修・阿諾德：《文化與無政府狀態》（韓敏中譯）第14頁。
〔註50〕 梅光迪：《評〈白璧德──人和師〉》（莊婷譯文），羅崗、陳春豔編：《梅光迪文錄》第229頁。

從托爾斯泰式的人文主義框框中走出，沉迷於白璧德的世界裏。梅光迪由白璧德思想的啓發而認識到，中國也必須在相同的智慧和精神的引導下，以冷靜、理智的態度，在中國人的思想觀念中牢固樹立起歷史繼承感並使之不斷加強。只有這樣才能跨越新舊文化的鴻溝，使西方的人文主義思想與中國古老的儒家傳統相映生輝。爲了能夠聆聽這位新聖哲的教誨，梅光迪 1915 年秋轉學到哈佛大學。

白璧德繼承了馬修・阿諾德的思想，其人文主義的要旨爲生活的藝術，即追求人生盡善盡美的理想境界。人文主義要求具體的個人從自己的修養入手，以好學深思，進德修業，「向內做工夫」。進而謀求理性與感情的和諧，求得人格的完整。人文主義的理想爲君子風度。君子有三長：中立（克己、節制、不激不隨）、敏感（反對麻木不仁，但也非好奇立異）、合理（合於標準，不隨心所欲，不逾矩）。這與中國的儒家學說：中庸、仁、禮正好相當，或最爲接近〔註 51〕。

梅光迪認爲，白璧德的風度，可以置於我國唐宋名賢韓昌黎、歐陽修之列。作爲導師，白璧德幫助梅光迪等中國學生找到了自我，並發展了自我的能力。特別是他對儒家人文主義的評價，爲他的中國學生指明了中國文化在世界上的地位，爲他們在當時形形色色的文化價值觀和文化主張中指明了正確的道路。所以郭斌龢說梅光迪與白璧德兩人思想「最爲深契」〔註 52〕。

作爲新文化運動的反對派，梅光迪認爲胡適及新文化運動帶給中國人的是一場虛幻的精神啓蒙。一場史無前例的文化革命，使得大多數中國人從極端的保守變成了極端的激進。而其中嚴肅認眞的一少部分人，也正忍受著一種思想的空白和精神領域的尷尬所帶來的煎熬，甚至是絕望和憂傷。由於在中國的教育文化、政治思想領域扮演主角的知識分子，自身思想膚淺，且已經完全西化，他們對自己的精神家園缺乏起碼的理解和熱愛，「對自己的祖先嗤之以鼻，以民主、科學、效率及進步爲其支架，毫無愧疚與疑義地將目前西方的官方哲學當作積極的主要價值觀」〔註 53〕。「新文化運動」的結果，使中國文化喪失了自身利益的特性和獨立性，成爲歐美的文化翻版。梅光迪擔心的是「用不了幾年時間，中國很可能就會成爲西方所有陳舊且令人置疑的

〔註 51〕 張其昀：《白璧德——當代一人師》，羅崗、陳春豔編：《梅光迪文錄》第 253 頁。
〔註 52〕 郭斌龢：《梅迪生先生傳》，羅崗、陳春豔編：《梅光迪文錄》第 242 頁。
〔註 53〕 羅崗、陳春豔編：《梅光迪文錄》第 221 頁。

思想的傾倒之地，就像現在它已成爲其剩餘產品的傾銷地一樣」〔註 54〕。他說導致中國大多數人走上激進之路的原因主要是十九世紀下半葉以來，帝國主義列強給中國帶來的一系列的災難性的衝擊，而國內回應的便是由此引發的革命熱潮和革命運動。所有這一切加在一起便導致了對文化傳統的置疑和民族自信心的喪失。在面對陌生的突發性事變而又必須作出快速變革和調整時，他們因準備不足而顯得茫然不知所措，進而轉向西方以求光明和嚮導。結果是中國失去了自身的文化優勢。梅光迪認爲「新文化運動」是一場失敗的運動。

梅光迪自己視他和《學衡》同人是另類，是對中國文化有更深層思考的，有能力對中國人的生活中發生劇變進行合理解釋的知識分子，是中國西化運動中的理性之翼與制衡力量。和美國的人文主義者一樣，中國的人文主義運動的支持者也是大學裏的學者。同時，梅光迪也不得不承認，他們的實際作用和影響是很小的。但他借用並認同《學衡》同人樓光來對他們所做工作的基本估價，即《學衡》「批判了地方主義運動的泛濫及沽名釣譽之人惡行的猖獗，爲道德等諸方面的健康發展起到了補充和糾錯的作用」〔註 55〕。梅光迪堅信，中國文化真正的活力，在本國的現代化進程中同樣可以大有作爲。這如同他在紀念劉伯明的文章《九年後的回憶》一文中所持的觀點那樣。只是面對現實，他又多了幾分感傷。

現實的取向

梅光迪的教學生涯主要是在東南大學、哈佛大學和浙江大學。其中，在哈佛大學是主講漢語。在東南大學和浙江大學是講西洋文學。他的人文主義理想主要體現在向學生傳授知識上。爲東南大學的西洋文學系和浙江大學的外文系，他付出最多。他的同事張君川回憶說：「梅先生自己學貫中西，也要求學生在努力研究西方文學外，不能忘記祖國豐富文學。他與吳宓老師素來提倡比較文學。如吳宓師在清華開有中西詩之比較一課，梅先生講課常中西對比，不只使學生加深理解，實開比較文學之先聲。」〔註 56〕

〔註 54〕 羅崗、陳春艷編：《梅光迪文錄》第 221 頁。
〔註 55〕 羅崗、陳春艷編：《梅光迪文錄》第 226 頁。
〔註 56〕 張君川：《梅光迪院長在浙大》，貴州省遵義地區地方志編纂委員會：《浙江大學在遵義》第 362 頁。

　　梅光迪由反對白話文，到「降格」〔註 57〕偶而寫白話文，是經歷了一個轉變過程。因爲小學生的課本都改用白話文了。爲自己的子女教育，他不能不寫白話文。「他與自己的女兒通信時，總是用生動的白話文來表達自己的父女之情」〔註 58〕。已爲人父，且在美國受過教育的梅光迪，是孩子教育的實際狀況改變了自己對白話文的態度。白話文進入教育系統和孩子們輕鬆學習所帶來的喜悅，胡適在給朋友的信中有明確的表示。他說：「我看著長子讀《兒童周刊》和《小朋友》（給小孩看的故事書），我不能不感到一種快慰。畢竟我們用口語來代替文言死文字的努力沒有白費；我們至少已經成功的使千千萬萬下一代的孩子能活得輕鬆一些。」〔註 59〕可以說，梅光迪看到自己的孩子利用白話文的工具輕鬆地學習，一定會和胡適有同樣的喜悅。

　　梅光迪到浙江大學後，「經竺可楨校長的同意，繼續發揚學衡精神」〔註 60〕。規定大學一年級學生必修古文一年。從上古到明清，以順序選讀。文學院、師範學院的學生，還必須學一年古代文學作品選讀。同時，大學一年級還要必修一年英文，文學院、師範學院的學生則要修兩年英文。只有這樣，才可能融通中西之學。梅光迪在遵義湄潭浙江大學期間的學術研究，已經轉向中國古典文化。據張其昀追憶，梅光迪有著述《洛下風裁》、《正始遺音》、《韓文公評述》、《歐陽公評述》、《袁隨園評述》、《曾文正公評述》、《明季士風》和《中國兩大傳統》〔註 61〕的宏願，可惜，天不假以時日，1945 年 12 月 27 日他不幸病逝於貴陽。

〔註 57〕沈衛威：《回眸「學衡派」──文化保守主義的現代命運》第 146 頁。
〔註 58〕楊竹亭：《梅光迪──文采飛揚啓後學》，胡建雄主編：《浙大逸事》第 46 頁，遼海出版社，1998。
〔註 59〕胡適：《不思量自難忘──胡適給韋蓮司的信》（周質平編譯）第 149 頁，安徽教育出版社，2001。
〔註 60〕胡建雄主編：《浙大逸事》第 46 頁。
〔註 61〕張其昀：《〈梅光迪先生家書集〉序》，《張其昀先生文集》第 21 冊第 11442 頁。

郭斌龢：中西融通

「學衡派」的後起之秀

　　1927 年 7 月 19 日，吳宓在清華學校主持庚款留學美國的學生考試，西洋文學門類考生中入選的兩人是郭斌龢和范存忠。兩人一起去了美國，回國後曾一起在中央大學任教，1949 年以後，又一起在南京大學外文系教書，又同在 1987 年去世（郭 9 月 14 日，范 12 月 21 日）〔註1〕。

　　當然，歷史環境下的機會也制約和捉弄某些具體的人，有如郭斌龢。

　　提起朱光潛，當下學界中人，恐怕是沒有人不知道的。但說到郭斌龢，知道的人絕對是寥寥無幾。事實上，朱光潛和郭斌龢在 1949 年前是並駕齊驅的著名學者。兩人是香港大學的同學（郭高朱一屆）。兩人都是畢業後先在中學教書（郭在南京一中，朱先在上海中國公學中學部教一年英文，後到上虞白馬湖畔的春暉中學）。隨後，朱光潛於 1925 年秋到英國留學，郭斌龢於 1927 年秋到美國留學。又一度在歐洲相會。抗戰期間，朱光潛歷任四川大學文學院院長、武漢大學教務長，郭斌龢任浙江大學文學院院長、代校長。1945 年以後，兩人分別在北京大學、中央大學。學術的路向不同，在學界的影響力也不一樣。朱光潛研究歐洲文學、哲學、心理學，尤長近代美學，同時關注時下中國現代文學（如主編《文學雜誌》）。郭斌龢研究歐洲古典哲學、歷史，

〔註 1〕范存忠（1903～1987），1924 年 9 月入東南大學外國語文系。從哈佛大學白璧德那裡學成回來的張歆海是他的老師。范存忠 1927 年 9 月入美國伊利諾大學，一年後轉入哈佛大學。1931 年 5 月，范存忠通過博士論文答辯，獲哲學博士學位。回國後一直在中央大學—南京大學任教（1945～1946 年間到英國牛津大學講學、訪學一年）。

尤長亞里士多德、柏拉圖之學，同時躋身於「學衡派」，反對新文學運動。在學術上都長中西比較，但有今古、俗雅之分，有和眾、和寡之別。

郭斌龢，字洽周，1900 年 5 月出生在江蘇省江陰縣的楊舍鎮（今張家港市）。其家為當地有名的書香世家。他的養父郭鎮藩為清末貢生，力主變法維新，廢科舉興學校，先後任由梁豐學堂改制的梁豐小學、梁豐中學校長〔註2〕。得天獨厚的教育條件，使得郭斌龢受到了良好的國學基礎教育。17 歲那年，他考入南京高等師範學校，一年後考入香港大學。1927 年 8 月入美國哈佛大學，得新人文主義思想家白璧德的思想、學問親傳，1930 年在哈佛大學獲碩士學位後，又到英國牛津大學研究院深造。完善的中西合璧式的教育和融合新舊的學識，使得他和《學衡》「昌明國粹，融化新知」的文化精神一拍即合，並成為「學衡派」的主要力量。

1922 年 6 月，郭斌龢自香港大學畢業。由於受沃姆副校長告誡的啟發：「中國白話文源於古文，西方文化也由希臘、羅馬文化而來。學會英語並非難事，但要精通西學，則必須學習拉丁、希臘語文，才能尋根溯源、融會貫通。」〔註3〕郭斌龢特向沃姆提出留港隨他學習一年希臘文和拉丁文的要求。於是，沃姆介紹郭斌龢到香港育才中學任教。這樣郭斌龢半天向學生授課，半天隨沃姆學習希臘文、拉丁文。1923 年 6 月，郭斌龢回到南京第一中學任教。7 月底，副校長沃姆訪問南京東南大學時與主編《學衡》的吳宓相識。9 月，沃姆致函吳宓，將郭斌龢介紹給他。從此郭斌龢與吳宓成為朋友，並加盟《學衡》。當然，吳宓也為有郭斌龢這樣一位盟友而高興。

前面提及 1927 年留學美國的庚款考試，吳宓是文學門類的主考教授，錄取的兩位考生是范存忠、郭斌龢。對於郭斌龢，吳宓特意在日記中寫道：「而宓對於郭斌龢之錄取，尤為喜幸，以吾黨同志中，更多一有力之人矣。」〔註4〕

郭斌龢在香港大學時已有希臘文、拉丁文的良好基礎，回到南京後，又同吳宓一起，到金陵神學院聽馬伯熙牧師的希臘文課。留學美國、英國後，他又繼續學習希臘文、拉丁文。《學衡》雜誌上刊登的關於希臘的歷史和柏拉圖的著作，便出自郭斌龢的譯筆。郭斌龢精通中西學術之源，澤惠學界的《柏拉圖五大對話集》、《理想國》（與張竹明合作）即是他的譯本。在美國讀書時，

〔註 2〕 徐祖白：《學貫中西的愛國教授郭斌龢》，江蘇省政協張家港市政協文史資料委員會編：《張家港人物選錄》（江蘇文史資料第 39 輯）第 105 頁，1991。
〔註 3〕 《張家港人物選錄》第 106 頁。
〔註 4〕 吳宓：《吳宓日記》Ⅲ 第 374 頁，生活‧讀書‧新知三聯書店，1998～1999。

他向留學生明確表示自己反對胡適倡導的白話新文學。也就是說，他是公開站在「學衡派」的立場上說話的。他的這一行為被江澤涵在致胡適的信中還特別提及。

　　郭斌龢在英國時，曾持白璧德的介紹信去拜訪過著名詩人 T・S・艾略特。吳宓游學英國時，郭斌龢相伴左右，並一同訪問莎士比亞故居。在吳宓婚變時，郭斌龢是最激烈的反對者，認為吳宓的離婚，有悖他自己所倡導的新人文主義主張，也有礙新人文主義思想在中國推行。他說吳宓浪漫地追逐新女性的行為，正是新人文主義思想家所反對的東西。郭斌龢明確地指出了吳宓言行的矛盾衝突，以及這種矛盾衝突對他自己志業的不良影響。

浙江大學中文系系主任的大學理念

　　郭斌龢 1937 年 8 月應聘到浙江大學。由於抗戰爆發，浙江大學幾經跋涉，遷至貴州遵義的湄潭。郭斌龢出任文理學院（兩年後文理學院分為文學院、理學院）中文系系主任和師範學院國文系系主任。後來，又一度任外文系系主任、代理文學院院長。兩系開辦伊始，郭斌龢特向師生們作了《國立浙江大學文理學院中國文學系課程草案》的報告，系統闡述辦學的指導思想和具體方針。而這又和他在《浙江大學校歌釋義》中所體現出的大學理念是一致的。

　　在《浙江大學校歌釋義》中，他說大學應是「百川彙海」，「兼收並蓄，包羅萬有」。大學的最高目的乃是「求是」、「求真」。「惟其求真，故能日新」。「大學教育當自始至終，以學術文化為依歸，力求學生思想之深刻，識解之明通。本校有文理工農師範五學院，非文即質，質即理也。大學中雖設五院，而為一整體，彼此息息相關，實不易自分畛域。大學與專科不同之處，即在每一學生，有自動之能力，系統之知識，融會貫通，知所先後，當行則行，當止則止。資質本美，復經數載陶冶，如玉之受琢，如金之在熔焉。同人於野亨，言大學教育，應養成一種寬大之胸襟，廓然無垠，有如曠野，而不當局促於一宗一派之私，自生町畦。本校所負之使命，即我國文化對於世界所當負之使命也」〔註5〕。他說浙江大學的校訓「求是」和哈佛大學的校訓「真」是不謀而合的。

〔註 5〕郭斌龢：《浙江大學校歌釋義》，浙江大學校慶文集編輯組：《浙江大學校慶文集——建校八十五週年》（內部印刷）第 222～223 頁，1982。

郭斌龢在《國立浙江大學文理學院中國文學系課程草案》中明確指出：

　　大學課程，各校不同，而中國文學系尤無準的。或尚考覈，或崇詞章，或以文字、聲韻爲宗，或以目錄、校勘爲重。譬如耳目口鼻，皆有所明，不能相通；一偏之弊，殆弗能免。昔姚姬傳謂：學問之途有三：曰義理，曰考據，曰詞章。必以義理爲主，然後考據有所附，詞章有所歸，世以爲通論。而學問之要，尤在致用。本學術發爲事功，先潤身而後及物。所得內聖外王之道，乃中國文化之精髓。曠觀史冊，凡足爲中國文化之典型人物者，莫不修養深厚，華實兼茂，而非畸形之成就。故中國文學系課程，不可偏重一端，必求多方面之發展，使承學之士，深明吾國文化之本原，學術之精義。考覈之功，足以助其研討；詞章之美，可以發其情思；又須旁通西文，研治歐西之哲學、文藝，爲他山攻錯之助。庶幾識見閎通，志節高卓。不篤舊以自封，不騖新而忘本。法前修之善，而自發新知；存中國之長，而兼明西學。治考據能有通識；美文采不病浮華。治事教人，明體達用。爲能改善社會，轉移風氣之人材，是則最高之祈向已。〔註6〕

同時，郭斌龢又對這一課程宗旨加以具體的解釋：「考據、義理、詞章三者，實乃爲學之於科學性、思想性與藝術性的相互結合。居今日而論學，須本姚氏之言而申之，不可滯於迹象。故所謂義理者，非徒宋儒之言心性也；所謂考據者，非僅清人之名物訓詁也；所謂詞章者，亦非但謂某宗某派之詩文也。凡爲學之功，必實事求是，無徵不信，此即考據之功也。考證有得，須卓識以貫之。因小見大，觀其會通，此即義理之用也。而發之於外，又必清暢達意，委析入情，此即詞章之美也。考據賴乎學，義理存乎識，而詞章本乎才。孔子之修《春秋》也，其事則齊桓、晉文，其文則史，其義則丘竊取之矣。其事則考據也，其文則詞章也，其義則義理也。非三者相輔，不足以成學。明乎此意，庶可免拘牽之見，偏曲之爭矣。」〔註7〕

　　郭斌龢當時把這一草案印發宣讀，並作講解，他的學生劉操南（後來爲浙江大學教授）作了詳細的筆記，保存下一份珍貴的歷史文獻。這對我們認識

〔註 6〕劉操南：《浙江大學文學院中文系在遵義》，貴州省遵義地區地方志編纂委員會：《浙江大學在遵義》第 57 頁。
〔註 7〕劉操南：《浙江大學文學院中文系在遵義》，貴州省遵義地區地方志編纂委員會：《浙江大學在遵義》第 57～58 頁。

浙江大學文學院中文系的課程及郭斌龢的辦學理念，提供了一個可靠的文本。

為實現這一辦系的理念，他在中文系、國文系開設「文學批評」課時，便將劉勰的《文心雕龍》與聖伯甫的文論比較起來通講〔註8〕。在外文系則開希臘文和拉丁文課，讓外文系學生知西洋文學與文化之根本所在。同時，學校為了響應竺可楨校長關於大學的主要功能在於研究的辦學理念，在遷徙遵義和抗戰的極其艱苦的情況下，文學院和師範學院還創辦了兩個學術刊物《國立浙江大學文學院集刊》、《國立浙江大學師範學院院刊》。郭斌龢是前者的主編，後者的編委〔註9〕。

一段曲折的經歷

「學衡派」成員中，張其昀和郭斌龢是抗戰時期介入國民黨政治的兩位人物，並有相互的關聯。1949 年以後，郭斌龢為此付出了沉痛的代價，特別是「文革」中受到專案審查。

1952 年 8 月，郭斌龢填有一份「簡歷」，內容如下：

簡歷

起訖年月	在何地何部門任何職務 （包括學習）	主要工作及活動
1917 年 1 月～6 月	江陰楊舍範賢小學	教員，擔任國文、歷史、地理等課
1917 年 8 月～1918 年 6 月	南京高等師範	求學，英文專修科肄業一年
1918 年 8 月～1922 年 6 月	香港大學	求學，文科，主要功課為英國文學
1922 年 8 月～1923 年 6 月	香港育才中學	教員，教英文
1923 年 8 月～1924 年 12 月	南京第一中學	教員，教高中英文及西洋史
1925 年 2 月～1927 年 6 月	瀋陽東北大學	教授，教英文閱讀、英文作文、英文名著選讀等課
1927 年 8 月～1930 年 6 月	美國哈佛大學	求學，研究古典文學及比較文學

〔註8〕皇甫煃：《郭洽周教授事略》，貴州省遵義地區地方志編纂委員會：《浙江大學在遵義》第 354 頁。

〔註9〕樓子芳：《抗戰時期浙江大學文學院社會科學期刊介紹》，貴州省遵義地區地方志編纂委員會：《浙江大學在遵義》第 73～77 頁。

1930 年 7 月～1930 年 12 月	英國牛津大學	求學,專研希臘文學
1931 年 2 月～1932 年 1 月	瀋陽東北大學	教授,教歐洲文學史、英文名著選讀、英文作文等課
1932 年 2 月～1932 年 7 月	青島大學	教授,教歐洲文學史、英文名著選讀、英文作文等課
1932 年 8 月～1933 年 7 月	北京清華大學	教授,教希臘羅馬文學、亞里士多德詩學、希臘文、一年級英文
1933 年 8 月～1937 年 7 月	南京中央大學	教授,教歐洲文學史、拉丁文、英文作文、安諾德專集研究、一年級英文
1937 年 8 月～1946 年 7 月	杭州、天目山、泰和、宜山、遵義浙江大學	教授,曾兼任訓導長二年又十個月,及代理校長、代理文學院院長、中文系系主任、外文系系主任等職
1946 年 8 月～1952 年	南京中央大學、南京大學	教授,曾兼任外文系系主任一年半,教歐洲文學史、文學批評、英文作文、翻譯、一年級英文等課
1946 年 10 月～1949 年 4 月	南京國立編譯館編纂	根據希臘文原文翻譯柏拉圖《理想國》一書爲語體文
1951 年 10 月～1952 年 2 月	南京醫士學校兼課	教醫學拉丁文,每星期四小時
1952 年 3 月～1952 年 8 月	南京金陵大學兼課	教理論文三小時,論文指導一小時

　　「文革」期間專案組審查他的國民黨黨員、浙江大學區三青團指導員、國民黨浙江大學區候補監察委員、國民黨浙江大學區黨部執行委員的身份問題,其基本事實如下。

　　1939 年夏,郭斌龢由陳布雷介紹入國民黨,爲特別黨員。他自己寫的交代材料中說:「1939 年 8 月(當時我隨浙江大學遷至廣西宜山),我正式加入國民黨爲特別黨員,介紹人爲陳布雷,入黨手續是張其昀在重慶代我辦理的。」〔註10〕1943 年 9 月～1946 年 7 月任浙江大學訓導長。1940 年 7 月任浙江大學區三青團指導員。1942 年 8 月 17 日任國民黨浙江大學區候補監察委員。1943 年～1944 年國民黨浙江大學區黨部執行委員。1943 年 10 月進國民黨中央訓

〔註10〕 郭斌龢檔案(南京大學檔案館)。

練團第 28 期受訓 6 周，並任訓育幹事，和他同時受訓並任幹事的還有華羅庚。
1945 年 3～4 月，因校長竺可楨赴重慶國民黨中央訓練團受訓，郭斌龢代理浙
江大學校長。

學有傳人

　　1946 年 8 月，郭斌龢又回到中央大學，執教於外文系。中央大學改制為
南京大學後，他一度出任外文系系主任。當年在浙江大學，他是最忙的教授。
回到中央大學後，他辭去一切職務，專心翻譯柏拉圖的著作。1947 年，他根
據希臘文原版，用語體文譯了柏拉圖《理想國》。在八十多歲高齡時，他又指
導自己的學生張竹明據希臘文原版再譯柏拉圖的《理想國》（與張竹明合作，
商務印書館，1986）。

　　郭斌龢一生求學南京高師、香港大學、哈佛大學、牛津大學。又在多所
大學執教。1949 年的歷史大變革時，他有機會和條件到臺灣大學和香港大學
任教，但他留在了南京。他和自己的祖國一同經歷了「文革」的苦難和春回
大地的新生。南京是他學習、執教時間最長的地方。這一切如同葉對根的眷
戀。

　　郭斌龢常想學生灌輸他的「三個 L」的大學精神（Learning 學習、Light
光明、Liberty 自由），一直堅持到 1957 年。有一個基本的歷史事實，那就是
1949 年以前所謂舊時代大學的教授在新的歷史時段的自然身份和政治文化認
同問題。1949 年以前，蔣介石對教育界關照最多的兩所大學是中央大學和浙
江大學。郭斌龢是這兩所大學的名教授。新的歷史時期，在南京大學，他基
本上是過著一種隱居式的生活。舊大學的名教授，自然是有「歷史問題」的。
何況他和國民黨的這種特殊的政治關係。許多老師和學生對他是敬而遠之。
當然也有主動向他這位中國著名的希臘文、拉丁文專家請教的。這位南大外
文系的學生就是張竹明。張竹明在中學就開始學習希臘文、拉丁文。大學時，
他一方面自學希臘文，同時主動接近本系處在十分邊緣的郭斌龢教授。這樣
一來，郭斌龢也就有了自己真正的學生。張竹明留校工作後，與郭斌龢成了
同事。師徒二人有了更多的切磋、交流的機會。當郭斌龢看到張竹明據希臘
文翻譯的亞里士多德的《物理學》後，高興地對自己的學生說：「你已經超過
我了！」

　　隱居南大十多年的郭斌龢，「文革」期間自然是在劫難逃。張竹明說自己

的老師很樂觀，本來血壓高，在批鬥和「牛棚」的勞改時，「勞其筋骨，餓其體腹」，反倒什麼病也沒有了。

隱居西南重慶的吳宓，在 1961 年 8 月有一次南下廣州看望老友陳寅恪的非常行為。在郭斌龢被批鬥的時候，吳宓自重慶的西南師範學院寄來一封長長的信，說自己在重慶被折磨得好苦啊！他關心老友郭斌龢的處境，在信中還詳細繪製了自己如何被批鬥的圖形。郭斌龢的兒子郭喜孫說他也看過吳宓的信，父親那時處境十分艱難，收到吳宓的信後，感念和自己同樣受難的老友，但不敢回信。而吳宓的這封信後來也就散失了。

1976 年以後，中國的政治形勢發生了重大的變化，張竹明被學校派為郭斌龢的助手。當商務印書館約請郭斌龢翻譯柏拉圖的《理想國》時，張竹明自然成了這項工作的主力。同時，為使希臘文、拉丁文的學術傳統在南京大學不絕，張竹明接替老師郭斌龢在南大開設希臘文、拉丁文課。

如今退休了的張竹明仍在翻譯古希臘的悲劇集。南大的希臘文、拉丁文課，由張竹明的第一屆希臘文、拉丁文學生陳仲丹接替，繼續開設，可謂薪盡火傳。

繆鳳林：傳承東南史學

　　南京高師—東南大學師生與北京大學胡適派文人歷史觀念上的矛盾衝突，源於柳詒徵（字翼謀）發表在 1921 年 11 月 1 日《史地學報》創刊號上的《論近人講諸子之學者之失》，文章對胡適的歷史研究提出批評，之後是「古史辨」討論中的南北對立。前後多年的「疑古」與「信古」爭論和歷史研究中的學分南北，因繆鳳林批評傅斯年而再度爲學界所關注。

　　日軍侵華的炮聲，將在安陽小屯領導殷商考古挖掘的傅斯年驚起，讓他開始關注自己並不熟悉的東北歷史。1932 年，爲配合李頓調查團對東北問題的解決，傅斯年聯合方壯猷、余遜、徐中舒、蕭一山、蔣廷黻匆匆合著一冊《東北史綱》，即計劃編著的《東北通史》第一卷。1933 年，「學衡派」成員、中央大學歷史系教授繆鳳林在吳宓主編的天津《大公報‧文學副刊》上連載長文《評傅斯年君〈東北史綱〉卷首》，對傅斯年民族史觀和學術態度展開了猛烈的批評（繆就此批評文章，曾請示過一向謾罵胡適的黃侃。江蘇教育出版社印行的《黃侃日記》第 885 頁有「繆贊虞以駁傅某《東北史綱》一文見示」，還將此文在中央大學文學院 11 月創刊的《文藝叢刊》上刊登）。繆鳳林等人的批評，直接導致了《東北通史》成爲斷殘。

　　《大公報‧文學副刊》1933 年 5 月 1 日第 278 期先行刊出邵循正的《評傅斯年〈東北史綱〉第一卷〈古代之東北〉》，隨後，是繆鳳林三萬多字的長文八期連載。這是吳宓有意爲之，因爲此時《大公報》的主持人受胡適的影響，決心全面使用白話，正在動議撤銷堅持使用文言、拒絕使用白話標點符號、只用句讀的《大公報‧文學副刊》。他們先讓胡適的門生楊振聲、沈從文創辦《大公報‧文藝副刊》，在 9 月 23 日出版發行。也就是說讓一字之差的

兩個副刊（前者文言，後者白話）同時並存，隨後迫使吳宓在 1934 年 1 月 1
日出版第 313 期後，主動停辦了《大公報・文學副刊》。

　　傅斯年此時為中央研究院歷史語言研究所所長（北平時期），繆鳳林為南
京中央大學歷史系教授。這次批判與新舊史學無關，但卻是傅斯年及北方重
視新材料和新問題的史學家遭遇到的最為嚴厲的一次衝撞。繆鳳林主要指出
傅斯年為反日政治的急需，倉促出版的著作中舊有史書的史料嚴重不足（沒
有看到），對新出土的文物文獻更是不瞭解，以及書中大量的史料錯誤：

　　　　綜觀傅君之書。大抵僅據正史中與東北有關之東夷傳（其地理
　　志部分。則付諸余遜君）。故他紀傳中有關東北史事之重要材料。大
　　都缺如。而又好生曲解。好發議論。遂至無往而不表現其缺謬。吾
　　上所評者。雖篇幅略與傅君自著作者相當。而全書之缺謬。猶未儘
　　其什一也。〔註1〕

　　　　傅君書之謬誤疏漏如是。乃事更有出人意外者。書中所引史文。
　　頗多不明文理。不通句讀之處。……文意不明。句讀不通。便肆解
　　釋。下斷語。其欲免於紕繆缺漏。難矣。〔註2〕

因為傅斯年本人是注重史料的學者，使用的是「上窮碧落下黃泉，動手動腳
找材料」史學策略，以他的學術素養和地位，其著作水平代表的是中國國家
的學術水平，是要和日本學者對決高下的。然而，被繆鳳林指出的這些問題
無一不是學術上的硬傷，是學者之大忌。事實讓傅斯年無言以對，亦無還手
之力，只好沉默。這和十年前的「古史辨」論爭時的情況完全不同。那場論
爭，南北力量懸殊，新舊陣營清晰，文化精神上的差異尤為明顯。柳詒徵師
徒明顯寡不敵眾，南不敵北。而這一次，配合繆鳳林出場的還有他的南京高
師同學鄭鶴聲。鄭鶴聲在文章中明確表示，他的一些觀點和論據是和繆鳳林
討論溝通過的。呈現出原南京高師──東南大學史學派系的報復性反擊。如繆
鳳林文章一開始所說的「傅君所著。雖僅寥寥數十頁。其缺漏紕繆。殆突
破任何出版史籍之記錄也」〔註3〕，這樣的評語，顯然是受到了宿怨發酵作用

〔註1〕繆鳳林：《評傅斯年君〈東北史綱〉卷首》（七），《大公報・文學副刊》1933
　　　年 9 月 4 日第 29 期。
〔註2〕繆鳳林：《評傅斯年君〈東北史綱〉卷首》（八），《大公報・文學副刊》1933
　　　年 9 月 25 日第 299 期。
〔註3〕繆鳳林：《評傅斯年君〈東北史綱〉卷首》（一），《大公報・文學副刊》1933
　　　年 6 月 12 日第 284 期。

的影響。繆鳳林對二十四史十分熟悉，他的史學基礎不在傅斯年之下，雖然
不曾出國留學，對北方學者所謂三大新學問也不熟悉，但他是專門研究日本
歷史的學者。受柳詒徵寫通史通論的影響，他的願望就是繼黃遵憲之後，續
寫《日本國志》。（此時，他研究日本的文章已結集出版爲《日本論叢》，1933
年在張其昀主持的鍾山書局〔註4〕出版。）吳宓在清華大學主編《學衡》第 79
期後，曾計劃將主編權自 80 期開始交給繆鳳林，甚至連主編易人的廣告都已
登出，但繆鳳林並沒有接手《學衡》，而是和張其昀聯手，拋棄《學衡》的老
招牌，另起爐竈，成立了新的「國風社」，推柳詒徵爲社長，張其昀、繆鳳林、
倪尚達爲編輯委員，出版《國風》半月刊，出版發行歸鍾山書局。我在前面
專論《國風》時已經談到他們如何「關注日本及中國的東北、華北」〔註5〕的
問題。

　　北方最大的報紙副刊八期連載的這篇《評傅斯年君〈東北史綱〉卷首》（自
1933 年 6 月 12 日第 284 期始，後續爲 6 月 19 日的第 285 期、6 月 26 日的第
286 期、7 月 3 日的第 287 期、7 月 31 日的第 291 期、8 月 28 日的第 295 期、
9 月 4 日的第 296 期、9 月 25 日的第 299 期）書評，使繆鳳林成爲民國東南
史學界國內學者中挑戰傅斯年的第一人，是天津從後背刺向北平傅斯年的具
有十足殺傷力的一槍。具體的批評文字，特別是史實分析部分從略，這裡只
摘引繆鳳林的結語：

　　　　傅君此書之作。在「九‧一八」事變之後。篇首所述編此書之
　　　動機。吾人實具無限之同情。然日人之研究東北史。則遠在二十餘
　　　年之前。時當日俄戰役結果（光緒三十一年）。白鳥庫吉氏已提倡
　　　對於東北朝鮮。作學術上根本的研究。以爲侵略東北及統治朝鮮之
　　　助。嗣得南滿洲鐵道公司總裁後藤新平氏之讚助。光緒三十四年一
　　　月。於公司中設立「歷史調查室」。專以研究東北朝鮮史爲務。聘
　　　白鳥氏主其事。箭內亙稻葉岩吉津田左右吉及松井等氏輔之。從研

〔註4〕南京鍾山書局的董事多是中央大學的教授，因主編張其昀的專業關係，該書
　　　局的地理圖書是其主要特色。書籍的作者基本上都是中央大學的教授。書局
　　　的常務董事有：編輯張其昀、出版繆鳳林、會計倪尚達、營業沈思璵、西書
　　　羅廷光。
　　　繆鳳林在鍾山書局出版的著作有《中國通史綱要》、《高中本國歷史》、《日本
　　　論叢》、《日本史鳥瞰》等。
〔註5〕本書關於《國風》中有一節是與此論題相關聯。

究歷史地理入手。越四載餘。至民國二年九月。有《滿洲歷史地理》二厚冊及附圖《朝鮮歷史地理》二厚冊附圖以南滿洲鐵道公司名義出版。前者爲白鳥箭内稻葉及松井等氏合著。後者則津田氏一人獨著。而皆由白鳥氏監修者也。「歷史調查室」旋亦結束。由東京帝國大學文科大學繼續研究。箭内松井津田及池内宏氏主其事。共研究論文之刊行者。名曰《滿鮮地理歷史研究報告》。於民國四年十二月出版第一冊。五年一月出版第二冊。嗣後或年出一冊。或間數年出一冊。今已出至十三冊（余所見者僅十二冊）。內容之關於東北者。以隋唐後各東北民族之專論爲多。又稻葉君山氏於民國三年出版《清朝全史》後。續著《滿洲發達史》。亦於四年出版。內容於明以後之東北敘述較詳（武進楊成能君曾譯登東北叢刊）。皆日人東北史之名著也。傅君此書之體裁。略與《滿洲歷史地理》同。然白鳥之書。出版在二十年前。雖亦間有缺誤。而其可供吾人指斥者。實遠不如《東北史綱》之多。此則吾人所認爲史學界之不幸者也。吾民族今已與日人立於永久鬥爭之地位。欲鬥爭之成功。必求全民族活動之任何方面皆能與日人之相當方面相抗衡。往者已矣。來者可追。竊願後之治東北史者。慎重立言。民族前途。學術榮譽。兩利賴之矣。〔註6〕

被當時的學者胡文輝稱爲「天機星智多星吳用」的傅斯年，在學術的江湖上遇到了真正的對手。一向專橫獨斷，快人快語的傅斯年被繆鳳林一劍封喉。傅斯年對此沒有作公開回應，儘管坊間傳出傅斯年要中央大學校長羅家倫平息此事的細語，但繆鳳林還是感受到了來自北方學界、特別是傅斯年給他的壓力。借著陳垣邀請他北上就職輔仁大學之機會，他在6月30日給陳垣的信中說道：

奉讀賜書，感愧交並。評《東北史綱》一文，本爲此間文學院院刊而作。嗣因傅君南下，爲所探悉，肆布讕言，兼圖恐嚇。林以學術爲天下之公器，是非非個人所能掩，因先付單本，並布《大公報》。兩月以來，傅某因羞成怒，至謂誓必排林去中大而後已。其氣度之偏狹，手段之卑陋，幾非稍有理性者所能存想（例如介紹方欣

〔註 6〕繆鳳林：《評傅斯年君〈東北史綱〉卷首》（八），《大公報·文學副刊》1933年9月25日第299期。

安、謝剛主二君來中大以圖代林，其致方君信則謂林以辭去中大教職〔此係方君語平友某君，某君因以告林者〕。一面又在京散佈流言，謂中大史學系下年度決實行改革，腐舊之繆某勢在必去云云）。林方自懼學之不修，且除學術外亦無暇與之計較也。暑後林決仍應中大聘約（傳君對此事必有出於意外之感。實則林在此間，自有其立場，初非傅君所能貴賤。惟方、謝二君，此間以傅君關係，聞已延聘）。私意擬在此間多住數年，期於國史略植根柢，再行來平，以廣見聞。異時學業稍進，倘長者以爲可教而辱教之，則幸也。……
〔註7〕

方欣安（壯猷）、謝剛主（國楨）均爲清華國學院畢業生。方本人又參與《東北史綱》的編寫。

　　相對於繆鳳林行文的「激烈」，鄭鶴聲的文章則顯得「溫和」〔註8〕許多，他首先肯定了傅斯年的良苦學術用心和新的寫地域史的方法，同時也表示自己並非在繆鳳林激烈的批評之後要爲傅斯年辯護什麼。但是，從他文章末尾所說的「傅君等之著《東北史綱》，實所以應付東北事變，不免有臨渴掘井之嫌」〔註9〕，還是可以嗅出鄭鶴聲「溫和」之中所藏的譏諷：

　　　　惟傅君爲吾國學術界上有地位之人物，而本書又含有國際宣傳
　　之重要性，苟有紕繆，遺笑中外，總以力求美備爲是。〔註10〕

傅斯年、繆鳳林兩位史學家在1931年以後特殊的中日戰爭年代，都因民族情緒高漲和政治需要，關注東北，研究日本；也都因爲與政治糾纏得太緊而死於高血壓。傅斯年1950年12月20日在臺灣大學校長的任上因腦溢血去世，繆鳳林不過是在屈辱中多苟活了幾年。

　　繆鳳林抗戰期間關注西北民族語歷史，因胡宗南在西北主政，他多次到那裡講學研究。胡宗南是在1920年7月到南京高師參加暑期學校時，結識浙江同鄉繆鳳林、張其昀的。1949年以後，張其昀任臺灣國民黨中央宣傳部部

〔註7〕陳智超編注：《陳垣來往書信集》第232頁，上海古籍出版社，1990。
〔註8〕鄭鶴聲：《傅斯年等編著〈東北史綱〉初稿》，《圖書評論》1933年7月1日第
　　　1卷第11期。
〔註9〕鄭鶴聲：《傅斯年等編著〈東北史綱〉初稿》，《圖書評論》1933年7月1日第
　　　1卷第11期。
〔註10〕鄭鶴聲：《傅斯年等編著〈東北史綱〉初稿》，《圖書評論》1933年7月1日第
　　　1卷第11期。

長、教育部部長。繆鳳林也是 1949 年之前公開批評唯物史觀的學者之一，他發表在《中國青年》第 5 卷第 9 期上的《唯物史觀與民生觀》影響很大，曾引起浙江大學校長竺可楨的關注，竺可楨在 1945 年 1 月 23 日的日記中專門記錄了閱讀此文的感受：「批評馬克司唯物論，以辯證法論證解釋，抨擊不遺餘力……中山先生三民主義以民生爲中心，而不以物質爲中心，實遠勝之云云。」〔註11〕

抗戰勝利後中央大學文史學科的情況，夏鼐在 1947 年 9 月 28 日的日記中有記錄，他轉述了中央大學歷史系主任賀昌群對中大歷史系的看法：「上午至賀昌群君處閒談。關於擔任考古學課程事，已加辭謝。賀君談及中大教授，對於東南派頗表示不滿，謂文史方面柳詒徵門下三傑，龍（張其昀）、虎（胡煥庸）、狗（繆鳳林），皆氣派不大，根柢不深；現下之『學原』，乃『學衡』之復活，然無梅光迪、吳雨僧之新人文主義爲之主持，較前更差。」〔註12〕「學原」即南京新創刊的《學原》雜誌。因爲賀昌群本人曾就讀於滬江大學，在商務印書館與一批新文學作家爲友，之後又到北京大學從事當時顯學的敦煌研究。他雖長期在中央大學歷史系任教，但他的學術思想一致沒有融入中大。夏鼐畢業於清華大學歷史系，又留學英國，歸國在中央研究院歷史語言研究所任職。學術傳承是屬於北派的。柳詒徵門下三傑：張其昀 1949 年去臺灣，利用從政的有利條件，創辦中國文學大學；胡煥庸 1953 年調到華東師範大學，曾因提出中國人口的地域分佈以瑷琿騰沖一線爲界而劃分爲東南與西北兩大基本差異區而聞名，且高壽；其中只有繆鳳林的命運最慘。

國文系的情況更加複雜。在抗戰勝利中央大學南京復校時，學統和派系之間的矛盾集中暴發出來。1947 年夏，胡小石任國文系主任時，曾一次解聘了朱東潤等 12 人，包括原北大畢業生楊晦、清華畢業生吳組緗等。在聘用教授時明顯傾向於出身原東南大學—中央大學的教師和弟子。中央大學國文系的矛盾糾結與抗戰期間學校遷徙重慶不無關係。重慶時期，中央大學的師範學院有國文系，師資多爲北京大學、清華大學的畢業生，北京大學畢業生、朱家驊的連襟伍叔儻任系主任；文學院也有國文系，系主任是汪辟疆，師資則多爲兩江師範、南京高師、東南大學的畢業生。汪辟疆本人也是北京大學

〔註11〕 竺可楨：《竺可楨全集　日記》第 9 卷第 16 頁，上海科學技術出版社，2006。
〔註12〕 夏鼐：《夏鼐日記》（王世民、夏素琴等整理）卷四第 144～145 頁，華東師範大學出版社，2011。

畢業生，國文系的老底子是胡小石、汪辟疆等從南京帶過來的。1943 年師範學院國文系與文學院國文系合併，伍叔儻任系主任。伍叔儻帶來的原國文系的師資人多，在合併後的國文系占上風。但背後卻遭受原國文系胡小石勢力的抵抗。在《朱東潤自傳》中有這樣一段的記載，是關於出身北京大學的甲骨文專家丁山教授在合併後國文系的遭遇：「國文系的丁山教授來了，要開龜甲文的課，這個消息給胡教授知道了，他立刻用文學研究室的名義把圖書館全部有關龜甲文的書借個精光；丁山只有對著圖書館的空書架白瞪眼。」〔註 13〕這就是胡小石在出任系主任期間幾乎把原師範學院國文系的師資全部清除的緣故。曾任教於清華、中大的郭廷以所說的「中大同事中出身本校的和清華的原有界限」〔註14〕的話，也印證了這個實情。

繆鳳林 1949 年短暫到臺灣後返回南京，卻因這段說不清的「大是大非」和 1949 年之前所謂的「反共」言論，被「五人小組」（形式同專案組）監控、調查。在嚴重的政治壓力下中風（腦溢血）。雖然沒有立刻送命，卻因此成了廢人，在病床上躺了幾年，於 1959 年去世（關於去世時間說法不一，有南京大學教授回憶說是 1957 年；吳宓日記中記錄據繆鉞告知是 1958 年；多家小傳則為 1959 年。這說明繆鳳林當時已經不受學界重視了）。一個著名的史學教授最為成熟的學術年華，學術成果為零。「大書箱」的繆鳳林的個人藏書捐給了歷史系資料室。我詢問過幾位 1950 年代歷史系的青年教師和學生，他們只知道有他這個病殘的「偽中央大學歷史系主任、教授」，說已經沒有人關注他了。

繆鳳林在學生時代即得柳詒徵、劉伯明的賞識。劉伯明在中華書局出版的《西洋古代中世哲學史大綱》、《近代西洋哲學史大綱》署名為劉伯明講，繆鳳林述。繆鳳林是劉伯明課堂授課講義的記錄、整理者。劉伯明英年早逝，繆鳳林隨柳詒徵治史學，他除了短期到東北大學任教外，一生都與南京高師—東南大學—中央大學共榮辱。

繆鳳林赴臺的真實原因，目前尚無法查得其主體檔案，只能看到零星的幾頁如白壽彝等人的調查證明材料。學界傳說的原因有兩種：一是南京大學流傳的，說他受邀去主持臺灣省文獻委員會，回來搬家時，卻因南京政權的

〔註13〕 朱東潤：《朱東潤傳記作品全集》第四卷第 276 頁，東方出版中心，1999。
〔註14〕 郭廷以口述、張朋園等整理：《郭廷以口述自傳》第 155 頁，中國大百科全書出版社，2009。

瓦解而沒能走了。當然這是一種含有政治意味的說辭。另一說辭來自他的學生唐德剛，唐德剛在臺灣《傳記文學》第四十四卷第五期上發表的《〈通鑒〉與我》一文中，轉述近代史專家郭廷以在紐約對他所說的話，說「繆老師曾一度避難來臺。但是在臺灣卻找不到適當工作，結果又返回大陸」〔註15〕。此文收錄在 1991 年 12 月 31 日出版的《史學與紅學》一書中。當學生時常到繆鳳林老師家借書、看書的南京大學蔣贊初回憶說：繆鳳林先生的愛書如命，藏書最多。日本投降後，南京舊書市場那些日本出版的重要學術書刊，大都被他收藏了。他與國民黨政府有些關係，去臺灣之前曾說自己擔心共產黨佔領南京後，這些書郭沫若是要佔用的，所以先把一部分重要的圖書運到了臺灣。等他再回南京搬家時卻走不掉了。他曾拒絕到北京華北人民革命大學學習改造，因此就不讓他上課，心情不好，就病倒了。

　　畢業於中央大學歷史學系的唐德剛十分健談，我們曾於 1992、1993、1995 年三次相聚，我都是整天在聽他講故事，從胡適、李宗仁、顧維鈞、張學良到蔣介石。他自稱是「天子門生」（他說自己是在臺北受蔣介石接見時，當著蔣介石的面說的。因為自己當年在重慶讀書時蔣介石一度兼任中央大學校長），親切地稱呼我為「校友小學弟」。1992 年 7 月 3 日在北京，我說很喜歡他在《胡適口述自傳》的注釋中寫到的自己隨中央大學流亡重慶沙坪壩時，茶館竈前喝茶神聊，籬笆後院撒尿這段故事。他簽名送我一冊《史學與紅學》，說他還寫到和繆鳳林教授一起聊天、背《通鑒》、吃燒餅：

　　　　我們沙坪壩那座大廟裏，當時還有幾位老和尚，他們的功夫，可就不是「鬼拉鑽」了。

　　　　在一次野餐會中，我和那位綽號「大書箱」的繆鳳林老師在一起吃燒餅。繆老師當時在沙磁區師生之間，並不太 popular。他食量大如牛，教師食堂內的老師們，拒絕和他「同桌」，所以他只好一人一桌「單吃」。

　　　　「進步」的同學們，也因為他「圈點二十四史」，嫌他「封建反動」。我對他也不大「佩服」，因為我比他「左傾」。

　　　　可是這次吃燒餅，我倒和他聊了半天。我談的當然是我的看家本領「通鑒」。誰知我提一句（當然是我最熟的），他就接著背一段；

〔註15〕唐德剛：《〈通鑒〉與我》，《史學與紅學》第 238 頁、237-238 頁，（臺北）傳記文學出版社，1991。

我背三句，他就接著背一頁——並把這一頁中，每字每句的精華，講個清清楚楚。

乖乖！這一下我簡直覺得我是閻王殿內的小鬼；那個大牛頭馬面，會一下把我抓起來，丟到油鍋裏去。

繆老師那套功夫，乖乖，了得！〔註16〕

討論完傅斯年、繆鳳林之間這麼沉重的話題，送他們到天堂繼續爭論，我就來段輕鬆的。

傅斯年和繆鳳林在抗戰時期學術活動區域分別屬於昆明西南聯大和重慶中央大學。當然這只是個相對的說辭，考慮到各自學術出身。因為傅斯年還在宜賓的李莊兼任史語所所長。繆鳳林也常到西北講學考察。唐德剛在《胡適口述自傳》的注釋中特別提到，西南聯大出身的王浩與他出身中央大學的兩人在美國相見時各吹母校。王浩總是說：「你們進去比我們好，出來比我們差。」唐德剛究其原因說是他們同學一半時間在茶館裏喝掉了：

筆者抗戰中期所就讀的大學，是「人間」一壩的沙坪「中大」（那時後方還有「天上」和「地獄」兩「壩」）。可能是因為地區的關係，全國統一招生，報考「第一志願」的學生太多，沙坪「中大」那時是個有名的「鐵門檻」。要爬過這個門檻，真要憑「一命二運三風水，四積陰功五讀書」。可是慚愧的是，我們那時的文法科，是個著名的「放生池』。一旦「陰功」積到，跨入大學門欄，然後便吃飯睡覺，不用擔心，保證四年畢業！

那時的「聯大」據說比我們便好得多了。目前在美國頗有名氣的數理邏輯專家王浩教授，便是與筆者「同年」參加「統考」，進入「聯大」的。當我二人各吹其母校時，王君總是說：「你們進去比我們好，出來比我們差！」筆者細想，按數理邏輯來推理一番，王君之言，倒不失為持平之論。我想「我們」出來比「他們」「差」的道理，是「我們」四年大學，有一半是在茶館裏喝「玻璃」喝掉了。

當年，「我們」在沙坪壩上課，教授與我們似乎沒有太大關係。他們上他們的課堂，我們坐我們的茶館，真是河水不犯井水。考試

〔註16〕唐德剛：《〈通鑑〉與我》，《史學與紅學》第 238 頁、237-238 頁，（臺北）傳記文學出版社，1991。

到了，大家擠入課堂，應付一下。如果有「保送入學」的「邊疆學生」，或起義歸來的「韓國義士」，用功讀書，認真地考了個八十分，大家還要群起訕笑之，認為他們「天資太差，程度不夠！」

因此要看「天資不差，程度很夠」的高人名士，只有到茶館裏去找；因為他們都是隱於茶館者也。其實所謂「沙磁區」一帶的茶館裏的竹製「躺椅」（美國人叫「沙灘椅」）據說總數有數千張之多。每當夕陽衍山，便家家客滿。那些茶館都是十分別致的。大的茶館通常臺前爐上總放有大銅水壺十來隻；門後籬邊，則置有溺桶一排七八個。在水壺與溺桶之間川流不息的便是這些蓬頭垢面、昂然自得、二十歲上下的「大學士」、「真名士」。那種滿肚皮不合時宜的樣子，一個個真都是柏拉圖和蘇格拉底再生。稍嫌不夠羅曼蒂克的，便是生不出蘇、柏二公那一大把鬍子。

諸公茶餘溺後，伸縮乎竹椅之上，打橋牌則「金剛鑽」、「克虜伯」，紙聲颼颼。下象棋則過河卒子，拼命向前……無牌無棋，則張家山前，李家山後；飲食男女，政治時事……糞土當朝萬戶侯！乖乖，真是身在茶館，心存邦國，眼觀世界，牛皮無邊！

有時橋牌打夠了，飲食男女談膩了，行有餘力，則以學文。換換題目，大家也要談談「學問」。就以筆者往還最多的，我自己歷史學系裏的那批茶博士來說罷，談起「學問」來，也真是古今中外，人自為戰，各有一套；從《通鑑紀事》到「羅馬衰亡」。從「至高無上」到《反杜林論》……大家各論其論。論得臭味相投，則交換心得，你吹我捧，相見恨晚！論得面紅耳赤，則互罵封建反動，法斯過激，不歡而散。好在彼此都是臥龍崗上，散淡的人；來日方長，三朝重遇，茶餘溺後，再見高下……〔註17〕

戰時大後方的教育文化中心有「三壩」之說：重慶沙坪壩、成都華西壩和漢中古路壩。華西壩因處於天府之國首邑成都，故被譽為「天堂」；中央大學所在的沙坪壩，被稱為「人間」；陝西漢中古路壩因條件較差而被稱為「地獄」。

看過許多回憶老中央大學的文章，唐德剛的文字亦莊亦諧，可謂美妙絕倫，真正的高人大手筆。唐德剛的文風頗似《世說新語》，他與王浩各吹母校

〔註17〕唐德剛譯注：《胡適口述自傳》，胡適：《胡適全集》第 18 卷第 289～290 頁。

時，恰似昔日晉王武子與孫子荊各言其土地人物之美。王曰：「其地坦而平，其水淡而清，其人廉且貞。」孫云：「其山崔巍以嵯峨，其水淶漠而揚波，其人磊砢而英多。」（《世說新語　上卷上德行第一》）。

　　跋山涉水，我曾到沙坪壩中央大學舊址尋訪，在重慶森林沐浴，聽嘉陵江的水聲，吃火鍋麻辣燙；騰雲駕霧，也曾去西南聯大踏訪，到雲南看水看山看雲，點一碗過橋米線，炒一盤牛肝菌。在我研究胡適的途中遇到了「校友大師兄」（擬仿先生的親切稱呼，反倒是覺得更為敬重）唐德剛，如他當年遇上了胡適，如沐春風，如飲甘露。如今我在寫作《民國大學的文脈》一書，特意為唐德剛的老師繆鳳林說上幾句。

張其昀：歷史地理學的承傳

歷史地理學

　　現代學術規範的確立，主要依靠基本的概念和科學的方法。而這通常是建立在陳寅恪所謂的「一時代之學術，必有其新材料與新問題」〔註1〕上。利用此新材料，研究新問題，即為此時代學術的新潮流。張其昀認為現代中國「歷史地理學」的學者是「得預於此潮流者」，也就是「預料新潮流之所趨」〔註2〕的「預流」。一門學科的成熟，首先要體現在概念的明晰和被學界的普遍認同、接受上，並形成一套行之有效的進入這一學科的方法、路徑。這條路徑是有別於中國傳統學術的「師承」、「家法」規範，直通西方，或者是經由日本中介的。1920、1930年代，中國學者在學術操作上，因一時無法或不能確立新的概念以建立特殊的學科時，只好在傳統中尋找相應的可借助的概念。於是出現了《禹貢》、《食貨》這種以現代學術規範看來實屬於「歷史地理學」、「經濟史」的專門刊物。

　　在現代學術史上，「歷史地理學」作為一個學術名稱的提出，是在 1923年《史地學報》張其昀的文章中〔註3〕。但相應的學術研究卻是晚清——近代以來的一門「顯學」（有「道光顯學」之說），並形成了兩大傳統。一是自清代中期以來由《水經注》引發的純粹考據式的學術研究。可以說這是純技術

〔註1〕陳寅恪：《金明館叢稿二編》第 266 頁。
〔註2〕張其昀《中國地理學研究》一書的第十一章為「歷史地理學」，《張其昀先生文集》第 1 冊第 456 頁。
〔註3〕謝覺民：《紀念一代學人——吾師張其昀教授》，吳傳鈞、施雅風主編：《中國地理學 90 年發展回憶錄》第 45 頁，學苑出版社，1999。

意義上的行爲。另一個則是具有國家—民族意義上的「輿圖地理」學研究，是和愛國主義、民族主義相關聯的。因爲近代以來，列強崛起，而我綜合國力日衰。從列強的蠶食到大規模的割地，仁人志士從純學術中走出，關注疆域，關心祖先生存和如今自己生存的歷史時空。「歷史地理學」也就應運而生。而後者也就相應具有一定的政治意義。

顧頡剛出身北京大學，是胡適的高足。作爲著名的歷史學家，「歷史地理學」的研究只是他古代史研究的一部分。《禹貢》便是他 1920 年代在廣州中山大學開設中國古代地理課程後，於 1934 年 3 月 1 日創辦的。譚其驤、侯仁之是顧頡剛執教燕京大學時的學生，後來分別發展於浙江大學、復旦大學和北京大學。史念海是顧頡剛在輔仁大學兼課時的學生。陳橋驛出身於中正大學，長期執教於杭州大學（後併入浙江大學）。

這裡所說的張其昀是南京高師—東南大學—中央大學的「歷史地理學」的代表人物。

南高—東大的知識獲得

張其昀（1901～1985），字曉峰，浙江鄞縣人。張家爲世代書香，張其昀的曾祖父、祖父兩代舉人。寧波自宋代學風蔚起，繼承「中原文獻之傳」。寧波鄉賢王應麟（深寧）爲文天祥的老師，清初萬季野著《明史稿》，全謝山表彰南明史迹。他們一脈相傳的是民族大義。在張其昀看來，萬季野、全謝山「均以布衣之士肩負國史大業，有其不朽的地位」〔註4〕。張其昀的中學歷史老師洪允祥（1873～1933，曾任教於北京大學，張其昀主編《國風》時，爲1933 年 4 月 18 日去世的洪允祥出了紀念集），地理老師蔡和鏗。歷史地理的興趣，在中學時就被強化了。他在《自述著述的經過》一文中特別提到爲他講國史的洪允祥曾任上海《天鐸報》主筆，中學畢業時，洪允祥送他一個墨盒，上面刻了幾個字：「莫拋心力學詞人。」又給他一封信，中間引用清初萬季野入京修明史時鄉人的贈句：「四方聲價歸明水（即寧波），一代賢奸託布衣。」洪允祥還送他一部書，就是全謝山的《鮚埼亭集》。因此，張其昀說：「作者治學三十餘年，鍥而不捨，就是想繼承萬全二家的學術，以無負於當年良師期望之殷而已。」〔註5〕

〔註 4〕張其昀：《〈中華五千年史〉自序》（一），《張其昀先生文集》第 20 冊第 10835 頁。
〔註 5〕張其昀：《自述著述的經過》，《張其昀先生文集》第 10 冊第 5068 頁。

1919 年 9 月張其昀入南京高師文史地部，「以該部地理學組爲主修」﹝註6﹞。1921 年南京高師改制爲東南大學，並由竺可楨創辦地學系（合地質、地理、氣象、天文爲一系）﹝註7﹞。1923 年 6 月畢業。大學時代，他受三位老師的影響最大：劉伯明、柳詒徵、竺可楨。劉伯明治西洋哲學，在美國西北大學受過系統、規範的哲學訓練，重視思維方法的調適，倡導哲學思想史。張其昀說：「劉先生對我們最大的影響，就是主張哲學與史學應互爲表裏，人類文化史應以思想史爲核心。」﹝註8﹞

柳詒徵打通文史，宏觀史論與樸學的考據兼治，尤其推崇顧炎武（亭林）之史學、顧祖禹（景范）之地理學，他要求學生「追蹤二顧之學」﹝註9﹞，並首創《中國文化史》的範例。竺可楨在美國經過專業的氣象學、地理學教育。張其昀承劉氏哲學、柳氏史學、竺氏地學﹝註10﹞，而成爲「歷史地理學」家。

張其昀說當時北京因有張相文、丁文江、翁文灝、李四光等著名學者而爲北方地理學的中心，南京因有竺可楨、白眉初、王毓湘、曾鷹聯而爲南方地理學的重鎮。北方側重地質學，以新方法研究地利。南京注重氣象學，以新方法研究天時﹝註11﹞。張其昀本人是在歷史學與地理學的並重中，確立了

﹝註6﹞ 張其昀：《地理學思想概說——答鄧君景衡問》，《張其昀先生文集》第 1 冊第 288 頁。
﹝註7﹞ 任美鍔：《竺可楨和翁文灝的兩本最早的地理學講義》，吳傳鈞、施雅風主編：《中國地理學 90 年發展回憶錄》第 317 頁。
﹝註8﹞ 張其昀：《〈中華五千年史〉自序》（一），《張其昀先生文集》第 20 冊第 10838 頁。
﹝註9﹞ 張其昀：《〈中華五千年史〉自序》（一），《張其昀先生文集》第 20 冊第 10839 頁。
　　　二顧之學的確對張其昀影響很大，他後來陸續寫有《明顧景范氏之國防論》，重慶《大公報》1945 年 11 月 23 日，《地略學之涵義、方法與功用》（其中有「二顧精神」、「亭林論地略」、「景范論地略」），收入《張其昀先生文集》第 1 冊。《地略與戰略——顧祖禹著〈讀史方輿紀要〉述略》，收入《張其昀先生文集》第 4 冊，（臺北）中國文化大學出版部，1988。《重印〈讀史方輿紀要〉》，收入《張其昀先生文集》第 20 冊。
﹝註10﹞ 張其昀在《〈中華五千年史〉自序》（一）中特別強調柳翼謀在史學上對他的影響，而不提竺可楨在地學上對他的巨大影響是由於政治的緣故。他當時是臺灣國民黨當局的高官，竺可楨是北京中共中國科學院的副院長。出於政治的考慮，他迴避談竺可楨。但他在《地理學思想概說——答鄧君景衡問》中，又特別說到他的恩師爲：「中學——洪允祥（史）、蔡和鏗（地）。大學——柳詒徵（史）、竺可楨（地）。」見《張其昀先生文集》第 1 冊第 288 頁。
﹝註11﹞ 張其昀：《中國地理學研究》，《張其昀先生文集》第 1 冊第 293 頁。

自己的學術方向，並且明確了歷史地理學的宗旨：「凡歷史之演進，悉爲地理之生命；又凡地理之變化，悉爲歷史之尺度。」〔註12〕

在南京高師—東南大學的讀書期間，被張其昀視爲「恩師」〔註13〕的柳詒徵，對學生的實際影響最大。柳詒徵年輕時在南京的鍾山書院從繆荃孫受業，他從老師那裡繼承了乾嘉考證之學，融貫經史，而能泯除漢宋之爭。同時柳詒征將文史哲有機地溝通，並形成了自己治中國歷史、中國文化史的基本精神和方法。張其昀說自己正是從柳詒徵那裡「親受恩澤」〔註14〕的。

柳詒徵在爲學生開設《中國文化史》的同時，要學生讀十幾本文、史、哲、地的原著。張其昀在《〈中華五千年史〉自序》中說到，在國文課的《論語》、《孟子》等書之外，柳詒徵指導他們讀的有黃梨洲的《明儒學案》、《明夷待訪錄》、顧亭林的《日知錄》、顧祖禹的《讀史方輿紀要》、鄭樵的《通志略》、劉知幾的《史通》、章學誠的《文史通義》、司馬遷的《史記》、司馬光的《資治通鑒》、杜預的《春秋左傳集解》、孫詒讓的《周禮正義》、玄奘的《大唐西域記》、徐霞客的《遊記》、姚姬傳的《古文辭類纂》、沈德潛的《唐詩別裁》、顧起元的《客座贅語》、王陽明的《傳習錄》等。張其昀說自己在柳詒徵那裡得益最多的有三點是：

（一）方志學。他以爲各省縣的志書，卷帙浩繁，比國史所記載尤爲詳備，應該充分利用，以補國史之所不足。

（二）圖譜學。他曾引宋人鄭樵語：「古之學者，左圖右書，不可偏廢。劉氏（西漢劉向）作七略，收書不收圖。班固即其書爲藝文志。自此以還，圖譜日亡，書籍日冗，所以困後學而隳良材者，皆由於此。何哉？即圖而求易，即書而求難，捨易從難，成功者少。」

（三）史料學。他引黃黎洲《明儒學案》語：「學問之道，以自己用得著爲眞。」史籍浩如煙海，必須有方法加以選擇。他以爲章實齋《文史通義》所說的兩種方法，「裁篇別出」和「重複互注」是做學問必須具備的功夫。我根據了他的指導，收集

〔註12〕 張其昀：《中國地理學研究》，《張其昀先生文集》第 1 冊第 456 頁。

〔註13〕 張其昀：《〈中華五千年史〉自序》（一），《張其昀先生文集》第 20 冊第 10838 頁。

〔註14〕 張其昀：《吾師柳翼謀先生》，《傳記文學》第 12 卷第 2 期（1968 年 2 月），見《張其昀先生文集》第 9 冊第 4713 頁。

自己用得著的資料，迄今已四十年。〔註15〕

1921 年 11 月在東南大學學生中創辦的《史地學報》，張其昀是主要作者和刊物的骨幹成員。史學與地學的研究、寫作的實際訓練是從這個刊物開始的。他 1921 年 11 月 1 日在《史地學報》創刊號發表的第一篇學術論文爲《柏拉圖理想國與周官》〔註16〕。這也是該刊最有學術份量的一篇論文。區志堅在《人文地理學與地理教育學的發展──張其昀的貢獻》一文中特別強調張氏雖然是「學衡派」的成員，但作爲人文地理學的著名學者，是非保守的：「張氏引介的西方人文地理學，乃時代之『異軍』。……張氏提出人文地理學及地理教育學的觀點，實與其時代流行的科學精神相呼應，並非『保守學者』的論調。」〔註17〕

張其昀東南大學畢業後入上海商務印書館，主編中學地理教科書，影響一代中學生。張其昀積極倡導「時不離空，空不離時」的「史地之學」，認爲這樣「一以知古，一以知今，互爲經緯，相輔相成」〔註18〕。1928 年經柳詒徵推薦回中央大學任教。張其昀在南京高師──東南大學讀書時的同學胡煥庸、黃國璋留學歸來後，也都在母校任教。1949 年以後，胡、黃分別主持華東師範大學、北京師範大學地理系。另一位大學同學王勤堉也曾爲浙江大學、暨南大學（1949 年以前）的史地系的建設盡了大力〔註19〕。

從東南大學到中央大學的地理系，由竺可楨、張其昀、胡煥庸等師徒而興盛。張、胡執教中大地理繫時，又培養了一對著名的同班學子任美鍔、李旭旦（中大 1930～1934）。任、李留學歸來後，分別執教於浙江大學、中央大學。1949 年以後，任、李又分別主持南京大學、南京師範學院──師範大學地理系。與此同時的中央大學地理系學子徐近之、王德基日後也成爲著名的專業學者。前者爲「地理文獻學」家〔註20〕，後者爲蘭州大學地理系的主要學

〔註15〕　張其昀：《〈中華五千年史〉自序》（一），《張其昀先生文集》第 20 冊第 10839 頁。

〔註16〕　收入《張其昀先生文集》第 14 冊，（臺北）中國文化大學出版部，1989。

〔註17〕　李榮安等編：《中國的自由教育──五四的啓示》第 216 頁，朗文香港教育，2001。

〔註18〕　轉引自謝覺民：《紀念一代學人──吾師張其昀教授》，吳傳鈞、施雅風主編：《中國地理學 90 年發展回憶錄》第 37 頁。

〔註19〕　馬湘泳：《地理學家王勤堉教授》，吳傳鈞、施雅風主編：《中國地理學 90 年發展回憶錄》。

〔註20〕　曾昭璇：《徐近之教授在我國地理學上的貢獻》，吳傳鈞、施雅風主編：《中國地理學 90 年發展回憶錄》。

術帶頭人〔註21〕。

　　張其昀執教中央大學時，還和胡煥庸等創辦鍾山書局，出版《地理雜誌》—《方志月刊》，發現和培養「歷史地理學」的專門人才。同時，他對現實政治也有濃厚的興趣，1930 年代，曾在胡適主持的《獨立評論》上刊發多篇文章。

將「歷史地理學」發揚光大

　　1936 年 4 月，竺可楨出任浙江大學校長，張其昀於本年夏由中大到浙大任史地系系主任，後任文學院院長。竺、張師徒緊密配合，其中地學組就延攬了葉良輔、任美鍔、譚其驤、涂長望、黃秉維、嚴得一、嚴欽尚、沙學濬、麼枕生、李春芬、李海晨、盧鋈、劉之遠、趙松喬等著名學人。史學組請有錢穆、張蔭麟、陳樂素、方豪、俞大綱、賀昌群、陶元珍、李源澄、顧穀宜、李絜非等著名學者〔註22〕。

　　張其昀受法國學者白呂納的影響，認為「20 世紀學術上最大的貢獻是史學精神與地學精神的結合。蓋一為時間的演變原則，一為空間的分佈原則，兩者結合，方足以明時空之真諦，識造化之本原」〔註 23〕。並把這一思想作為他辦浙江大學史地系的宗旨。

　　在浙江大學，張其昀還主持創辦了《思想與時代》、《史地雜誌》（共出版兩卷六期）、《國立浙江大學文科研究所史地學部叢刊》（共出版四期）。浙江大學的「歷史地理學」優勢由此而來。浙大師生多年來時常緬懷他們，在張其昀的學生的回憶文章中則並稱竺、張為教育家〔註24〕。

　　1949 年，張其昀到臺灣後轉入政界，歷經國民黨中央黨部宣傳部長（1950年 3 月～1954 年 7 月）兼中央改造委員會秘書長（1950 年 8 月～1954 年 7 月）、

〔註21〕王乃昂：《王德基教授事略》，吳傳鈞、施雅風主編：《中國地理學 90 年發展回憶錄》。

〔註22〕張其昀：《教授生活的一段——我與浙大史地系》，《張其昀先生文集》第 10 冊第 5185～5186 頁。倪士毅：《播州風雨憶當年——浙大史地系在遵義》，貴州省遵義地區地方志編纂委員會：《浙江大　學在遵義》第 57 頁、57～58 頁。陸希舜：《我國近代地理學的奠基人——竺可楨》，貴州省遵義地區地方志編纂委員會：《浙江大學在遵義》。

〔註23〕轉引自顏世文：《張其昀——史地系的創始人》，胡建雄主編：《浙大逸事》第 58 頁。

〔註24〕張則恒：《地理學家張其昀傳略》，貴州省遵義地區地方志編纂委員會：《浙江大學在遵義》第 371 頁。

教育部部長（1954 年 7 月～1958 年 8 月）後，於 1962 年在陽明山華岡創辦中國文化學院，1980 年升格爲中國文化大學。同時，他把《學衡》雜誌、《史地學報》、《方志月刊》等他和「學衡派」同人參與活動的刊物在臺灣影印發行〔註25〕。

　　作爲「學衡派」的重要人物，張其昀借中國文化大學張揚了《學衡》的文化道統。昔日草山，因蔣介石喜愛鄉賢王陽明而易名陽明山。草山之上，因張其昀及中國文化大學才有了相應的文化氣氛。是張其昀眞正賦予陽明山以文化內涵。同是浙江人，政治和文化的不同意志操持，便出現了不同的權力話語。尤其是張其昀在華岡中國文化大學的史學研究所內設有紀念柳詒徵老師的「劬堂」，讓人感受到中國文化大學與南京高師—東南大學文化血脈的相通。

　　儘管這裡主要是談張其昀的「歷史地理學」，但事實上，「歷史地理學」在近代以來，由於政治的需要，和國家—民族意識的張揚，特別是外敵入侵、割地賠款和內戰的嚴酷現實，使得這門學問的價值觀念自然朝以國防爲取向的「政治地理學」方面發展、傾斜。這在張其昀表現得尤其明顯。張氏的專題論文、講演結集《政治地理學》〔註 26〕便是這一學術傳統的體現（另外《中國地理學研究》一書中的第十章爲《政治地理學》）。就政治地理學而言，他 1943～1944 年在哈佛大學地理學研究所訪學時，曾就中國政治地理作過四次演講。該研究所希望他重視地理學在中國現實政治中所發生的作用與影響，即「理論須與實際相結合，學說當以事實爲印證」〔註27〕。他說研究政治地理學的旨趣原爲地理學在國際政治上的應用，亦稱地緣政治或地略學，即政略戰略與地略的綜合研究〔註 28〕。事實上，他在由歷史地理學向政治地理學作明確的轉變之前，就已經開始關注國防地理教育了，1928 年 8 月～1936 年 5 月間，他先後發表國防地理教育方面的論文 20 多篇。他認爲政治地理原本側重於以國民爲研究對象，有別於經濟地理的以國富爲研究對象。前者偏於教訓方面，後者側重於生聚方面。他主張政治地理中包含人口地理、社會地理、內政地理、外交地理、國防地理、建

〔註25〕　《學衡》在臺北是 1971 年由學生書局影印發行，在大陸是 1999 年由江蘇古籍出版社影印發行。
〔註26〕　張其昀：《政治地理學》，中國文化學院出版部，1965。
〔註27〕　張其昀：《〈政治地理學〉自序》，《張其昀先生文集》第 20 冊第 11009 頁。
〔註28〕　張其昀：《〈政治地理學〉自序》，《張其昀先生文集》第 20 冊第 11009 頁。

設地理六項〔註29〕。但後來，他所謂的政治地理學則主要集中在國防地理上了。從《國防觀點下之中國經濟地理》〔註30〕、《中國歷史上的國防區域》〔註31〕，到《明顧景范氏之國防論》〔註32〕，地理學逐步政治化。以至於到臺灣後他寫的《軍區與政區》〔註33〕、《地略與戰略》〔註34〕、《中國史上之行政中心》〔註35〕、《中國史上之國防系統》〔註36〕、《國父之地略學》〔註37〕、《國父之地理學》〔註38〕、《總統之地略學》〔註39〕，則完全成了國防政治的產物。

著作頗豐的張其昀嘗自謂：「一生治學，不外五事：一曰國魂，即闡揚三民主義之義，以為立國之大本；二曰國史，即探索中國文化之淵源及其對人類社會之貢獻；三曰國土，即研究中華民族在世界政略與戰略中之地位；四曰國力，即衡斷經濟建設對國計民生之關係；五曰國防，即籌畫國防教育，期從文藝復興，而喚起愛國思想與民族正義，進而培育中華民國之新生力量。」〔註40〕而從事和領導教育，以及創辦中國文化大學，則是他的學術思想的具體實踐。他所追求的是知行合一的中國文化道統〔註41〕。

這裡特別指出，1920、1930年代「歷史地理學」有南北之分，南京高師──東南大學「學衡派」與北京大學「新青年派」的矛盾、衝突，一直延續到1949年以後臺灣的文化教育界。張其昀1954～1958年出任國民黨政府教育部長時，在臺的昔日北京大學學子十分緊張，他們極力主張胡適自美國回臺出任「中央研究院」院長，以求教育、學術界的力量平衡。這是政治權力結構形態下的必然結果。因為1949年以後，在臺灣的文化保守勢力擡頭，且與政

〔註29〕 張其昀：《中國地理學研究》，《張其昀先生文集》第1冊第421～422頁。

〔註30〕 實業部編：《中國經濟年鑒・地理篇》，上海，1934。

〔註31〕 張其昀：《中國歷史上之國防區域》，《史地雜誌》第1卷第1期（1937年5月），浙江大學史地學系編。

〔註32〕 重慶《大公報》1945年11月23日。

〔註33〕 收入張其昀：《張其昀先生文集》第4冊。

〔註34〕 收入張其昀：《張其昀先生文集》第4冊。

〔註35〕 收入張其昀：《張其昀先生文集》第4冊。

〔註36〕 收入張其昀：《張其昀先生文集》第4冊。

〔註37〕 收入張其昀：《張其昀先生文集》第7冊。

〔註38〕 收入張其昀：《張其昀先生文集》第7冊。

〔註39〕 收入張其昀：《張其昀先生文集》第8冊。

〔註40〕 治喪委員會撰：《鄞縣張曉峰先生其昀行狀》，《傳記文學》第47卷第3期（1985年9月）。

〔註41〕 關於張其昀的資料主要為張鏡湖、瘂弦提供。

治意識形態摻和。以民族主義爲走勢的南京高師—東南大學—中央大學的文化保守勢力增強。以自由主義爲走勢的北大傳統的文化激進勢力因傅斯年1950年去世、羅家倫陷入黨內鬥爭遭排擠、胡適遠在美國做寓公，而一度顯得前途暗淡。胡適1958年回臺灣的原因是多方面的，上述所言是其中之一。這在張其昀的文章《敬悼胡適之先生》〔註42〕中有明確的顯示，但張本人並不同意此說。同時在張其昀1960年12月25日所寫的《中華五千年史》的《自序》中也有對新文化運動的尖銳批評。他說：「新文化運動很多治史學的人，但他們把史學狹窄化，甚至只成爲一種史料學。他們往往菲薄民族主義，以民族主義爲保守，這是錯誤的。歷覽前史，惟有民族主義才是國家民族繼繼繩繩發榮滋長的根本原因。當時南京高師，就學風而言，的確有中流砥柱的氣概。……中國文藝復興的眞正種子，不是所謂新文化運動，而是國父所創造的三民主義。」〔註43〕這裡張其昀這裡所說的「史料學」是指向傅斯年的。

華岡興學

　　張其昀的事功體現在著作、從政、興學三個方面。其中興學是他文化、學術承傳工作的一個重要內容，也是他理論與實踐結合的產物。在他擔任教育部長期間，興建了「南海學園」（圖書館、博物館、科學館、藝術館、教育資料館、電臺、電視臺的統稱），將六年義務教育延長爲九年。促進1949年以前原大陸的政治大學、清華大學、交通大學、中央大學、東吳大學、輔仁大學在臺復校。所以鄭彥棻在文章中稱道張其昀把臺灣的「教育事業推向一新的境界」〔註44〕。華岡興學是張其昀退出政界後所做的一項最爲重要的工作。

〔註42〕原刊臺灣《民族晚報》，1962年2月28日。收入《張其昀先生文集》第9冊。張其昀的文章中轉引了徐復觀在1962年2月10日《華僑日報》刊登的《自由中國當前的文化爭論》（上）的一段話：「張其昀先生當教育部長時，採取很積極的政策，對學術文化界，開始也是採取兼容並蓄的態度。但後來，大家感到他是想以中央、浙江兩大學的力量，逐漸取北京、清華兩大學的勢力而代之；這便使他們發生恐慌、不滿，希望胡先生回臺灣來鞏固既得的陣地。」見《張其昀先生文集》第9冊第4572頁。無風不起浪。儘管張其昀本人否認徐復觀的看法，但在當時的教育文化界，這種說法還是很有影響的。筆者多次接待臺灣來訪學者和兩次訪臺時，所得到的關於胡適回臺灣任中央研究院院長的原因之一就是徐復觀的說辭。

〔註43〕張其昀：《中華五千年史》（第七版）第2頁，（臺北）中國文化大學出版部，1981。

〔註44〕鄭彥棻：《四十餘年不平凡之交——紀念張其昀兄逝世週年》，《中華日報》1986年8月25日。

　　張其昀自述：「我是高等師範畢業的，畢生志願在於辦教育。」〔註45〕他說自己的志願是做一個教育家。而教育家必須具有無窮的愛心和忍耐來支持自己再接再厲的勇氣，克服不可預測的困難，創造莊嚴燦爛的大學城。他說自己的人生觀是工作、服務、貢獻〔註46〕，就是追求力行。在興學辦事的實踐中積累的經驗心得是毅、謙、正、行〔註47〕。而這一切都源於他「中與行」、「天與神」、「時與命」的宇宙觀〔註48〕，和注重「時間」（「過去」、「現在」、「未來」）的歷史觀〔註49〕。

　　中國文化大學的創建意在「承東西之道統，集中外之精華」。其校訓是取孫中山的遺訓「質樸堅毅」。在求真求精中追求「舊學商量加邃密，新知涵養轉深沉」〔註50〕。校歌的歌詞是出自張其昀的手筆：「華岡講學，承中原之道統；陽明風光，接革命的心傳，博學審問，慎思明辨；必有真知，方能力行，己所不欲，勿施於人；有所不得，反求諸己。為天地立心，為生民立命；為往聖繼絕學，為萬世開太平。振衣千仞岡，濯足萬里流；振衣千仞岡，濯足萬里流。」〔註51〕其中「為天地立心，為生民立命；為往聖繼絕學，為萬世開太平」四句話是宋儒張載（子厚）所說，張其昀認為這分別可以用現代學術的範疇來定義：「為天地立心——哲學。為生民立命——科學。為往聖繼絕學——史學。為萬世開太平——法學。」〔註52〕而這四者又是聯繫配合，脈絡貫通，構成大學通才教育的內容。

　　張其昀善於對自己的事功進行總結。在《華岡興學的理想》一文中，他說自己心目中的大學理想就是1、東方與西方的綜合。2、人文與科學的綜合。3、藝術與思想的綜合。4、理論與實用的綜合〔註53〕。要實現這一理想，就必須依靠實際有效的教學方法。張其昀將這種方法概括為通才的人格教育（完整的人格，五育並重：德育、智育、體育、群育、美育）和專才的學識、技

〔註45〕 張其昀：《七十自述》，《張其昀先生文集》第 10 冊第 5189 頁。

〔註46〕 張其昀：《我的人生觀》，《張其昀先生文集》第 10 冊第 5215 頁。

〔註47〕 張其昀：《創業辦事經驗談》，《張其昀先生文集》第 10 冊第 5194 頁。

〔註48〕 張其昀：《我的宇宙觀》，《張其昀先生文集》第 10 冊第 5219 頁。

〔註49〕 張其昀：《我的歷史觀》，《張其昀先生文集》第 10 冊第 5245～5249 頁。

〔註50〕 張其昀：《華岡十八年》，《張其昀先生文集續編》第 2 冊第 723 頁，（臺北）中國文化大學出版部，1995。

〔註51〕 張其昀：《華岡校訓、校歌釋義》，《張其昀先生文集》第 17 冊第 8904 頁。

〔註52〕 張其昀：《現代大學的真正基礎》，《張其昀先生文集三編》第 334～335 頁，（臺北）中國文化大學出版部，2001。

〔註53〕 張其昀：《華岡興學的理想》，《張其昀先生文集》第 17 冊第 9049 頁。

能教育（專精的學識：學習與研究、獨學與群學、方法與工具、致用與創業）的有機結合〔註54〕。

他多次引用美國哈佛大學校長柯能關於「大學是學者的社會」的名言，說他要培育的「華岡精神」就是「現代學者的共同精神」：1、眞知力行，學以致用。2、溫故知新，繼往開來。3、好之樂之，自強不息。4、並行不悖，泱泱大風。5、禮樂並茂，文藝復興。6、文質雙修，盡美盡善。7、負責服務，實行忠德。8、互諒互助，宏揚恕道。9、育天下士，會天下才。10、自愛愛人，邁進大同。〔註55〕

張其昀思路清晰，富有辦事能力。作爲一所私立大學，中國文化大學在張其昀的努力下取得了巨大的成功。他在《創校理想——八大目標》中列出的各項工作是：國際性、整體性、文藝復興〔註56〕、學以致用、五育並重、華學基地、建教合作、高深研究〔註57〕。隨後他在《華岡興學的意義》〔註58〕一文中說，把華岡興學的意義和實施的成績表明爲八項：1、中國文化大學是在倡導三民主義。2、從事高深的學術研究（體現在研究所上）。3、華學（漢學）研究。4、愛國教育。5、美育的提倡。6、科學技術教育（體現在應用教育上）。7、建教合作（一邊建設，一邊辦學）。8、社團活動、變化氣質。這前後是相呼應的。草山之上以「華岡」作爲辦學的基地，取義於「美哉中華，鳳鳴高岡」。張其昀的辦學思路承中國傳統書院陶冶情操之學風與歐美現代大學的科學研究精神，他認爲「大學園地主要工作是在制禮作樂，制禮是要有秩序，作樂是要有和諧。一方面是秩序，一方面是和諧，兩者相輔相成，方能發展成爲理想的生活，理想的文化」〔註59〕。中國古代最完整健全的政治哲學是正心、誠意、致知、格物、修身、齊家、治國、平天下。「現代大學教育最高目標，就是治國、平天下的治平大計。這是民族主義的

〔註54〕張其昀：《華岡興學——理想與方法》，《張其昀先生文集》第17冊第9093～9101頁。

〔註55〕張其昀：《大學精神（華岡精神）》，《張其昀先生文集》第17冊第9008頁。

〔註56〕張其昀在《〈華岡學報〉發刊辭》中對「文藝復興」的解釋是「新儒學運動」。見《張其昀先生文集》第20冊第10971頁。

〔註57〕張其昀：《創校理想——八大目標》，《張其昀先生文集續編》第2冊第674～675頁。

〔註58〕張其昀：《華岡興學的意義》，見《張其昀先生文集續編》第2冊第1082～1087頁。

〔註59〕張其昀：《中國文化與華岡學園》，見《張其昀先生文集》第17冊第9106頁。

的精義，……華岡興學要使大學生都有民族大義，愛國精神，這是大學教育的主要目標」〔註60〕。在辦學的方法上，張其昀主張要體現出中國教育哲學「元、亨、利、貞」的最高理想，即要表現出相應的「仁愛之心」、「社團精神」、「理論與應用並重」（「理論是正義，應用是幸福」）、「專心致志，恒久從事」。這也是大學教育所能提供給學生的啓示。

　　中國文化和學術的承傳，在張其昀身上是知行合一的。他做了「學衡派」的許多人想做而無法做到的事。

〔註60〕張其昀：《中國文化與華岡學園》，見《張其昀先生文集》第 17 冊第 9107～9108 頁。

陳銓：從《學衡》走出的新文學家

「學衡派」的新文學作家

　　陳銓是現代文學史、現代學術思想史上一位具有多方面建樹的作家、學者。作為作家，他有詩集、小說、劇本；作為學者，他有中德文學比較的論著、有專門的戲劇理論著作和研究德國現代哲學家的傳記、專著。

　　把陳銓視為「學衡派」成員是出於兩方面的原因。一是他作為《學衡》的作者，在這個雜誌上發表過文章，屬於吳宓所說的「凡為《學衡》雜誌做文章者，即為社員，不做文章即不是社員」。二是他作為吳宓 1925 年回清華教書後堅持聽完他翻譯課的三個弟子之一〔註1〕。他參與《學衡》雜誌的活動，吳宓在日記中有詳細的記錄。從陳銓方面的材料看，他與吳宓最早的結識是在 1922 年。這一年暑假，他和清華同學賀麟、向理潤到南京參加兩周暑期學校〔註2〕，吳宓為這次暑期學校開設兩門課〔註3〕。1925 年 8 月 23 日《吳宓日記》記有：「學生陳銓，作文駁宓論婚制。晚間招之來談。清華新派之對宓攻訐，此其開端矣。」〔註4〕這是吳宓的過分敏感，實際情況是他與陳銓日後的師生關係更加密切。

　　1952 年，陳銓在為組織上所寫的「社會關係」材料的第四部分「師長和認識的人」中，特別提到吳宓。他說：「吳宓，清華時我親密的先生。我常去請教他，他許我為天才，盡力提拔我。我作學生時，他介紹我的翻譯蘇聯小

〔註1〕賀麟：《我所認識的蔭麟》，刊《思想與時代》第 20 期（1943 年 3 月 1 日）。
〔註2〕陳銓檔案（南京大學檔案館）。
〔註3〕吳宓：《吳宓自編年譜》第 237 頁。
〔註4〕吳宓：《吳宓日記》Ⅲ第 60 頁。

說《可可糖》到《大公報》登《國聞周報》，又介紹我的小說《革命的前一幕》給新月書店（後來新月改出《天問》）。因為他的勸告，我學文學。」〔註5〕陳銓這裡所說的兩部長篇小說《革命的前一幕》、《天問》分別寫於 1927、1928 年清華讀書期間。眾多「學衡派」成員中，陳銓是通過創作新文學作品立足文壇的。他也是第一位通過創作新文學作品走出「學衡派」舊體詩詞的堡壘的人。

他是「學衡派」中的一個異數，也是「學衡派」反新文學力量中的最大的一個變數，是被自己的老師吳宓認可的「學衡派」的反動。

陳銓原本是 1925 年間「左右清華文壇的人物」〔註6〕。是清華有名的校園文學青年作者。1925 年 9 月創刊的《清華文藝》，他是總編輯。1925 年 9 ～12 月的《清華文藝》4 期中，他以「大銓」、「記者」、「濤每」和「編輯」為名共發表文章 38 篇〔註7〕。1927 年的《清華文藝》5 期中，仍有多篇文章（包括譯文）〔註8〕。文章體裁繁多，有小說、散文、詩歌、譯文、批評與介紹、叢譚和編輯後記。同時他也在《京報》副刊發表有關部門時政的文章。

1925 年，吳宓回清華教書後，陳銓成為《學衡》的作者，因為上吳宓翻譯課，他登的主要是詩歌翻譯。《學衡》第 48 期有他翻譯雪萊的《雲吟》，49 期有他和吳宓、張蔭麟、賀麟、楊昌齡同時翻譯的羅色蒂的《願君常憶我》，54 期有翻譯 Keats 的《無情女》，57 期有翻譯歌德的兩首詩。1928 年 1 月，吳宓主編天津《大公報·文學副刊》，《大公報》系的《國聞周報》經常轉載《大公報·文學副刊》中吳宓等人撰寫的關於外國作家紀念的文章。同時也刊登吳宓、張蔭麟的其它文章，特別是 1928 年第 5 卷《國聞周報》連載張蔭麟翻譯的《斯賓格勒之文化論》。陳銓所說的《可可糖》（塔爾索夫──羅季昂諾夫作，Chocolate），連載於《國聞周報》第 5 卷第 8、9、10、11、12、13、14、15、16、17、18、19、20 期（1928 年 3 月 4 日～5 月 27 日），署「濤每譯」。陳銓留學德國期間，1932 年 8 月 22 日《大公報·文學副刊》242 期，刊登了他的《歌德與中國小說》。此文收入 1936 年出版的《中德文學研究》（博士學位論文中文本）。

〔註 5〕陳銓檔案（南京大學檔案館）。
〔註 6〕黃延復：《二三十年代清華校園文化》第 403 頁，廣西師範大學出版社，2000。
〔註 7〕參見黃延復：《二三十年代清華校園文化》第 398～402 頁。
〔註 8〕參見黃延復：《二三十年代清華校園文化》第 403～406 頁。

陳銓受吳宓的影響，由爲《學衡》翻譯詩歌起步，從清華校園走出，經《國聞周報》連載翻譯小說的進一步鍛鍊，而後攜長篇小說登上文壇。在背後起推動作用的是吳宓。

陳銓與吳宓這種特殊的師生關係，曾引起胡適的不滿。1937 年 2 月 19、20 日，胡適爲中央研究院評議會寫陳銓《中德文學研究》短評，胡適在日記中表示了他對陳銓的意見：「看陳銓的《中德文學研究》，此書甚劣，吳宓的得意學生竟如此不中用！」〔註9〕當然這也是胡適與「學衡派」矛盾的進一步體現。

清晰的一生與沉重的二十年

陳銓，又名陳大銓、陳正心，字濤西，主要筆名有濤每、T、唐密，1903 年 9 月 26 日生於四川富順。1952 年從同濟大學調到南京大學時，他分別填寫了簡歷表，兩份表的內容基本一樣，格式稍有不同，我將二者合而爲一：

簡歷

起訖年月	在何地何部門任何職務 （包括學習）	主要工作及活動
1909 年 1 月～1916 年 7 月 1916 年 8 月～1919 年 7 月	四川富順私塾 富順縣立高小	肄業 畢業
1919 年 8 月～1921 年 7 月	成都省立第一中學	學習
1921 年 8 月～1928 年 7 月	北京清華學校	學習
1928 年 8 月～1930 年 7 月	美國阿柏林大學英文系、研究院德文系	研究英、德文學，獲學士及碩士學位
1930 年 8 月～1933 年 7 月	德國克爾大學哲學院德文系	研究德國文學及哲學，獲文學博士學位
1933 年 8 月～1934 年 1 月	德國海岱山大學研究	研究德國文學及哲學
1934 年 2 月～1934 年 7 月	武昌武漢大學英文教授	教授英文及英國文學
1934 年 8 月～1937 年 7 月	北京清華大學德文教授	教授德文及比較文學
1937 年 8 月～1938 年 1 月	長沙臨時大學德文教授	教授德文及比較文學
1938 年 2 月～1942 年 7 月	昆明西南聯合大學德文教授	教授德文及比較文學
1942 年 8 月～1945 年 2 月	重慶中國電影製片廠編導委員	審查電影劇本及編導話劇

〔註9〕胡適：《胡適全集》第 32 卷第 624 頁。

1943 年 1 月～1943 年 7 月	重慶歌劇學校教授	演講、戲劇編導
1943 年 1 月～1946 年 7 月	重慶中央政治學校英文教授	教授英文
1943 年 5 月～1944 年 12 月	重慶青年書店總編輯	編輯書籍雜誌
1946 年 8 月～1948 年 4 月	上海新聞報資料室主任	管理資料室並寫國際社評
1946 年 8 月～1952 年 8 月	同濟大學德文系及外語組主任兼外語教研組主任	教授德文及德文學，並主持德文系及外語組行政工作，併兼外語組主任領導工作
1949 年 8 月～1952 年 8 月	復旦大學德語組兼任教授	教授德文及德文學
1949 年 8 月～1950 年 7 月	上海東吳大學法學院兼任教授	教授德文
1949 年 1 月～1949 年 5 月	上海江蘇省立師範學院英文兼任教授	教授英文及英文學
1948 年 5 月～1948 年 10 月	後勤部上海特勤學校兼任教授	演講戲劇概論及戲劇演出法
1948 年 8 月～1949 年 7 月	上海市立師範專科學校兼任教授	教授英文及英文學
1950 年 8 月～1952 年 7 月	震旦大學兼任教授	教授德文

陳銓小賀麟（1902～1992）一歲，長馮至（1905～1993）兩歲。留學美國時，他與原清華同學賀麟爲同一所學校（後來賀麟轉學哈佛大學和德國柏林大學），1930 年轉學德國後與新來的馮至分別進入克爾大學和海德堡（海岱山）大學。1933 年 7 月獲得博士學位後，他又到馮至讀書的海德堡大學從事半年的學術研究。因此比馮至早兩年取得學位，早一年回國。作爲德文教授和從事中德比較文學研究的重要學者，他倆後來分別在清華大學和北京大學執教（西南聯大時，仍分別屬於清華、北大）。馮至和他又先後有過同濟大學任教的經歷。1952 年 9 月，他被調到南京大學外文系，任德文專業教授。1957年 6 月 14 日被定爲右派分子，離開教學工作崗位，到資料室和圖書館工作。1961 年 9 月 25 日摘帽。陳銓的女兒陳光琴回憶說：「在南京大學，父親是較晚被劃爲右派，較早被摘帽的。」

對陳銓爲什麼被劃爲右派問題，檔案中有 1957 年 6 月 14 日《關於右派分子陳銓的結論》。「陳在鳴放中利用各種機會污蔑和攻擊黨的領導及黨的各項政策」，列有 12 項，其中 11 項都是針對學校的問題，並無實際的反黨言論，多是別人無限上綱上線的羅列罪名。第 12 項「陳在鳴放中二次向黨委提出要挾條件」則都是陳銓的具體問題，如工資、房子、「肅反問題應恢復我的名譽」、

「兩部德文翻譯稿何時可由學校替我介紹出去」？——「出版如有問題解決不了，請讓我轉到復旦工作」。

我爲此曾向南京大學的老先生請教過，得到的答案是：他是受大右派王造時牽連。他是有歷史問題的教授，經過肅反的清理，受到過教育和教訓，反右前的鳴放，他並沒有什麼反黨的言論。他早就不是南京大學出頭露面的人物了。大右派王造時的事出來後，影響太大，他因與王造時關係密切，只好找些理由把他也劃進去。

此說沒有見校方的文字記錄，但他「與王造時關係密切」，倒是事實。陳銓自己有彙報材料。在 1955 年 9 月 4 日填寫的「人物關係圖表」中，他寫到王造時。他說 1952 年 9 月到南京大學後，「只曾去上海三次，每次不過八天，第一次是 1954 年 2 月，第二次是 1954 年 10 月，第三次是 1955 年 2 月，赴上海目的是找王造時先生接洽，他主辦的自由出版社，翻譯出版德國作家沃爾夫《兩人在邊境》一書。並替自由出版社校對稿件。」〔註10〕

如果「與王造時關係密切」是他成爲右派的理由的話，那的確是被連累上的。

陳銓鳴放中向學校提出的「肅反問題應恢復我的名譽」一事，指的是住學校受到本單位兩位領導人物的打擊和過分的批判，他要這兩位領導人物向他賠禮道歉。因爲自己的歷史是清楚的，那些政治歷史問題也是自己「自動坦白」出來的，既無隱瞞，也沒有新的問題。1952 年 6 月 2 日他在上海時所填的《華東區高等學校教師政治思想業務情況登記表》的「政治情況、思想情況」欄目中有如下「自動坦白」：

① 自 1942 年離開西南聯大後，相繼參加四個反動的文化機構，即僞中電、僞政治學校、僞青年書店、僞新聞報館。

② 1942 年以前借黃色小說及劇本宣傳侮辱女性的反動思想，並歌頌蔣介石。

③ 1942 年以後宣傳法西斯思想，至 1946 年來上海入新聞報□□〔沈按：無法辨認的字〕，以後更公開散佈徹頭徹尾的反蘇反共反人民的思想。

④ 對反動的尼采哲學及黃色反動小說如《野玫瑰》、《天問》、《狂飆》等作了初步的檢討。〔註11〕

〔註10〕陳銓檔案（南京大學檔案館）。
〔註11〕陳銓檔案（南京大學檔案館）。

新政府並沒有拿上述他自己「自動坦白」的這些政治歷史問題來治他的罪，但他必須自己背上這沉重的負擔。後來再加一頂新的右派帽子，日子肯定不好過。「文革」開始後，他成了主動上臺的「陪鬥」對象。

1969 年 1 月 31 日，陳銓在南京大學去世。

與高壽的賀麟、馮至相比，陳銓雖是 1969 年初去世，但實際上，他在 1949 年以後即基本上從文學界和學術界消失。年輕讀者多是從教科書中作為另類而知道他的名字。1979 年春回大地時，他已經長眠地下十年了。

中共南京大學委員會在 1979 年 7 月 1 日發出《關於陳銓同志政歷問題的審查結論》，說「1979 年 1 月根據中共中央（78）55 號文件精神給予改正，恢復教授職稱及政治名譽」。「陳文化革命中曾受審查。現經覆查，關於陳解放前寫反動劇本和文章的問題，本人早已交代。此外，未發現其它政歷問題」〔註12〕。

1949～1969 年，他因背著抗戰時的那些所謂的「反動劇本和文章的問題」，加上一頂右派帽子（1961 年雖被「摘帽」，但是摘而不掉，帽子仍背在身後），艱難地跋涉著。創作不再有，翻譯和研究也只是在家裏暗自進行。僅 1955 年在王造時主持的上海自由出版社翻譯出版德國作家弗里德里希·沃爾夫的《兩人在邊境》。大量的翻譯和研究文稿無法出版。他的學生回憶說，他看上去還樂觀。但也有知情者說，他實際上很孤獨、苦悶。因此，可以說，陳銓是身前孤獨、沉重，身後寂寞！

僅以目前所見到的南開大學、北京大學、浙江大學的三本博士學位論文（分別是歷史、哲學、文學學科）為例〔註 13〕，雖各有側重，但有關陳銓個人的基本資料也都沒能搞清楚。

學術研究與創作實績

說得明白一點，陳銓個人的不幸和「政歷問題」（「解放前寫反動劇本和文章的問題」）是他通過戲劇創作，寫了國民黨抗日；通過學術研究和《戰國策》，在中國傳播叔本華和尼采思想——權力意志、英雄崇拜、種族精神重振。

如今看來，「國民黨抗日」——國民黨大部分人抗日是事實，少部分如汪

〔註12〕 陳銓檔案（南京大學檔案館）。
〔註13〕 江沛：《戰國策派思想研究》，天津人民出版社，2001。魏小奮：《戰國策派：抗戰語境裏的文化反思》（未見出版）、宮富：《民族想像與國家敍事——「戰國策派」的文化思想與文學形態》（未見出版）。

精衛等國民黨人叛國投敵當漢奸更是事實。陳銓最遭當時和後來左派文人攻擊的是 1942 年寫的劇本《野玫瑰》。歌頌的是國民黨特工劉雲樵、夏豔華一對昔日的情人爲國家民族的利益，抗日除奸。

就這個劇本而言，陳銓的女兒陳光琴回憶說：「以前聽母親說過，一天父親回到家裏，說聯大的學生劇團要他寫一個反映現實問題的劇本，他對母親說寫什麼好？母親不假思索就說：『抗日除奸是現在的大事。』當時常躲避敵人的飛機轟炸。我父親躲到防空洞裏，三天就寫出了《野玫瑰》。他下筆如有神。後來父親遭批評，母親不理解，說宣傳抗日除奸有什麼錯？」〔註14〕至於傳播叔本華和尼采思想，那是作爲大學教授的學術工作，也是他應有的學術權力。他沒有黨派，做了一個大學教授、作家本份的事。

陳銓在德國留學期間對歐洲古典戲劇和現代戲劇產生了極大的興趣，並進行了較爲系統的專業研究。同時就中德文學影響、交流中的戲劇活動也作了相應的探討。抗戰開始後，中國的話劇運動異常火爆，並成爲抗日宣傳的一項重要的活動。陳銓本人被這種特殊現象所刺激，積極投身到這一運動中，集編劇、導演、戲劇理論批評三者爲一身。這樣一來，抗戰期間，陳銓就有了多重身份：大學教授、學者、作家和戲劇導演。他說自己 1937 年 8 月～1946 年 7 月抗戰和抗戰勝利後的第一年，主要從事了以下工作：

1937 年 8 月～1938 年 1 月在長沙臨時大學教授德文，「除教課外，無活動，只爲聯大學生導演陽翰笙《前夜》」〔註15〕。1938 年 2 月～1942 年 7 月，作爲昆明西南聯合大學德文教授，主要活動有：

① 教授德文及近代戲劇。

② 替報章雜誌寫文章，如《雲南日報》、《中央日報·副刊》、《戰國策》，還有重慶的《文史雜誌》。

③ 寫作長篇小說《狂飆》，劇本《黃鶴樓》、《野玫瑰》、《金指環》，傳記《叔本華生平及其思想》。

④ 領導西南聯大劇團上演《祖國》、《黃鶴樓》、《野玫瑰》。〔註16〕

經查證，陳銓爲 17 期共 16 冊（第 15、16 期合刊）《戰國策》（1940 年 4 月 1 日～1941 年 7 月 20 日，昆明）寫有 13 篇文章，主要是介紹歌德、尼采、叔

〔註14〕陳光琴訪談（2005 年 4 月 16 日，南京）。
〔註15〕陳銓檔案（南京大學檔案館）。
〔註16〕陳銓檔案（南京大學檔案館）。

本華、席勒的思想與德國文學。爲重慶的《大公報》副刊《戰國》（共 31 期）寫有 8 篇文章。內容涉及歐洲文學、德國文學、民族文學、文學批評和政治學多個方面。這些文章，是讀者相對熟悉的東西，且因學界研究「戰國策派」，已有相對較多的解釋，這裡不再重複。他說爲《文史雜誌》（重慶獨立出版社發行，抗戰勝利後遷至上海，1942 年 1 月～1948 年 10 月 15 日）寫文章，查 6 卷《文史雜誌》，陳銓的《野玫瑰》連載於該刊第 1 卷第 6、7、8 期（1941 年 6 月 16 日、7 月 1 日、8 月 15 日）。

1943 年 1 月～1946 年 7 月，作爲重慶中央政治學校的教授，除教課外，還有以下兼職：

① 中國電影製片廠編導委員（1942 年 8 月～1945 年 2 月）。主要活動：一、編寫劇本《藍蝴蝶》、《無情女》及電影劇本《不重生男重生女》。二、參加編導委員會會議審查新制的電影及電影劇本。三、導演《藍蝴蝶》。

② 青年書店總編輯（1943 年 5 月～1944 年 12 月）。主要活動：一、編《民族文學》雜誌。二、分派編輯部工作。三、審查書稿。四、請人寫稿。

③ 歌劇學校教授（1943 年 1 月～1943 年 7 月）。主要活動是上課，下課即走。講授編劇和導演。有一短時期約一星期。爲學生導演《黃鶴樓》，後來王伯生告訴我無錢演出，就沒有排下去。〔註17〕

當時重慶青年書店有三個月刊：《民族文學》、《新少年》、《青年與科學》，分別由陳銓、黎錦暉、陳邦傑任主編。作爲重慶青年書店的總編輯，他曾請清華同學孫大雨爲「特約編輯」協助自己編輯《民族文學》。《民族文學》自 1943 年 7 月 7 日創刊，到 1944 年 1 月停刊，共出版 5 期。陳銓自己在《民族文學》刊有《民族文學運動》（論文）、《花瓶》（小說）、《飲歌》（詩）、《中國文學的世界性》（論文），第 1 卷第 1 期（1943 年 7 月 7 日）。《自衛》（獨幕劇），第 1 卷第 2 期（1943 年 8 月 7 日）。《五四運動與狂飆運動》（論文）、《哀夢影》（白話新詩 21 首），第 1 卷第 3 期（1943 年 9 月）。《戲劇深刻化》（論文）、《第三階段的易卜生》，第 1 卷第 4 期（1943 年 12 月）。《哈孟雷特的解釋》（論文）、《哀夢影》（白話新詩 20 首），第 1 卷第 5 期（1944 年 1 月）。5 期不署作者的「論壇」中的 31 篇短文和 5 個「編輯後談」也是陳銓所著。另外，他在《新

〔註17〕陳銓檔案（南京大學檔案館）。

少年》還刊有《告新少年》（第 1 期）、《華盛頓寄侄兒的一封信》（第 3 期）。

　　陳銓 1952 年自己所寫的著作目錄《著作研究或成績》，錯誤較多。其中
1934～1937 年《清華學報》上他有 9 篇文章，三篇書評的題目是用德文寫的，
但文章內容是中文。

　　　　十九世紀德國文學批評家對於《哈姆雷特》的解釋，《清華學報》
　　　　第 9 卷第 4 期（1934 年 10 月）。

　　　　Jacob und Jensen，Das chinesische Schattentheater（亞可布：《中
　　　　國燈影戲》），《清華學報》第 10 卷第 1 期（1935 年 1 月）。

　　　　迦茵奧士丁小說中的笑劇元素，《清華學報》第 10 卷第 2 期（1935
　　　　年 4 月）。

　　　　Feng（馮至），Die Analogie von Natur und Gesist als stilprinzip in
　　　　Novalis' Dichtung（馮至：《羅發利斯作品中以自然和精神的類似來
　　　　作風格的原則》），《清華學報》第 11 卷第 2 期 （1936 年 4 月）。

　　　　從叔本華到尼采，《清華學報》第 11 卷第 2 期（1936 年 4 月）。

　　　　Glockner ，Hegel-Lexikon（格羅克勒：《黑格爾辭典》），《清華
　　　　學報》第 11 卷第 3 期（1936 年 7 月）。

　　　　歌德《浮士德》上部的表演問題，《清華學報》第 11 卷第 4 期
　　　　（1936 年 10 月）。

　　　　赫伯爾《瑪麗亞》悲劇序詩解，《清華學報》第 12 卷第 1 期（1937
　　　　年 1 月）。

　　　　席勒《麥森納》歌舞隊與歐洲戲劇，《清華學報》第 12 卷第 2
　　　　期（1937 年 4 月）。

從上述在《清華學報》上所刊的專業論文來，此時陳銓的主要研究興趣是德
國戲劇理論和戲劇實踐，這對他抗戰時期從事劇本創作和編導實踐有直接的
影響。

　　文藝創作部分，他遺漏了自己唯一的一部白話新詩集《哀夢影》。

　　查南京大學圖書館現有版本，用賈植芳、俞元桂主編的《中國現代文學
總書目》〔註 18〕、溫儒敏、丁曉萍編的《時代之波——戰國策派文化論著輯

〔註 18〕福建教育出版社，1993。

要》的「附錄」〔註 19〕、江沛的《戰國策派思想研究》的「附錄」〔註 20〕和董健主編的《中國現代戲劇總目提要》〔註 21〕，與陳銓自己寫「著作研究或成績」互校，版本有少許出入和遺漏〔註22〕。

就文學創作來說，陳銓最受批評和爭議的作品是他寫的國民黨特工抗日除奸的劇本《野玫瑰》（四幕劇）。國民黨特工曾殺害過許多共產黨人，抗戰期間也殺過許多漢奸賣國賊。這都是歷史事實。因此陳銓在肅反運動中寫的交代材料中特別提到《野玫瑰》。「坦白交代三個問題」中的第三項是「《野玫瑰》生活資料的來源」：

> 一九四一年我在昆明西南聯大寫第二本反動戲劇《野玫瑰》，那時我擔任聯大學生劇團的名譽團長，先後上演《祖國》和《黃鶴樓》兩劇，但是《黃鶴樓》人物太多，服裝布景道具太花錢。他們要我再寫一個人物較少，布景簡單的劇本。我想人物布景既然簡單，內容必然要富於刺激性，才能抓住觀眾。我早知道當時軍事間諜劇本，如像《黑字二十八》、《這不過是春天》、《女間諜》、《反間諜》、《夜光杯》都非常受人歡迎。並且我當時戲劇方面，還沒有地位。我決心寫一個軍事間諜劇本。為著要把它寫好，我從圖書室借了幾本英文間諜故事來仔細研究。頭一幕寫完，北大數學系教授申有忱看，他說「太像李健吾的《這不過是春天》」。我知道要失敗，放棄不寫了。正好這個時候，昆明傳遍了漢奸王克敏的女兒，逃到香港，登報脫離父女關係的故事。我認為這是一個戲劇的好材料。我立刻寫了一個短篇小說《花瓶》，登在昆明《中央日報》副刊（那時是封鳳子主編）。隔些時候，我根據這篇小說寫《野玫瑰》（我還記得寫《花瓶》時，我還請教過清華大學電機系教授孟昭英，花瓶裏面放收音機是不是可能，他是無線電專家，他說是可能的，所以後來我寫入《野玫瑰》）。〔註 23〕

這充分說明陳銓本人在 1950 年代那種特殊的政治文化氣氛下，反映抗日除奸的文學作品《野玫瑰》也必須作為政治問題「坦白交代」。

〔註 19〕 中國廣播電視出版社，1995。
〔註 20〕 天津人民出版社，2001。
〔註 21〕 南京大學出版社，2003。
〔註 22〕 具體文集共 23 種，另有大量的文字散見多家報刊，未收集。
〔註 23〕 陳銓檔案（南京大學檔案館）。

　　政治有時是短暫的，與政治相伴隨的民族主義和愛國主義情感，在文化的層面上可能會穿越時空，成爲不變的永恒的精神力量。對歷史的認識需要一定的時間，陳銓被重新認識也是時間上的。

王國維：從北大到清華

學術立場與人格

王國維在《靜庵文集續編‧自序二》中說：「哲學上之說，大都可愛者不可信，可信者不可愛。余知眞理，而余又愛其謬誤」。「知其可信而不能愛，覺其可愛而不能信，此近二、三年中最大之煩悶」。「余之性質，欲爲哲學家則感情苦多而知力苦寡，欲爲詩人則又苦感情寡而理性多。」〔註1〕爲了解決這情與理的矛盾衝突，克服此「最大之煩悶」，他放棄了文學與哲學，走上了純學術的考古之學，即專力於經、史、古文字、古器物的考證，對他來說，這也是一種解脫之道。

進入純學術的研究，王國維的學者人格便十分凸顯。他的後二十年是以純學術爲志業。雖涉足政治，但學術的誠心不變，其學術的宣言便是他 1911 年在《國學叢刊‧序》中的明確表示：

> 學之義不明於天下久矣。今之言學者，有新舊之爭，有中西之爭，有有用之學與無用之學之爭。余正告天下曰：「學無新舊也，無中西也，無有用無用也。凡立此名者，均不學之徒，即學焉而未嘗知學者也。」〔註2〕

此言便是馬克斯‧韋伯在《以學術爲業》的演講中所說的爲學術而學術，追求學術的「價值無涉」。學術研究的終極意義便是求眞，考古學的最終意義是還原歷史的眞實。

〔註1〕《靜庵文集續編》第 21 頁，王國維：《王國維遺書》第 3 冊，上海書店出版社 1996 年第二次影印本。

〔註2〕《國學叢刊》第 1 冊，又見《觀堂別集》卷四第 7 頁，王國維：《王國維遺書》第 3 冊。

這也是王國維早在《教育世界》刊發的《論近年之學術界》中所提倡的「學術獨立」思想的進一步發展。他自信「欲學術之發達，必視學術爲目的，而不視爲手段而後可」〔註3〕。因爲「學術之發達，存於其獨立而已」〔註4〕。這種學術獨立可以造就學者的精神獨立和人格獨立。他在《奏定經學科大學文學科大學章程書後》一文中，依據西方大學的發展歷史和現實，結合中國的實際情況，闡明了學術獨立的外部條件。他認爲「今日之時代已入研究自由之時代，而非教權專制之時代」〔註5〕。

獨立和自由互爲條件，也互爲促進，常常是在共存中顯現。王國維甚至視個人的「自由」是「神聖不可侵犯之權利」〔註6〕，與生命、財產、名譽同等的重要。他提倡哲學與美術上的「純粹」，說哲學家和美術家的天職是追求「神聖之位置」與「獨立之價值」〔註7〕。

但這只是他人格的一個方面。而另一面則是他的遺臣人格。

從《頤和園詞》、《送日本狩野博士遊歐洲》、《蜀道難》、《隆裕皇太后輓歌辭九十韻》到爲溥儀「南書房行走」，以及溥儀被驅逐出宮時，他試圖自殺。從因與清宮的關係和北京大學斷交，到入清華學校研究院要得溥儀下詔，以及拖著的那條辮子。這是他作爲遺臣對前清及廢帝的精神依附，也是他遺臣人格的最集中體現。

陳寅恪悼念王國維時所說的「精神之獨立」、「思想之自由」，是他學者人格的寫照。而他十分鮮明的遺臣形象，則是遺臣人格的表現。突現著雙重人格，才是一個眞實的王國維。王國維與中國現代大學北大、清華的關係，也是在這雙重的人格軌道上發生的。

王國維不是「學衡派」的核心人物，沒有與新文化—新文學的尖銳對立，只是認同「學衡派」的宗旨並成爲《學衡》的作者。下面具體展示王國維與北京大學、清華學校的學術關係，以及與新舊學術體制的瓜葛。

〔註3〕《靜庵文集》第96頁，王國維：《王國維遺書》第3冊。
〔註4〕《靜庵文集》第97頁，王國維：《王國維遺書》第3冊。
〔註5〕《靜庵文集續編》第39頁，王國維：《王國維遺書》第3冊。
〔註6〕《教育偶感四則》，《靜庵文集》第105頁，王國維：《王國維遺書》第3冊。
〔註7〕《論哲學家與美術家之天職》，《靜庵文集》第102頁，王國維：《王國維遺書》第3冊。

上、北京大學的通訊導師

北大的需求

　　1917 年 2 月 5 日，王國維由日本返回上海。9 月 2 日，以「學術自由」、「兼容並包」爲辦學宗旨的北京大學校長蔡元培，欲聘請王國維爲北京大學教授。但王婉言謝絕了北大的聘請。9 月 4 日他在致羅振玉信說：「前日蔡元培忽致書某鄉人，欲延永爲京師大學教授，即以他辭謝之。」〔註8〕因爲旅日多年，這時候，他對北京大學的基本情況並不熟悉，北大文科，儘管已由浙江幫取代桐城派後學，但他對北大教授主張白話新文學並不贊同。謝絕聘請，是情理中事。

　　據袁英光、劉寅生所著《王國維年譜長編》所示，1918 年 1 月，「北京大學校長蔡元培，擬聘先生爲教授，講授中國文學，於上年（丁巳）冬請羅振玉爲之介紹，先生婉辭不就。後就商於沈曾植，沈氏認爲如有研究或著述相囑可就」〔註9〕。

　　查《王國維全集・書信》，知徵求沈曾植的意見的主意是羅振玉出的〔註10〕。沈曾植的意見也是溫和的（1918 年 1 月 1 日）〔註11〕。蔡校長和馬衡的盛情，使得王國維有些心動，於是，他與前清遺老，著名詩人、學者沈曾植相商，並被開啓了一個活口。

　　這裡有一個關鍵的聯絡人物，既王國維視爲「鄉人」的北京大學教授馬衡（叔平、叔翁、淑平）。馬衡爲浙江鄞縣人，當時在北京大學教授金石學（後任考古學研究室主任）。其兄馬幼漁也是北大教授。馬衡常到羅振玉家「問業」，故外間視馬爲羅的弟子，馬在羅面前也執弟子禮。北京大學一直把王國維作爲聘請的主要對象，並把這一重要的任務交給了馬衡，由馬衡具體操作。馬衡是在 1920 年 7 月 1 日先拜訪羅振玉，請他向王國維轉達北大的意見，隨之又親自到上海面請。

　　事實上，馬衡在 7 月 1 日請羅振玉作書勸王國維應聘時，羅當面是答應了。羅振玉當著馬衡的面寫了信。信中說：「叔平兄復將大學之意，欲延從者入都講授，託弟勸駕至誠懇。叔兄明日即南旋，欲持書趨前，弟告以公有

〔註8〕吳澤主編劉寅生、袁英光編：《王國維全集・書信》第 212 頁，中華書局，1984。
〔註9〕袁英光、劉寅生：《王國維年譜長編》第 245 頁，天津人民出版社，1996。
〔註10〕吳澤主編 劉寅生、袁英光編：《王國維全集・書信》第 234 頁。
〔註11〕吳澤主編 劉寅生、袁英光編：《王國維全集・書信》第 235 頁。

難於北上者數端，而叔兄堅囑切實奉勸，故謹達叔兄之意。」〔註12〕但第二天早晨，羅振玉又另寫一封信給王國維，說昨天晚上的信「不得不以一紙塞責。北方風雲甚急，且此非公素志，請設辭謝絕。昨夕之書，公必知非弟意。」〔註13〕7月10日，羅振玉在給王國維的信中說：「馬叔平當已見過，此人甚愚，豈有引鸞鳳入雞鵝群之理耶？」〔註14〕

王國維多年來，一值得羅振玉的提攜、幫助，也一直聽從羅的意見。

王國維拒絕了北大，可明言的理由是「以遷地爲畏事」。

1921年1月28日，王國維致函羅振玉的信中說：「馬叔翁及大學雅意，與公相勸勉之厚，敢不敬承。惟旅滬日久，與各處關係甚多，經手未了之件與日俱增，兒輩學業多在南方，維亦有懷土之意，以遷地爲畏事，前年已與馬叔翁面言，而近歲與外界關係較前尤多，更覺難以擺脫。仍希將此情形轉告叔翁爲荷。」〔註15〕

1921年夏王國維又在致馬幼漁信中說：

> 去夏奉教，又隔一年，每以爲念。初夏，令弟叔平兄到滬，具述尊旨及鶴老厚意，敢不承命。只以素性疏懶，憚於遷徙，又家人不慣北上，兒輩職業姻事多在南方，年事尚幼，均須照料，是以不能應召。當將以上情形請叔平兄轉達，亮荷鑒及。昨叔平兄又出手書，詞意殷拳，並及鶴老與學校中諸君相愛之雅，且感且愧。惟弟不能赴北情形既如前陳，故應召之期一二年中恐未能預定。前覆張君孟劬函亦及大□〔無法辨認的字用□代。編者注〕，辜負盛意，殊爲惶悚。明歲得暇，尚擬一遊京師觀光，再行面達慊忱。〔註16〕

這裡的「鶴老」指的是蔡元培。馬衡在自己力所不及時，又借助兄長馬幼漁和張爾田（孟劬）的力量。

張爾田與孫德謙均爲沈曾植的門生，與王國維交好，此時居上海，是康

〔註12〕 王慶祥、蕭立文校注羅繼祖審訂：《羅振玉王國維往來書信》第501頁，東方出版社，2000。

〔註13〕 王慶祥、蕭立文校注羅繼祖審訂：《羅振玉王國維往來書信》第501頁，東方出版社，2000。

〔註14〕 王慶祥、蕭立文校注 羅繼祖審訂：《羅振玉王國維往來書信》第502頁。

〔註15〕 吳澤主編劉寅生、袁英光編：《王國維全集‧書信》第312頁。

〔註16〕 轉引自袁英光、劉寅生：《王國維年譜長編》第319頁。

有爲、陳煥章「孔教會」和《孔教會雜誌》的主要力量。他在致王國維信中認爲現代大學「摧毀學術」〔註17〕，「竭力勸王國維就北京大學的教職」，「希望王國維能端正大學的學術方向」〔註18〕。

1921年2月6日王國維致馬衡信說：「來書述及大學函授之約，孟劬南來亦轉述令兄雅意，惟近體稍孱，而滬事又復煩瀆，是以一時尚〔不：編者注〕得暇晷，俟南方諸家書略正頓後再北上，略酬諸君雅意耳。」〔註19〕

但到了年底。即12月8日，王國維爲《唐寫本切韻殘卷三種》出版之事，主動致函馬衡，信說：

　　《切韻》事前與商務印書館商印竟無成議，刻向中華局人商印書之價（此書共六十紙），據云印五百部不及二百元。因思大學人數既眾，欲先睹此書者必多，兄能於大學集有印資，則當以四百部奉寄，餘一百部則羅君與弟留以贈人（因思閱此書者頗多，如欲印則二十日中可以告成）。如公以此舉爲然，當令估印價奉聞。若印千部，則所增者僅紙費而已。請示。能於月內付印，則年內尚可出書也。〔註20〕

馬衡抓住了這一難得的機會，及時籌資將此書印出。此事也就成了北京大學與王國維學術聯繫的眞正開始。此書由北京大學印出後，王國維得到五十本樣書。作爲非賣品，他把書分送給友人。爲此他在2月13日致馬衡信說中表達了謝意：「《切韻》得兄糾資印行，得流傳數百本以代鈔胥，滬上諸公亦均分得一冊，甚感雅意也。」〔註21〕

北京大學考慮到王國維不就的理由是「以遷地爲畏事」，於是決定設「通訊導師」，以解決「遷地」的困難。

王國維隨後態度的轉變，羅振玉起了關鍵的作用。這便是羅振玉自己先接受了北京大學之聘，成爲考古學的導師。馬衡於是立即寫信給王國維說：「大學新設研究所國學門，請淑蘊先生爲導師，昨已得其許可。蔡元培先生並擬要求先生擔任指導，囑爲函懇，好在研究所導師不在講授，研究問題盡可通信。爲先生計，固無所不便；爲中國學術計，尤當額手稱慶者也。」〔註22〕

〔註17〕轉引自劉烜：《王國維評傳》第218頁，百花洲文藝出版社，1997。
〔註18〕劉烜：《王國維評傳》第218頁。
〔註19〕吳澤主編　劉寅生、袁英光編：《王國維全集‧書信》第313頁。
〔註20〕吳澤主編　劉寅生、袁英光編：《王國維全集‧書信》第318頁。
〔註21〕吳澤主編　劉寅生、袁英光編：《王國維全集‧書信》第319頁。
〔註22〕轉引自劉烜：《王國維評傳》第185頁。

　　王國維答應出任北京大學研究所的通訊導師，馬衡及北大同人的努力和羅振玉、沈曾植、張爾田幾位浙人的意見起了主要作用。

通訊導師

　　隨之而來的是「薪金」問題。羅振玉在 1922 年 3 月 21 日致王國維的信中提醒他「預計」：「去多法國博士院屬弟爲考古學通信員，因此北京大學又理前約，弟謝之再三，乃允以不受職位，不責到校，當以局外人而盡指導之任，蔡、馬並當面許諾。因又託弟致意於公，不必來京，從事指導。乃昨忽有聘書至，仍立考古學導師之名，於是卻其聘書。蓋有聘書，則將來必有薪金，非我志也。若有書致公，請早爲預計。」〔註23〕

　　在羅振玉應聘之後，北京大學國學門正式給王國維寫信，懇請他任導師，信中說：「大學同人望先生之來若大旱之望雲霓，乃頻年孜請，未蒙俯允，同人深以爲憾。今春設立研究所國學門，擬廣求海內外專門學者指導研究。校長蔡元培先生思欲重申前請」，「先生以提倡學術爲己任，必能樂從所請。」〔註24〕

　　1922 春，北京大學研究所成立，蔡元培兼任所長，內分自然科學、社會科學、國學、外國文學四個學門，其中國學門，由沈兼士兼任主任。胡適任編輯委員會主任的北大《國學季刊》第 1 卷第 1 號附錄《研究所國學門重要記事》中說：「研究所國學門內部現分文字學、文學、哲學、史學、考古學五個研究室，請本校教授講師分任指導。至於校外學者，則已聘請羅振玉、王國維兩先生爲函授導師。」〔註25〕同時，這一創刊號上刊登了王國維的兩篇文章：《五代監本考》、《近日東方古言語學及史學上之發明與其結論》（伯希和著，王譯）。

　　這時候，正是「五四」高潮過後，胡適首倡用科學的方法「整理國故」之時。

　　袁英光、劉寅生所著《王國維年譜長編》所示，王國維此時被北京大學研究所請爲「函授導師」，是胡適的「建議」：「胡適建議北京大學研究所除以二馬、二沈、朱、錢等先生爲導師外，又敦請王國維爲國學門函授導師。」並說：「如果不是學術界的推舉和尊重，先生終會埋沒在哈同廣倉明智之中，

〔註23〕 王慶祥、蕭立文校注　羅繼祖審訂：《羅振玉王國維往來書信》第 525 頁。
〔註24〕 轉引自劉烜：《王國維評傳》第 185 頁。
〔註25〕 《國學季刊》第 1 卷第 1 號（1923 年 1 月）

局限在上海，難以擴大他的學術聯繫面的。」〔註 26〕

接下來，是薪金問題。王國維因有羅振玉的提示，有了「預計」。因此，他拒絕接受北京大學送來的薪金。1922 年 8 月 1 日，因北京大學送來薪水事，王國維致函馬衡，信中說道：

> 昨日張君嘉甫見訪，交到手書並大學脩金二百元，閱之無甚惶悚。前者大學屢次相招，皆以事羈未能趨赴。今年又辱以研究科導師見委，自惟淺劣，本不敢應命。惟懼重拂諸公雅意，又私心以為此名譽職也，故敢函允。不謂大學雅意又予以束脩。竊以尊師本無常職，弟又在千里之外，絲毫不能有所貢獻，無事而食，深所不安；況大學又在仰屋之際，任事諸公尚不能無所空匱，弟以何勞敢貪此賜，故已將脩金託交張君帶還，伏祈代繳，並請以鄙意達當事諸公，實為至幸。〔註 27〕

8 月 8 日王國維向羅振玉報告了拒收薪金的事：「大學竟送來兩個月薪水二百元，即令其人攜歸，並作書致叔平婉謝之，仍許留名去實，不與決絕，保此一線關係，或有益也。」〔註 28〕王國維拒收薪金，馬衡和北京大學的同仁只好變通此事，改「束脩」為「郵資」。馬在 8 月 17 日致王國維的信中說：「大學致送之款，本不得謂之束脩，如先生固辭，同人等更覺不安。昨得研究所國學門主任沈兼士兄來函，深致歉疚，堅囑婉達此意，茲將原函附呈。」並表示要請張嘉甫再送一次：「務祈賜予收納，萬勿固辭，幸甚幸甚。」〔註 29〕沈兼士因王國維不受薪金，致函馬衡說：「本校現正組織《國學季刊》，須賴靜安先生指導處正多，又研究所國學門下半年擬懇靜安先生提示一二題目，俾研究生通信請業，校中每月送百金，僅供郵資而已，不是言束脩。尚望吾兄婉達此意於靜安先生，請其俯允北大同人歡迎之微枕，賜予收納，不勝盼荷。頃晤蔡子民先生，言及此事，子民先生主張亦與弟同，並囑吾兄致意於靜安先生。」〔註 30〕

王國維不受薪金，學者劉烜認為這是王國維效伯夷「作為遺老，不食周粟」〔註 31〕。即以清朝遺老自居，不拿民國的國立大學的薪金。

〔註 26〕轉引自袁英光、劉寅生：《王國維年譜長編》第 343 頁。
〔註 27〕吳澤主編 劉寅生、袁英光編：《王國維全集・書信》第 323 頁。
〔註 28〕吳澤主編 劉寅生、袁英光編：《王國維全集・書信》第 326 頁。
〔註 29〕轉引自劉烜：《王國維評傳》第 186 頁。
〔註 30〕轉引自劉烜：《王國維評傳》第 186 頁。
〔註 31〕轉引自劉烜：《王國維評傳》第 186 頁。

　　北京大學同仁以「郵資」變通之後，王國維接受了。他在 8 月 24 日致馬衡的信中說：「前日張嘉甫攜交手書並大學脩二百元，諸公詞意殷拳，敢不暫存，惟受之滋愧耳。」同時，他開始履行導師的職責。他說：「研究科有章程否？研究生若干人？其研究事項想由諸生自行認定？弟於經、小學及秦漢以上事（就所知者）或能略備諸生顧問；至平生願學事項，力有未暇者尚有數種，甚冀有人為之，異日當寫出以備采擇耳。《國學季刊》索文，弟有《五代監本考》一篇錄出奉寄。」〔註32〕

　　就研究科的具體情況，馬衡向王國維彙報：「研究所現正編輯季刊四種，中有《國學季刊》、《文藝季刊》（文學藝術皆屬之）擬徵求先生近著分別登載。想先生近兩年來著述未刻者甚多，且多屬於兩門範圍之內，務求多多賜教，以資提倡，無任感禱。」〔註33〕

　　也就在這年 4 月 20 日，顧頡剛到上海拜訪王國維，並「洽談北京大學擬刊觀堂著述事」〔註34〕。且由於顧的祖母病逝，顧回蘇州奔喪後，暫時到上海的商務印書館工作，與王國維有了進一步接觸的機會。王國維在 8 月 1 日覆函馬衡，信說：「鄭君介石與顧君頡剛均已見過，二君皆沈〔沈按：沈〕靜有學者氣象，誠佳士也。」〔註35〕顧頡剛也就成了以後胡適與王國維之間溝通的橋梁。

　　11 月，沈兼士要王國維為北京大學研究所國學門的研究生提出研究的問題，王國維遂於 12 月 8 日覆沈兼士信，提出四條研究題目：一、《詩》、《書》中成語之研究。二、古字母之研究。三、古文學中聯〔沈按：連〕綿字之研究。四、共和以前年代之研究。並在信中說：「前日辱手教，並屬〔沈按：囑〕提出研究題目，茲就一時鄙見所及，提出四條。惟《古字母》及《共和以前年代》二條，其事甚為煩重，非數年之力所能畢事，姑提出以備一說而已。前日寄上新作《書式古堂書畫彙考中所錄唐韻後》一篇，由叔平兄轉交，想蒙察入。題目四紙附上呈政。」〔註36〕這四個題目以「國學門導師王國維提出的研究題目」為名，在 1922 年 10 月 27 日、1924 年 3 月 27 日《北京大學日刊》分別刊出。

〔註32〕吳澤主編　劉寅生、袁英光編：《王國維全集‧書信》第 327～328 頁。
〔註33〕轉引自劉烜：《王國維評傳》第 222 頁。
〔註34〕陳鴻祥：《王國維年譜》第 249 頁，齊魯書社，1991。
〔註35〕吳澤主編　劉寅生、袁英光編：《王國維全集‧書信》第 324 頁。
〔註36〕吳澤主編　劉寅生、袁英光編：《王國維全集‧書信》第 332～333 頁。

　　研究題目寄出後，不久王國維便收到北大學生何之兼、李滄萍、郝立權、安文溥、王盛英五人的請教信。信說：「昨由研究所開列先生提示研究題目四則，提綱挈領，迢迪來學，廣川大業，庶幾親炙。惟茲事體大，後生末學慮弗勝任。謹先選定古文學中聯綿字之研究一題，共同研習，俟有眉目，再及其餘。謹列數疑，乞予指教。……」〔註37〕王國維於 1922 年 12 月下旬和 1923 年 1 月 15 日覆信，並提出了具體指導〔註38〕。

　　12 月 12 日王國維致信馬衡，主張北京大學研究所設置滿、蒙、藏文講座，信中說道：「現在大學是否有滿蒙藏文講座？此在我國所不可不設者。其次則東方古國文字學並關緊要。研究生有願研究者，能資遣法德各國學之甚善，惟須擇史學有根柢者乃可耳。此事兄何不建議，亦與古物學大有關係也。偶思及此，即以奉聞。」〔註39〕王國維為北大發揮的作用，主要是在學術研究的層面上，在刊發文章、指導研究生研究的同時，他更關心研究其他民族的語言文字及派遣留學生。這是與世界一流大學的學術研究者對話及取得共同進步的重要基礎。王國維注意到了這一點。這也是他治學的一個重要方面的具體展示。

　　這裡特別值得一提的是，1922 年 6 月，南京的東南大學，也曾動議請王國維為教授，卻未成。1922 年 6 月 6 日，東南大學辦公室副主任劉伯明致函在上海的校長郭秉文，建議請王國維到東大執教：

　　　　秉文吾兄臺鑒：伯沆先生解職後，眾意擬請一第一流人物繼任。
　　查有王君國維號靜庵文學優長，為近今難得人才。陳□〔沈按：無
　　法辨認的字〕言先生極為推重。學生方面亦希望肯來秉教。王君現
　　任事哈同花園廣倉學社，請克回寧以前直接或間接向王君接洽，能
　　即訂定，更所欣盼。即頌

　　　　公綏

　　　　　　　　　　　　　　　　　　　　　　　　　　　　劉伯明啓
　　　　　　　　　　　　　　　　　　　　　　　　11 年 6 月 6 日〔註40〕

郭秉文隨即於 6 月 8 日致函沈信卿，請介紹王國維為詞曲詩賦教授。

〔註37〕轉引自袁英光、劉寅生：《王國維年譜長編》第 366 頁。
〔註38〕吳澤主編 劉寅生、袁英光編：《王國維全集・書信》第 337～338 頁、339～340 頁。
〔註39〕吳澤主編 劉寅生、袁英光編：《王國維全集・書信》第 336 頁。
〔註40〕《南大百年實錄》編輯組：《南大百年實錄》（上卷）第 202 頁。

　　　　信卿先生道鑒：敬啓者，敝校下學年須添請國文教授一人，教授詞曲詩賦等各項學程，擬延王君靜庵來寧擔任，每月敬送薪金二百元，請煩先生就近代爲決洽，並代學校表示歉意，敬邀一諾，決洽後決策如何？敬盼快即示復爲幸。專此祗頌

　　　　道安

　　　　　　　　　　　　　　　　　　　　　　　郭秉文謹啓

　　　　　　　　　　　　　　　　　　　11 年 6 月 8 日〔註41〕

王國維後來並沒有到東南大學任教，而是北上去做了溥儀的「老師」。

辭職緣由

　　1923 年 4 月 16 日，清遜帝溥儀欲選海內碩學入南齋，經升允推薦，王國維「著在南書房行走」。5 月 25 日，王國維自上海由海路北上，31 日抵達北京，7 月 4 日被溥儀「恩賞給五品銜，並賞食五品俸」。

　　由於王國維到京，與北京大學的聯繫也就方便多了。1924 年春，北京大學研究所國學門欲聘他爲主任，但他推辭了。他的理由是不願介入各方面的紛爭，只如以前「掛一空名」。已經陷入宮內政治鬥爭的王國維，卻想在大學中保持中立。他在 4 月 6 日，致蔣汝藻的信中說：「東人所辦文化事業，彼邦友人頗欲弟爲之幫助，此間大學諸人，亦希其意，推薦弟爲此間研究所主任（此說聞之日人）。但弟以絕無黨派之人，與此事則可不願有所濡染，故一切置諸不問。大學詢弟此事辦法意見，弟亦不復措一詞，觀北大與研究系均有包攬之意，亦互相惡，弟不欲與任何方面有所接近。近東人談論亦知包攬之不妥，將來總是兼容辦法。兄言甚是，但任其自然進行可耳。弟去年於大學已辭其脩，而尙掛一空名，即以遠近之間處之最妥也。」〔註42〕

　　9 月，因北京大學考古學會在報上登載《保存大宮山古迹宣言》，指責清室出賣產業，散失文物，王國維閱報後對此事大爲不滿。因爲馬衡就是考古學會的主持人。《宣言》本身並沒有涉及王國維，但由於他與清宮的特殊關係，便出來發表聲明。他致信沈兼士、馬衡，要求辭去北京大學研究所國學門導師職務：「弟近來身體屢弱，又心緒甚爲惡劣，所有二兄前所屬研究生至敝寓咨詢一事，乞飭知停止。又研究所國學門導師名義，亦乞取銷。又前胡君適

〔註41〕《南大百年實錄》編輯組：《南大百年實錄》（上卷）第 202～203 頁。
〔註42〕吳澤主編　劉寅生、袁英光編：《王國維全集・書信》第 394 頁。

之索取弟所作《書戴校水經注後》一篇，又容君希白鈔去金石文跋尾若干篇，均擬登大學《國學季刊》，此數文弟尙擬修正，乞飭主者停止排印，至爲感荷。」〔註43〕

　　王國維的聲明信寫好之後，先送給羅振玉過目。羅於 9 月 9 日致信王國維表示意見：「尊致馬沈書，嚴正和平，不知已發否？若尙未發，請勿猶豫。惟登報一節，則可不必，誠如尊慮也，此輩頑梗，非時加警惕不可。若謝絕大學各種關係，則以婉詞謝之，有此書，則彼亦知所以辭謝之故矣。」〔註44〕10 日再致信王國維，問：「致馬沈函發走後，彼方有答書否？」〔註45〕

　　王國維一怒之下，割斷了與北京大學的學術聯繫。羅振玉也與馬衡斷交。

　　11 月 5 日，馮玉祥的國民軍將溥儀驅逐出宮，並宣佈永遠廢除皇帝溥儀的尊號。王國維隨溥儀出宮。此事對王國維刺激很大，他與羅振玉、柯劭忞相約投護城河自殺，後因家人監視、勸止而未遂。

　　與北京大學的學術聯繫表現出的是他的學者人格，與北京大學斷交則是他遺臣人格的凸現。

下、清華學校研究院國學導師

胡適造訪的心理激蕩

　　胡適是王國維與清華學校發生學術關係的一個關鍵人物。而胡適此時是北京大學的教授，因主張白話新文學而暴得大名，並一躍成爲學界的新潮領袖。

　　王與胡本是由傳統向現代轉折時期的代表性人物，其政治思想和文學觀念都存在著重大的分歧。但他們之間卻有著一個共同的交流的「場」：學問。確切地說是彼此在事實考究上興趣相投。因爲王國維本人是從早年的辭章、義理之學轉向純粹的考據。而胡適則是辭章、義理、考據並舉，並逐步轉向以考據爲重。

　　1917 年胡適從美國留學 7 年後回國，在上海，他考察了出版界後得出的結論是：近幾年的學術界只有王國維的《宋元戲曲考》是很好的〔註46〕。隨之，胡適在中國學術界大紅大紫，爲新學領袖。1922 年 4 月 15 日，胡適在日

〔註43〕吳澤主編 劉寅生、袁英光編：《王國維全集‧書信》第 407 頁。
〔註44〕王慶祥、蕭立文校注 羅繼祖審訂：《羅振玉王國維往來書信》第 635 頁。
〔註45〕王慶祥、蕭立文校注 羅繼祖審訂：《羅振玉王國維往來書信》第 636 頁。
〔註46〕胡適：《胡適全集》第 1 卷第 593 頁。

記中記有:「讀王國維先生譯的法國伯希和一文,爲他加上標點。此文甚好。」
〔註47〕8 月 28 日,胡適又一次表示出對王的好感,他在日記中寫道:「現今的
中國學術界真凋敝零落極了。舊式學者只剩王國維、羅振玉、葉德輝、章炳
麟四人;其次則半新半舊的過渡學者,也只有梁啓超和我們幾個人。內中章
炳麟是在學術上已半僵化了,羅與葉沒有條理系統,只有王國維最有希望。」
〔註48〕1922 年王國維在致顧頡剛信(沈按:只署「初三日」,無月份)中說道:
「頃閱胡君適之《水滸》、《紅樓》二卷,犁然有當於心。其提倡白話詩文,
則所未敢贊同也。」〔註49〕由此可見,他們彼此所看重的是學問中的考據。

顧頡剛是胡適最得意的學生,學術上也最得胡適「疑古」和考索古史的
真精神。王氏對胡適評說,很快由顧傳給了胡適。於是,有了胡適對王國維
的拜訪。據《胡適的日記》1923 年 12 月 16 日所記:

> 往訪王靜庵先生(國維),談了一點多鐘。他說戴東原之哲學,
> 他的弟子都不懂得,幾乎及身而絕。此言是也。戴氏弟子如段玉裁
> 可謂佼佼者了。然而他在《年譜》裏恭維戴氏的古文和八股,而不
> 及他的哲學,何其陋也!

> 靜庵先生問我,小說《薛家將》寫薛丁山弒父,樊梨花也弒父,
> 有沒有特別意義?我竟不曾想過這個問題。希臘古代悲劇中常有這
> 一類的事。

> 他又說,西洋人太提倡欲望,過了一定限期,必至破壞毀滅。
> 我對此事卻不悲觀。即使悲觀,我們在今日勢不能跟西洋人向這條
> 路上走去。他也以爲然。我以爲西洋今日之大患不在欲望的發展,
> 而在理智的進步不曾趕上物質文明的進步。

> 他舉美國一家公司制一影片,費錢六百萬元,用地千餘畝,說
> 這種辦法是不能持久的。我說,製一影片而費如許資本工夫,正如
> 我們考據一個字而費幾許精力,尋無數版本,同是一種作事必求完
> 備盡善的精神,正未可厚非也。〔註50〕

〔註47〕 胡適:《胡適全集》第 29 卷第 582 頁。
〔註48〕 胡適:《胡適全集》第 29 卷第 729 頁。
〔註49〕 劉炬、陳杏珍:《王國維致顧頡剛的三封信》,《文獻》第 18 輯(1983 年 12
月)。
〔註50〕 胡適:《胡適全集》第 30 卷第 127~128 頁。

這短短一個多小時的交談，真正使胡適感到了王國維的存在。王氏對古今中外歷史文化的深切關注和獨到的見識，是同代舊派學人所不曾達到的，也是新潮學界所不曾注意的。

王國維所談的三點都是建立在一種比較文化意義上的問題。戴震在人們的共識中是大學問家。胡適認為在清代有學問，沒有哲學；有學問家，沒有哲學家。王國維是學問家，但他同時關注一位學問家的哲學思想。這說明他的思考不是單向的。戴震作為清代大學問家，他的哲學思想也有十分引人注目的東西。他的一元論思想，他反對宋學的空泛和虛無，反對程朱理學的以理（禮）殺人，崇尚實用的思想和學術，使他成為清學的一個高峰。小說《薛家將》的作者不可能看過古希臘的悲劇，更不可能知道戀母弑父的「俄狄浦斯情結」或「哈姆雷特情結」，而王國維卻在考慮一個比較文學上問題。他熟悉古典戲曲，對中國戲劇舞臺上那種虛擬的神似效果也十分清楚。戲劇舞臺上一將幾卒，搖旗揮刀，在鑼鼓聲中，走幾個來回，便表示有千軍萬馬。而西方的電影卻不同，他們把千軍萬馬真的拉到電影的拍攝現場，投入的實際情形很大，追求的是一種原初、真實的藝術效果。這是當時中西藝術的不同。王國維的這份關注是一般文人所不可能有的。作為一個在世人看來保守的舊學者，他考慮的問題卻是十分現代的，他的思想沒有停滯，他對新知的追求沒有停止。更何況在自己不明白的情況下，又主動地向一位後生請教。我們只有在王國維這樣的大家身上才能看到如此的人文景觀。

胡適不能不對王氏的問題投下相應的關注。

王國維所談的前兩件事都是胡適不曾注意到的事，自然對他產生了相應的刺激，使他自 1917 年「暴得大名」之後，那一直處於巔峰狀態的學者心理受到了一次意外的震盪，多年來他真正有了一次與學界高人交流的機會，並得到了一次學人少有的高峰體驗。也使他進一步明白學術界同樣是山外有山。高山仰止。從王宅出來，敏感的胡適便到馬幼漁那裡借得戴震後學焦循（里堂）的《雕菰樓集》一部。當天晚上，他便開始著手研究戴震，為陶行知發起籌建的「東原圖書館」試作一篇《述東原在思想史上的位置》短文（未完成）。

由此可見胡適敏於思，勤於學的學人精神。

作為老一代學人和「帝王之師」，王國維自然也懂得胡適在當今新派學界的地位和如日中天的社會影響。他更不能輕視胡適的存在。深諳學界禮數的王國維，第二天（12 月 17 日）便到胡適府上回訪。

胡、王的學問溝通

從此，胡適開始在戴震及其後學的著作上下起了功夫。在 18 日的日記上，他寫道：「讀戴東原書後，偶讀焦循《雕菰樓集》，始知戴氏的哲學只有焦里堂眞能懂得。」〔註51〕於是，胡適開始了《戴東原的哲學》的寫作。

當胡適得知王氏有論戴東原《水經注》一文時，便於 1924 年 4 月 17 日致信王氏，請求文章在胡適自己主持的《國學季刊》上發表。6 月 27 日，胡適又致信王氏，同時送上《廣陵思古編》十冊，說卷十一中「有焦里堂與王伯申一書，其言殊重要」，問：「先生曾見之否？」〔註52〕

與之同時，胡適開始了另一項學術工作，《詞選》的編注。這是一項後來的學術工程。若無李白重題黃鶴樓的才情和膽識，胡適是不敢爲之的。因爲早有王國維的《人間詞話》在前頭。

王國維的《人間詞話》早在 1908 至 1909 年前已刊於《國粹學報》第 47、49、50 期上。王氏之作標誌著一個時代的詞學研究高峰，也同樣顯示了那個時代文學研究方法的極至。胡適出於現實的需要，欲寫《白話文學史》，要在文學的歷史中爲自己的白話文學理論尋求歷史的依託，以滿足中國學人好古、信古的心理期待，達到自己文學革命的目的。他編注一本新的《詞選》，實際上是他上述整體工作的一個組成部分。在編注此書的過程中，每遇到疑難之處，胡適都要虛心及時地向王國維寫信請教，同時，他也往往能得到相應的圓滿的答覆。1924 年 7 月 4 日、7 月□〔沈按：無法辨認的字用□代之〕日、10 月 10 日、10 月 21 日、12 月 9 日，胡適都爲詞學上的問題寫信向王氏請教（《胡適遺稿及秘藏書信》收錄了王國維給胡適的一封關於詞學問題的回信）。胡適的論文《詞的起源》初稿寫完後，立即呈送王氏，請他指正。王氏的兩封答書，被胡適收在該文的後邊，作爲文章的有機部分，一併刊出。在這時，胡適向學界充分表明，他的詞學研究成果中，有王國維的直接介入。

從《戴東原的哲學》到《詞選》，胡適是踏著王國維的腳印，向前邁出了新的步伐。學問本身有自己內在的承傳性，它往往是一種在兩代人的接力中走向發展和完善的，舊與新，傳統與現代，保守與激進之間，有時是可以創造性轉換的，儘管這其中要有一種歷史的中介和相應的理解及溝通。正如同王國維所主張的那樣，眞正的學術無所謂新舊、古今、中西、有用無用之分一樣。

〔註51〕 胡適：《胡適全集》第 30 卷第 130 頁。
〔註52〕 胡適：《胡適全集》第 23 卷第 429 頁。

　　王國維與胡適之間在學問上，便存在著這種理解和溝通。這本身就是一種值得進一步闡釋的文化的歷史意義。

胡、曹的善待

　　作爲「帝王之師」，王國維在學術上與胡適交好，這自然會影響到閒置在宮中的廢帝溥儀。他同樣不能輕視胡適這位新文學運動的倡導者和新學領袖。讀罷胡適的《嘗試集》後，他懷著敬慕之意，撥通了「胡適先生」的電話。於是，有了胡適「二進宮」的故事。

　　胡適在學問上日益進取，地位和名聲也與日俱增。這時，他沒有得意忘形，沒敢忽視王國維的眞實存在。他時刻在想著王氏的熱能還沒有完全發揮，王氏身上還有一定的待開發的文化餘熱資源。從個人情誼上講，他要回報王氏。

　　這裡先說胡適與曹雲祥校長的前期聯絡工作。

　　1924 年，清華學校欲「改辦大學」，同時設立研究院。清華學校校長曹雲祥於 1924 年 2 月 22 日致函胡適，說聘請「先生擔任籌備大學顧問」〔註53〕。同時，又動員胡適出任籌建中的清華學校研究院院長（同各系科主任，因研究院內僅有國學一門，故又稱國學研究院）。胡適推辭不就院長（後改爲吳宓任主任，是由顧泰來推薦的），但建議曹校長，應採用宋、元書院的導師制，並吸取外國大學的研究生院的學位論文的專題研究法。胡適還向曹校長推薦了四位導師人選：梁啓超、王國維、章太炎、趙元任。後因章太炎不就，而改聘吳宓推薦的陳寅恪。

　　據顧頡剛回憶，推薦王國維入清華的主意是他向胡適提出的。他說王國維「以『南書房行走』的名義教溥儀讀中國古書。溥儀出宮，這個差使當然消滅；同時，他又早辭去了北大研究所導師的職務，兩隻飯碗都砸破，生計當然無法維持。我一聽得這個消息，便於這年（沈按：1924）十二月初寫信給胡適，請他去見清華大學校長曹某，延聘王國維到國學研究院任教。胡適跟這校長都是留美學生，王國維又有實在本領，當然一說便成」〔註54〕。

　　顧頡剛晚年回憶無誤，因爲他有自己的日記作參考。查胡適的檔案，果然有顧的來信。信中說：

〔註53〕耿雲志主編：《胡適遺稿及秘藏書信》第 33 冊第 492～494 頁。
〔註54〕顧頡剛：《我是怎樣編寫〈古史辨〉的》，見顧頡剛：《古史辨》第 1 冊第 16 頁，上海古籍出版社，1982。

　　　　靜安先生清宮俸既停，研究所薪亦欠，月入五十元，何以度日。
曾與幼漁先生談及，他說北大功課靜安先生不會肯擔任，惟有俟北
京書局成立時，以友誼請其主持編輯事務。然北京書局不知何日能
成立，即使成立，而資本有限，亦不能供給較多之薪水。我意，清
華校既要組織大學國文系，而又託先生主持其事，未知可將靜安先
生介紹進去否？他如能去，則國文系已有中堅，可以辦得出精彩。
想先生亦以爲然也。

　　　　清宮事件，報紙評論對於先生都好作尖酸刻薄之言，足見不成
氣候的人之多。〔註55〕

1924 年 12 月 8 日，胡適陪同曹雲祥校長拜訪了王國維，第二天，曹雲祥在致
胡適的信中這樣寫道：

適之先生臺鑒

　　　　昨承偕訪王靜庵先生晤談之後，曷勝欽佩。敝校擬添設研究院，
即請王君爲該院院長。茲將致王君一函並聘書送請察閱。如蒙同意，
即祈轉致並懇玉成是荷。此頌

道安

　　　　　　　　　　　　　　　　　　　　　　　　　曹雲祥謹啓

　　　　　　　　　　　　　　　　　　　　　　　十二月九日〔註56〕

隨之，曹雲祥校長在 12 月 11 日又致信胡適，約定胡適同王國維到清華聚餐（共
商聘王國維之事）：

　　　　逕啓者茲訂於本月二十日星期六□□□□〔沈按：無法辨認的
字〕，駕臨敝校午餐，藉以暢談，未知是日有暇光降否？倘因公忙或
改二十七日星期六亦可，即祈裁定，並約同王靜庵先生來校是所至
盼。相應函達至，希查照見覆是荷。此致

胡適之先生。

　　　　　　　　　　　　　　　　　　　　　　　　　曹雲祥謹啓

　　　　　　　　　　　　　　　　　　　　　　　十二月十一日〔註57〕

由於曹雲祥校長求賢心切，在未與胡適、王國維協商妥當的情況下，按本校

〔註55〕耿雲志主編：《胡適遺稿及秘藏書信》第 42 冊第 291 頁。
〔註56〕耿雲志主編：《胡適遺稿及秘藏書信》第 33 冊第 496 頁。
〔註57〕耿雲志主編：《胡適遺稿及秘藏書信》第 33 冊第 497 頁。

聘教員的慣例，給王國維送上了印刷品的聘書。事後，曹雲祥方發覺此法不妥，忙致信王國維解釋，並附手寫聘書一件，信和聘書均請胡適代轉。

信及聘書如下：

靜庵先生大鑒：

　　前奉聘書因係印刷品，表明本校聘請教員事同一律，所以先填送覽。

　　茲以添注塗改殊欠敬意，特另繕一份，肅函奉送，敬祈察存專泐。

　　順頌

道安

附聘書一件

曹雲祥謹啓

十二月三十一日〔註58〕

聘書

茲聘請

王靜庵先生為本校研究院主任擔任國學研究事務即希

查照後列聘約辦理為荷

（一）每星期內授課拾點鐘以內

（二）每月薪金銀幣肆百元按月照送

（三）一切待遇照本校規定研究院教員任用規則辦理

（四）此項聘約以三年為期（自民國十四年一月起至十六年十二月底止）期滿若得雙方同意再行續訂

清華學校校長　曹雲祥

中華民國十三年十二月〔註59〕

同時，胡適積極主動地做廢帝溥儀、莊士敦（溥儀的英文老師）和王國維本人的工作。現存胡適給王國維的兩封信，可見胡適本人對此事的投入，尤其是他自己從學術著眼，也希望王氏「宜為學術計，不宜拘泥小節」的那份誠意。其一：

〔註58〕耿雲志主編：《胡適遺稿及秘藏書信》第33冊第498頁。
〔註59〕耿雲志主編：《胡適遺稿及秘藏書信》第33冊第499頁。

靜庵先生：

　　清華學校曹君已將聘約送來，今特轉呈，以供參考。約中所謂「授課拾時」，係指談話式的研究，不必是講演考試式的上課。

　　圓明園事，曹君已與莊君商過，今日已備文送去。

　　　　　　　　　　　　　　　　　　　　適之上（原信無日期）

其二：

靜庵先生：

　　手示敬悉。頃已打電話給曹君，轉達尊意了。一星期考慮的話，自當敬遵先生之命。但曹君說，先生到校後，一切行動均極自由；先生所慮（據吳雨僧君說）不能時常往來清室一層，殊爲過慮。鄙意亦以爲先生宜爲學術計，不宜拘泥小節，甚盼先生早日決定，以慰一班學子的期望。日內稍忙，明日或能來奉訪。匆匆。即頌
起居佳勝。

　　　　　　　　　適之上　一四，二，十三（1925 年 2 月 13 日）〔註60〕

吳宓在自編年譜中說，他曾手持曹雲祥校長的聘書拜請王國維〔註61〕。現據曹雲祥的和胡適的信推斷，吳宓送去的那份聘書可能是印刷件。吳宓轉回來的話說王所慮不能往來於清室一層，也由是胡、曹與溥儀、莊士敦交涉而解。

　　由於胡適、曹雲祥的的努力，2 月，溥儀（被逐出宮後，暫避日使館）召王國維到日使館，詔令他就任清華學校研究院之聘〔註62〕。

　　這是王國維遺臣人格的鮮明表現，也是他對前清廢帝的精神依附。

　　胡適的誠意和曹校長的善待感動了王國維。於是，他決定親自到清華學校研究院去看一看。胡適便用自己的車子拉著王氏，往返陪同走了一趟清華園。從此，清華園中便晃動著一個曾爲「帝王之師」而如今仍爲廢帝之師的學人身影，清華學子也獲得了一代國學大師的教誨。這是清華人的驕傲，也是現代學術史上的一件幸事。王國維本人在內心深處也會爲此事而感激胡適的。

　　3 月 25 日王國維在給蔣孟蘋（汝藻）的信中談了此次進清華之由及個人感想：

〔註60〕　胡適：《胡適全集》第 23 卷第 460 頁。
〔註61〕　吳宓：《吳宓自編年譜》第 260 頁。
〔註62〕　陳鴻祥：《王國維年譜》第 288 頁。

　　數月以來，憂惶忙迫，殆無可語。直至上月，始得休息。現主
人在津，進退綽綽，所不足者錢耳。然困窮至此，而中間派別意見
排擠傾軋，乃與承平時無異。故弟於上月中已決就清華學校之聘，
全家亦擬遷往清華園。離此人海，計亦良得。數月不親書卷，直覺
心思散漫，會須收召魂魄，重理舊業耳。〔註63〕

如今他仍視廢帝爲「主人」，這是一個遺臣的最確切的表白，也是帝制時代「主
子與奴才」的綱常大倫（「君臣」）留給王國維的精神枷鎖。

　　致此可見，王國維進清華的原因有四：1. 因不滿且煩陷入宮內紛爭，故
遠離政治、人事。2. 爲生計。3. 固保「親書卷」的舊業，還原書生本色。4. 當
下新學界領袖胡適及清華同仁對他的敬重。

　　顧頡剛認爲：「靜安先生歸國之後，何以寧可在外國人所辦的學校（廣倉
學窘）與半外國人所辦的學校（清華學校）中任事，也只因裏邊的政治空氣
較爲疏淡之故。」〔註64〕然而，後學胡適的這份眞誠之意和曹校長的求賢之
情，並不能完全醫治和撫慰王國維那早已因內在矛盾衝突而傷透了的心，也
無法再給他一個健全的沒有裂痕的靈魂。

　　歷史的變遷，時代的激流，國事，家事，天下事，事事煩心。王國維自
身的精神發生了急劇的裂變，他在昆明湖中尋找到了最終的解脫。他與清華
兩年半的關係，雖因這一決絕的行爲而斷，但薪盡火傳，得王國維教誨的清
華學校研究院的學子一步步走向成熟，並在學界綻放異彩。

在清華的事功

　　王國維進清華後主要是從事授課、指導研究生和自身進行學術研究。1925
年 7 月曾爲清華暑期補習學校作了一次名爲《最近二三十年中中國新發現之
學問》的公開演講。清華學校研究院主任吳宓爲《最近二三十年中中國新發
現之學問》（學生的記錄稿）作注，並刊於《學衡》第 45 期。王國維提出了
「古來新學問起，大都由於新發見」這一著名的論斷。他認爲自漢以來，中
國學問上的最大發現有三：一爲孔子壁中書；二爲汲冢書；三則今之殷虛甲
骨文字、敦煌塞上及西域各處之漢晉木簡、敦煌千佛洞之六朝及唐人寫本書
卷、內閣大庫之元明以來書籍檔冊〔註65〕。這才有陳寅恪隨後在王國維「古

〔註63〕吳澤主編 劉寅生、袁英光編：《王國維全集・書信》第 412 頁。
〔註64〕顧頡剛：《悼王靜安先生》，陳平原、王楓編：《追憶王國維》第 134 頁。
〔註65〕《靜庵文集續編》第 66 頁，王國維：《王國維遺書》第 3 冊。

來新學問起，大都由於新發見」的著名論斷基礎上，進一步總結出的治學之士因用新材料，與求新問題而謂之「預流」的說法。

據清華學校研究院主辦的《國學論叢》第 1 卷第 1 號的《研究院各教授擔任學科一覽表》所示，王國維在清華學校國學研究院的講學時間是兩年半（1925 年 4 月 17 日～1927 年 6 月 2 日），其業績歷歷可數。他的課分爲「普通演講」和「專門演講」。

「普通演講」的內容爲：

1925 年度：1、古史新證。2、說文練習。3、尚書。

1926 年度：1、儀禮。2、說文練習。

「指導學科範圍」是：1、經學（書、禮、詩）。2、小學（訓詁、古文字學、古韻）。3、上古史。4、金石學。5、中國文學。〔註 66〕

「專門演講」的內容爲：

1925 年度：1、經學（書、詩、禮）。2、小學（訓詁、古文字學、古韻）。3、上古史。4、中國文學。

1926 年度：1、經學（書、詩、禮）。2、小學（訓詁、古文字學、古韻）。3、金石學。4、上古史。5、說文練習。6、中國文學。〔註 67〕

據《學校新聞·研究院》王國維實際指導的研究生的研究題目有八個：1、尚書本經之比較研究（包括句法、成語、助詞）。2、詩中狀詞之研究（包括單字、連綿字）。3、古禮器之研究。4、說文部首之研究。5、卜辭及金文中地名或制度之研究。6、諸史（或一史）中外國傳之研究。7、元史中蒙古色目人名之書研究。8、慧琳《一切經音義》之反切與《切韻》反切之比較研究。〔註 68〕

1925 年 9 月～1926 年 7 月，研究院的第一屆學生爲 32 人，梁啓超指導 14 人（一人因赴美留學，未交畢業論文）〔註 69〕，王國維指導 16 人，陳寅恪、李濟各指導 1 人（三位導師共指導 18 人，兩人因赴美留學，未交畢業論文。因未注明指導教授的名字，18 人具體分工不明）。這 18 人的名字、登記題目與畢業時的實際論文不同〔註 70〕。《國學論叢》第 1 卷第 1 號《研究院紀事》

〔註 66〕 《國學論叢》第 1 卷第 1 號（1927 年 6 月）。
〔註 67〕 轉引自蘇雲峰：《從清華學堂到清華大學》第 337 頁，中央研究院近代史研究所，1996。
〔註 68〕 《清華周刊》第 24 卷第 3 號（352 期）。
〔註 69〕 詳見蘇雲峰：《從清華學堂到清華大學》第 339 頁。
〔註 70〕 轉引自蘇雲峰：《從清華學堂到清華大學》第 339～340 頁。

有 1925 年研究院畢業成績一覽〔註71〕。

第一屆 32 位學生中，三人因留學美國（梁啓超一人，王國維兩人）未交畢業論文，29 人畢業。成績優秀的吳其昌、周傳儒、姚名達、何士驥、劉盼遂、趙邦彥、黃粹伯七人在得到獎勵的同時，獲第二學年（1926 年 9 月～1927 年 7 月）繼續研究。

清華學校研究院 1926 年 9 月～1927 年 7 月的第二屆學生爲 36 人，包含七位第一屆的繼續研究學生〔註72〕。這屆學生同樣是梁啓超、王國維指導的學生多，趙元任只指導王力一人〔註73〕。王國維去世後，清華又在 1928 年 9 月～1929 年 7 月招收了第三屆 14 名學生，其中侯堮、劉節、顏虛心爲上一屆的學生，又研究了一屆。在這些研究生中王庸、楊筠如、王鏡第、劉紀澤來自東南大學，吳其昌和第三屆的蔣天樞來自無錫國專。

清華學校研究院時代，是清華歷史上的一個輝煌時期，王國維爲這一輝煌的確增色添彩。

1927 年 10 月，清華學校研究院出版的《國學論叢》第 1 卷第 3 號爲「王靜安先生紀念專號」。內容包括梁啓超的《序》，王國維的小像、遺墨、遺著，趙萬里編的三份王靜安譜系（年譜、著述目錄、手校手批書目），吳其昌的《王觀堂先生學述》、《王觀堂先生尙書講授記》，劉盼遂的《觀堂學禮記》、陳寅恪的《王觀堂先生挽詞並序》。由清華學校研究院研究生陸侃如、姚名達、衛聚賢、黃綬、楊鴻烈等參與組織的北京「述學社」同人編輯的《國學月報》第 8、9、10 合期，也在 1927 年 10 月出版了「王靜安先生專號」。

1927 年 1 月 16 日，張慰慈致信胡適，說清華校長曹雲祥有一個較好的機會離開，學校內有幾個人就想到胡適作爲「繼任人物」最爲合適，勸胡適「很可以試他一試」〔註74〕。1928 年 3 月 27 日，湯爾和再次向胡適轉達司法部長羅鈞任（文幹）要胡適做改制後的清華大學校長的意見。胡適不答應。他對湯爾和說：「如校長由董事會產生，我不反對；若由任命，或外部聘任，我不能就。」〔註75〕28 日，胡適又致信湯爾和詳陳不就清華大學校長的理由

〔註71〕 1925 年研究院畢業成績一覽見《國學論叢》第 1 卷第 1 號（1927 年 6 月）《研究院紀事》。
〔註72〕 《國學論叢》第 1 卷第 1 號（1927 年 6 月）。
〔註73〕 王力：《龍蟲並雕齋瑣語》第 303 頁，商務印書館，2002。
〔註74〕 《胡適來往書信選》（上）第 421～422 頁，中華書局，1979。
〔註75〕 胡適：《胡適全集》第 31 卷第 11 頁。

〔註76〕。8 月國民黨政府決定改清華學校爲清華大學，同時任命胡適的學生羅家倫爲清華大學校長。

當 1931 年 3 月 17 日，因清華學生由教授借風潮趕走羅家倫而特地到南京上訪，請求蔣介石派胡適爲清華校長。蔣介石的答覆是：「胡適係反黨，不能派。」〔註77〕於是，蔣介石派吳南軒出任清華校長。

儘管胡適與清華校長一職擦肩而過，但推王國維進清華一事，足以使他與清華之緣不解。這同時也是他贏得陳寅恪敬重的一個重要因素〔註78〕。

〔註76〕 胡適：《胡適全集》第 31 卷第 11～12 頁。

〔註77〕 胡適：《胡適全集》第 32 卷第 95 頁。

〔註78〕 陳寅恪在 1927 年 10 月清華學校研究院出版的《國學論叢》第 1 卷第 3 號「王靜安先生紀念專號」、10 月北京「述學社」編輯的《國學月報》第 8、9、10 合期「王靜安先生專號」和 1929 年 3 月《學衡》第 64 期爲王國維出的第二個紀念專號等刊物上所刊的《王觀堂先生挽詞並序》中特別提到胡適推薦王國維進清華一事。他有「魯連黃鷂績溪胡，獨爲神州惜大儒。學院遙聞傳絕業，園林差喜適幽居」的詩句。見陳寅恪：《陳寅恪詩集》第 15 頁。

參考文獻

刊物：

1. 1949 年以前（以英語字母爲序，首字按漢語拼音排列）

《北京大學日刊》（北京），影印本

《北京大學月刊》（北京）

《北京大學研究所國學門周刊》（北京）

《北京大學研究所國學門月刊》（北京）

《晨報副鐫》（北京），影印本

《大公報·文學副刊》（天津），影印本

《大公報·文藝副刊》（天津），影印本

《大學》（成都）

《大學評論》（南京）

《大學院公告》（南京）

《當代評論》（昆明：西南聯大）

《地理學報》（南京：中央大學）

《地理雜誌》（南京：中央大學）

《東南大學南京高師暑校日刊》（南京：東南大學，1922 年 7 月 10 日～8 月 19 日）

《東南論衡》（南京：東南大學）

《獨立評論》（北平），影印本

《方志月刊》（南京：中央大學）

《國粹學報》（上海）

《國風》（南京：中央大學）

《國故》（北京：北京大學）

《國立中山大學語言歷史學研究所周刊》（廣州）

《國立中央大學日刊》（南京）

《國立中央大學半月刊》（南京）

《國文月刊》（昆明—上海：西南聯合大學師範學院—開明書店）

《國聞周報》（天津）

《國學叢編》（北平：中國大學，1930 年代）

《國學叢刊》（上海：羅振玉、王國維編，1910 年代）

《國學叢刊》（南京：東南大學，陳中凡、顧實編，1920 年代）

《國學叢刊》（北平：國學書院第一院編輯，發行人爲潘壽岑，1940 年代）

《國學彙編》（上海：國學研究社，胡樸安主編，1920 年代）

《國學季刊》（北京：北京大學）

《國學論叢》（北京：清華學校研究院）

《國學論衡》（蘇州）

《國學月報》（北京：述學社）

《國學月刊》（上海：大東書局）

《國專月刊》（無錫：無錫國學專修學校）

《華國》（上海）

《甲寅》（北京—天津）

《江蘇省立國學圖書館年刊》（南京）

《教育世界》（武昌—上海）

《教育雜誌》（上海）

《金陵大學文學院季刊》（南京）

《金陵大學校刊》（南京）

《金陵光》（南京：金陵大學）

《金陵周刊》（南京：金陵大學）

《金陵半月刊》（南京：金陵大學）

《金陵月刊》（南京：金陵大學）

《金陵學報》（南京：金陵大學）

《今日評論》（昆明）

《京報副刊》（北京）

《留美學生季報》（上海）

《論學》（無錫：李源澄主編，1930 年代）

《論語》（上海）

《民國日報》（上海），影印本

《民心周報》（上海）

《民族文學》（重慶）

《南京文獻》（南京，1947 年 1 月～1949 年 2 月）

《努力周報》（北京）

《清華學報》（北京）

《清華周刊》

《清華中國文學會月刊》（北平）

《少年中國》（北京—上海），影印本

《申報》（上海），影印本

《詩帆》（南京：土星筆會）

《時事新報・文學旬刊—文學》（上海），影印本

《史地學報》（南京：南京高師—東南大學）

《史地雜誌》（杭州—遵義：浙江大學）

《史學與地學》（北平—南京）

《史學雜誌》（南京：中央大學）

《斯文》半月刊（成都：金陵大學文學院中文系）

《思想與時代》（遵義—杭州：浙江大學）

《太平洋》（上海）

《文化建設》（上海）

《文史季刊》（江西泰和：中正大學）

《文史雜誌》（重慶—上海）

《文史哲季刊》（重慶：中央大學）

《文學雜誌》（北平）

《文藝叢刊》（南京：中央大學文學院）

《文哲學報》（南京：南京高師—東南大學）

《現代》（上海），影印本

《現代評論》（北京），影印本

《湘君》（長沙：明德中學）

《小說月報》（上海，1919 年以後），影印本

《新潮》（北京：北京大學），影印本

《新教育》（上海—南京—北京）

《新青年》（上海—北京），影印本

《新月》（上海），影印本

《學風》（安慶：安徽省立圖書館）

《學衡》（南京—北京），影印本

《學文》（北平）

《學原》（南京）

《藝林》（南京：中央大學中國文學系）

《禹貢》（北平）

《語絲》（北京），影印本

《戰國策》（昆明）

《制言》（蘇州）

《中國學報》（北京：分前後時期。後期爲劉師培主編，1910 年代）

《中國學報》（北平：張紹昌主編，1940 年代）

《中國學報》（重慶：汪辟疆主編，1940 年代）

《中央大學國學圖書館第一年刊》（南京）

《中央大學國學圖書館第二年刊》（南京）

《中央研究院歷史語言研究所集刊》（廣州—南京），影印本

《中正大學校刊》（江西泰和：中正大學）

《周論》（北平）

2. 1949 年以後

《東南大學校友通訊》（南京）

《二十一世紀》（香港：香港中文大學）

《南大校友通訊》（南京）

《思想與時代》（臺北：中國文化學院）

《文藝復興》（臺北：中國文化學院）

《中大校友通訊》（臺灣中壢：中央大學）

《中央大學校友通訊》（南京）

《鍾山風雨》（南京）

《傳記文學》（臺北）

著作：

A

1. 阿倫・布洛克：《西方人文主義傳統》（董樂山譯），生活・讀書・新知三聯書店，1997。

2. 埃里・凱杜里：《民族主義》（張明明譯），中央編譯出版社，2002。

3. 艾愷：《世界範圍內的反現代化思潮——論文化守成主義》，貴州人民出版社，1991。

4. 愛德華・W・薩義德：《東方學》（王宇根譯），生活・讀書・新知三聯書店，1999。

5. 愛德華・W・薩義德：《知識分子論》（單德興譯），生活・讀書・新知三聯書店，2002。

6. 愛德華・W・薩義德：《人文主義與民主批評》（朱生堅譯），新星出版社，2006。

7. 安東尼・吉登斯：《民族—國家與暴力》（胡宗澤、趙力濤譯），生活・讀書・新知三聯書店，1998。

8. 安東尼・吉登斯：《現代性與自我認同》（趙旭東、方文譯），生活・讀書・新知三聯書店，1998。

9. 奧爾特加・加塞特：《大學的使命》（徐小洲等譯），浙江教育出版社，2001。

B

1. 巴特・穆爾—吉爾伯特：《後殖民理論——語境　實踐　政治》（陳仲丹譯），南京大學出版社，2001。

C

1. 蔡元培：《蔡孑民先生言行錄》，廣西師範大學出版社，2005。

2. 曹經沅編：《癸酉九日掃葉樓登高詩集》，民國甲戌年（1934）鉛印本（南京大學圖書館藏）。

3. 曹經沅編：《甲戌玄武湖修禊豁蒙樓登高詩集》，民國乙亥年（1935）鉛印本（南京大學圖書館藏）。

4. 曹經沅遺稿、王仲鏞編校：《借槐廬詩集》，巴蜀書社，1997。

5. 常任俠：《常任俠文集》第 6 卷，安徽教育出版社，2002。

6. 陳楚淮：《陳楚淮文集》，浙江大學出版社 2008。

7. 陳獨秀：《獨秀文存》，安徽人民出版社，1987。

8. 陳國球：《文學史書寫形態與文化政治》，北京大學出版社，2004。

9. 陳鶴琴：《陳鶴琴全集》第 6 卷，江蘇教育出版社，1992。

10. 陳洪捷：《德國古典大學觀及其對中國大學的影響》，北京大學出版社，2002。

11. 陳鴻祥：《王國維年譜》，齊魯書社，1991。

12. 陳平原：《中國現代學術之建立》，北京大學出版社，1998。

13. 陳平原：《北大精神及其他》，上海文藝出版社，2001。

14. 陳平原：《中國大學十講》，復旦大學出版社，2002。

15. 陳平原：《大學何爲》，北京大學出版社，2006。

16. 陳平原、杜玲玲編：《追憶章太炎》，中國廣播電視出版社，1997。

17. 陳平原、王楓編：《追憶王國維》，中國廣播電視出版社，1997。

18. 陳平原、夏曉虹編：《北大舊事》，生活・讀書・新知三聯書店，1998。

19. 陳銓：《中德文學研究》，商務印書館，1936。

20. 陳萬雄：《五四新文化的源流》，三聯書店（香港）有限公司，1992。

21. 陳以愛：《中國現代學術研究機構的興起——以北大研究所國學門爲中心的探討》，江西教育出版社，2002。

22. 陳寅恪：《陳寅恪詩集》，清華大學出版社，1993。

23. 陳寅恪：《金明館叢稿二編》，生活・讀書・新知三聯書店，2001。

24. 陳寅恪：《書信集》，生活・讀書・新知三聯書店，2001。

25. 陳玉堂編：《中國近代人物名號大辭典》，浙江古籍出版社，1996。

26. 陳玉堂編：《中國近代人物名號大辭典》（續編），浙江古籍出版社，2001。

27. 陳中凡：《清暉集》，書目文獻出版社，1987。

28. 陳中凡：《陳中凡論文集》，上海古籍出版社，1993。

29. 程千帆：《程千帆全集》第 15 卷，河北教育出版社，2000。

30. 程千帆、唐文編：《量守廬學記——黃侃的生平和學術》，生活・讀書・新知三聯書店，1985。

D

1. 丁守和等編：《五四時期期刊介紹》（一），生活・讀書・新知三聯書店，1978。

2. 丁守和等編：《五四時期期刊介紹》（二、三），生活・讀書・新知三聯書店，1959。

3. 丁文江、趙豐田：《梁啓超年譜長編》，上海人民出版社，1983。

4. 董健主編：《中國現代戲劇總目提要》，南京大學出版社，2003。

5. 段懷清：《白璧德與中國文化》，首都師範大學出版社，2006。

E

1. E・希爾斯：《論傳統》（傅鏗、呂樂譯），上海人民出版社，1991。

F

1. F・R・利維斯：《偉大的傳統》（袁偉譯），生活・讀書・新知三聯書店，2002。

2. 費希特：《論學者的使命・人的使命》（梁志學、沈眞譯），商務印書館，1984。

3. 馮・賴特：《知識之樹》（陳波等譯），生活・讀書・新知三聯書店，2003。

4. 馮友蘭：《三松堂全集》第4、5卷，河南人民出版社，1986。

5. 馮友蘭：《三松堂自序》，人民出版社，1998。

6. 傅宏星編撰：《錢基博年譜》第91～92頁，華中師範大學出版社，2007。

7. 傅樂詩等著：《近代中國思想人物論・保守主義》，（臺北）時報出版公司，1980。

G

1. G・薩頓：《科學的生命：文明史論集》（劉珺珺譯），商務印書館，1987。

2. G・薩頓：《科學史與人文主義》（陳恒六、劉兵、仲維光譯），華夏出版社，1989。

3. G・薩頓：《科學的歷史研究》（陳恒六、劉兵、仲維光編譯），科學出版社，1990。

4. 高恒文：《東南大學與「學衡派」》，廣西師範大學出版社，2002。

5. 葛兆光主編：《走近清華》，四川人民出版社，2000。

6. 耿雲志主編：《胡適遺稿及秘藏書信》（手稿本），黃山書社，1994。

7. 耿雲志主編：《胡適論爭集》中冊，中國社會科學出版社，1998。

8. 龔放、王運來、袁李來：《南大逸事》，遼海出版社，2000。

9. 鞏本棟編：《程千帆沈祖棻學記》，貴州人民出版社，1997。

10. 顧潮：《歷劫終教志不灰——我的父親顧頡剛》，華東師範大學出版社，1997。

11. 顧潮編著：《顧頡剛年譜》，中國社會科學出版社，1993。

12. 顧潮編：《顧頡剛學記》，生活・讀書・新知三聯書店，2002。

13. 顧頡剛編：《古史辨》，上海古籍出版社影印，1982。

14. 顧頡剛：《顧頡剛日記》，臺北聯經出版事業公司，2007。

15. 貴州省遵義地區地方志編纂委員會：《浙江大學在遵義》，浙江大學出版社，1990。

16. 郭雙林：《西潮激盪下的晚清地理學》，北京大學出版社，2000。

17. 郭廷以口述、張朋園等整理：《郭廷以口述自傳》，中國大百科全書出版社，2009。

18. 郭維森編：《學苑奇峰——文學史家胡小石》，南京大學出版社，2000。

19.《國立北京大學紀念刊》第一冊（民國六年廿週年紀念冊上），（臺北）傳記文學出版社，1971（影印本）。

20.《國立北京大學紀念刊》第二冊（民國六年廿週年紀念冊下），（臺北）傳記文學出版社，1971（影印本）。

21.《國立北京大學紀念刊》第三冊（民國十八年卅一週年紀念刊、民國卅七年五十週年紀念刊），（臺北）傳記文學出版社，1971（影印本）。

22.《國立東南大學一覽》（民國十二年），東南大學。

23.《國立武漢大學一覽》（民國廿四年），（臺北）傳記文學出版社，1971（影印本）。

24.《國立西南聯合大學校史》，北京大學出版社，1996。

25.《國立西南聯合大學史料》，雲南教育出版社，1998。

26.《國立中山大學現況》（民國廿四年），（臺北）傳記文學出版社，1971（影印本）。

27.《國立中央大學一覽》（民國十七年），中央大學。

28.《國立中央大學一覽》（民國十九年），中央大學。

29.《〈國聞週報〉總目》，生活‧讀書‧新知三聯書店，1957。

H

1. 海登‧懷特：《後現代歷史敘事學》（陳永國、張萬娟譯），中國社會科學出版社，2003。

2. 韓華：《民初孔教會與國教運動研究》，北京圖書館出版社，2007。

3. 賀昌群：《賀昌群文集》第 3 卷，商務印書館，2003。

4. 賀麟：《文化與人生》，商務印書館，1988。

5. 賀麟：《五十年來的中國哲學》，商務印書館，2002。

6. 胡逢祥：《社會變革與文化傳統——中國近代文化保守主義思潮研究》，上海人民出版社，2000。

7. 胡建雄主編：《浙大逸事》，遼海出版社，1998。

8. 胡夢華、吳淑貞：《表現的鑒賞》，（臺北）1984（非賣品）。

9. 胡適：《胡適全集》，安徽教育出版社，2003。

10. 胡頌平編著：《胡適之先生年譜長編初稿》，（臺北）聯經出版事業公司，1984。

11. 胡先驌：《胡先驌詩集》，（臺北）國立中正大學校友會編印，1992。

12. 胡先驌：《胡先驌文存》（上），江西高校出版社，1995。

13. 胡先驌：《胡先驌文存》（下），1996（無出版社）。

14. 胡小石：《胡小石論文集三編》，上海古籍出版社，1995。

15. 《胡小石研究》，南京《東南文化》1999 年增刊。

16. 胡宗剛撰：《胡先驌先生年譜長編》，江西教育出版社，2008。

17. 華勒斯坦等：《開放社會科學》，生活‧讀書‧新知三聯書店，1997。

18. 華林甫編：《中國歷史地理學五十年》，學苑出版社，2002。

19. 華銀投資工作室：《思想者的產業——張伯苓與南開新私學傳統》，海南出版社，1999。

20. 黃侃：《黃季剛詩文鈔》，湖北人民出版社，1985。

21. 黃侃：《黃侃日記》，江蘇教育出版社，2001。

22. 黃延復：《二三十年代清華校園文化》，廣西師範大學出版社，2000。

J

1. 季培剛編著：《楊振聲編年事輯初稿》。黃河出版社，2007。

2. 季劍青：《北平的大學教育與文學產生：1928-1937》，北京大學出版社，2011。

3. 加林：《意大利人文主義》（李玉成譯），生活‧讀書‧新知三聯書店，1998。

4. 賈曉慧：《〈大公報〉新論——20 世紀 30 年代〈大公報〉與中國現代化》，天津人民出版社，2002。

5. 賈植芳主編：《文學研究會資料》（上、中、下），河南人民出版社，1985。

6. 賈植芳、俞元桂主編：《中國現代文學總書目》，福建教育出版社，1993。

7. 江沛：《戰國策派思想研究》，天津人民出版社，2001。

8. 江蘇省政協張家港市政協文史資料委員會編：《張家港人物選錄》（江蘇文史資料第 39 輯），1991。

9. 姜建、吳爲公編：《朱自清年譜》，安徽教育出版社，1996。

10. 姜義華：《章太炎評傳》，百花洲文藝出版社，1995。

11. 蔣夢麟：《西潮‧新潮》，嶽麓書社，2000。

12. 蔣天樞：《陳寅恪先生編年事輯》，上海古籍出版社，1997。

13. 蔣廷黻：《蔣廷黻回憶錄》，（臺北）傳記文學出版社，1984 年再版。

14. 蔣贊初：《南京史話》，南京出版社，1995。

15. 金觀濤、劉青峰：《觀念史研究：中國現代重要政治術語的形成》，法律出版社，2009。

16. 金耀基：《大學之理念》，生活・讀書・新知三聯書店，2001。

17. 金以林：《近代中國大學研究 1895～1949》，中央文獻出版社，2000。

18. 金毓黻：《靜晤室日記》，遼瀋書社，1993。

19. 《近代史資料》總第 105 號，中國社會科學出版社，2003。

K

1. 卡爾・曼海姆：《意識形態與烏托邦》（黎鳴、李書崇譯），商務印書館，2000。

2. 卡爾・曼海姆：《卡爾・曼海姆精粹》（徐彬譯），南京大學出版社，2002。

3. 卡爾・曼海姆：《保守主義》（李朝暉、牟建君譯），譯林出版社，2002。

4. 凱・貝爾塞等著：《重解偉大的傳統》，社會科學文獻出版社，1999。

5. 克利福德・格爾茨：《文化的解釋》（韓莉譯），譯林出版社，1999。

L

1. 雷納・韋勒克：《近代文學批評史》（楊自伍譯）第四卷，上海譯文出版社，1997。

2. 雷納・韋勒克：《近代文學批評史》（楊自伍譯）第五卷，上海譯文出版社，2002。

3. 雷納・韋勒克：《近代文學批評史》（楊自伍譯）第六卷，上海譯文出版社，2005。

4. 李帆：《劉師培與中西學術》，北京師範大學出版社，2003。

5. 李方桂：《李方桂先生口述史》，清華大學出版社，2003。

6. 李洪岩：《錢鍾書與近代學人》，百花文藝出版社，1998。

7. 李繼凱、劉瑞春選編：《追憶吳宓》、《解析吳宓》，社會科學文獻出版社，2001。

8. 李妙根選編：《國粹與西化——劉師培文選》，上海遠東出版社，1996。

9. 李榮安等編：《中國的自由教育——五四的啟示》，朗文香港教育，2001。

10. 李瑞清：《清道人遺集》（全二冊），中華書局，1939。

11. 李世濤主編：《知識分子立場——激進與保守之間的動盪》，時代文藝出版社，2000。

12. 李喜所、劉集林等：《近代中國的留美教育》，天津古籍出版社，2000。

13. 李詳：《李審言文集》，江蘇古籍出版社，1989。

14. 黎澤渝、劉慶俄編：《黎錦熙文集》，黑龍江教育出版，2007。

15. 梁啟超：《飲冰室合集》，中華書局，1989（據 1936 年版影印）。

16. 《梁實秋文集》編輯委員會編：《梁實秋文集》，鷺江出版社，2002。

17. 列文森：《儒教及其現代命運》（鄭大華、任菁譯），中國社會科學出版社，2000。

18. 林徽因：《林徽因詩文集》，上海三聯書店，2006。

19. 林語堂：《吾國與吾民》，中國戲劇出版社，1990。

20. 林語堂：《林語堂自傳》，河北人民出版社，1991。

21. 林語堂：《林語堂名著全集》第 27 卷，東北師範大學出版社，1994。

22. 林語堂：《林語堂散文經典全編》第 1、2、3、4 卷，九州出版社，2002。

23. 劉兵：《新人文主義的橋梁》，上海交通大學出版社，2007。

24. 劉禾：《語際書寫——現代思想史寫作批判綱要》，上海三聯書店，1999。

25. 劉軍寧：《保守主義》，中國社會科學出版社，1998。

26. 劉軍寧主編：《北大傳統與近代中國——自由主義的先聲》，中國人事出版社，1998。

27. 劉龍心：《學術與制度：學科體制與中國史的建立》，（臺北）遠流出版事業有限公司，2002。

28. 劉夢溪：《傳統的誤讀》，河北教育出版社，1996。

29. 劉乃和：《陳垣年譜》，北京師範大學出版社，2002。

30. 劉淑玲：《〈大公報〉與中國現代文學》，河北教育出版社，2004。

31. 劉烜：《王國維評傳》，百花洲文藝出版社，1997。

32. 劉永濟：《誦帚詞集 雲巢詩存 附年譜 傳略》，中華書局，2010。

33. 柳無忌、殷安如編：《南社人物傳》，社會科學文獻出版社，2002。

34.《柳翼謀先生紀念文集》（《鎮江文史資料》第十一輯，1986 年 8 月）。

35. 柳詒徵：《國史要義》，華東師範大學出版社，2000。

36. 柳詒徵：《中國文化史》（上、下），上海古籍出版社，2001。

37. 柳曾符、柳定生選編：《柳詒徵史學論文集》，上海古籍出版社，1991。

38. 柳曾符、柳定生選編：《柳詒徵史學論文續集》，上海古籍出版社，1991。

39. 柳曾符、柳佳編：《劬堂學記》，上海書店出版社，2002。

40. 龍泉明、徐正榜編：《老武大的故事》，江蘇文藝出版社，1998。

41. 龍泉明、徐正榜編：《走近武大》，四川人民出版社，2000。

42. 盧前：《盧前詩詞曲選》，中華書局，2006。

43. 魯迅：《魯迅全集》第 1 卷，人民文學出版社，1981。

44. 陸曉光主編：《人文東方——旅外中國學者研究論集》，上海文藝出版社，2002。

45. 陸耀東編：《沈祖棻程千帆新詩集》，武漢大學出版社，1992。

46. 陸志韋:《渡河》,亞東圖書館,1923 年。

47. 羅鋼:《歷史匯流中的抉擇──中國現代文藝思想家與西方文學理論》,中國社會科學出版社,2000。

48. 羅崗、陳春豔編:《梅光迪文錄》,遼寧教育出版社,2001。

49. 羅崗:《面具背後》,上海教育出版社,2002。

50. 羅繼祖:《蜉寄留痕》,上海古籍出版社,1999。

51. 羅傑・斯克拉頓:《保守主義的含義》(王皖強譯),中央編譯出版社,2004。

52. 羅志田:《亂世潛流:民族主義與民國政治》,上海古籍出版社,2001。

53. 羅志田:《裂變中的傳承:20 世紀前期的中國文化與學術》,中華書局,2003。

54. 羅志田:《國家與學術:清季民初關於「國學」的思想論爭》,生活・讀書・新知三聯書店,2003。

M

1. 麻天祥:《湯用彤評傳》,百花洲文藝出版社,1993。

2. 瑪利安・高利克:《中國現代文學批評發生史》(陳聖生等譯),社會科學文獻出版社,1997。

3. 馬先陣、倪波編:《李小緣紀念文集》,南京大學出版社,1988。

4. 馬修・阿諾德:《文化與無政府狀態──政治與社會批評》(韓敏中譯),生活・讀書・新知三聯書店,2002。

5. 馬勇:《蔣夢麟教育思想研究》,遼寧教育出版社,1997。

6. 馬勇編:《章太炎書信集》,河北人民出版社,2003。

7. 茅盾:《我走過的道路》(中),人民文學出版社,1984。

8. 茅盾:《茅盾全集》第 18 卷,人民文學出版社,1989。

9. 冒懷蘇:《冒鶴亭先生年譜》,學林出版社,1998。

10. 冒榮、王運來主編:《南京大學的辦學理念與治校方略》,南京大學出版社,2002。

11. 冒榮:《至平至善　鴻聲東南──東南大學校長郭秉文》,山東教育出版社,2004。

12. 美國《人文》雜誌社編:《人文主義:全盤反思》(多人譯),生活・讀書・新知三聯書店,2003。

13. 梅鐵山主編、梅傑執行主編:《梅光迪文存》,華中師範大學出版社,2011。

14. 蒙默編:《蒙文通學記》,生活・讀書・新知三聯書店,1993。

15. 蒙文通:《蒙文通文集》(6 卷),巴蜀書社,1987～2001。

16. 米歇爾・福柯:《知識考古學》(謝強、馬月譯),生活・讀書・新知三聯書店,1998。

17. 《繆荃孫學術研討會論文集》,江蘇省圖書館學會,1998。

N

1. 《南大百年實錄》編輯組:《南大百年實錄》(上、中、下),南京大學出版社,2002。

2. 南京大學中文系古典文學教研室、南京大學學報編輯部編印:《章太炎先生國學講演錄》(內部交流,非賣品)。

3. 倪偉:《「民族」想像與國家統制──1928～1949 年南京政府文藝政策及文學運動》,上海教育出版社,2003。

O

1. 歐文・白璧德:《法國現代批評大師》(孫宜學譯),廣西師範大學出版社,2002。

2. 歐文・白璧德:《盧梭與浪漫主義》(孫宜學譯),河北教育出版社,2003。

3. 歐文・白璧德:《文學與美國的大學》(張沛、張源譯),北京大學出版社,2004。

4. 歐文・白璧德:《性格與文化:論東方與西方》(孫宜學譯),上海三聯書店,2010。

P

1. P・布爾迪厄:《國家精英──名牌大學與群體精神》(楊亞平譯),商務印書館,2004。

2. 彭明輝:《疑古思想與現代中國史學的發展》,(臺北)商務印書館股份有限公司,1991。

3. 彭明輝:《歷史地理學與現代中國史學》,(臺北)東大圖書股份有限公司,1995。

4. 浦漢明編:《浦江清文史雜文集》,清華大學出版社,1993。

5. 浦江清:《清華園日記・西行日記》,生活・讀書・新知三聯書店,1999。

6. 浦江清:《無涯集》,百花文藝出版社,2005。

Q

1. 齊家瑩編撰:《清華人文學科年譜》,清華大學出版社,1999。

2. 齊家瑩編著:《清華人物》,作家出版社,2001。

3. 錢基博:《中國現代學術經典・錢基博卷》,河北教育出版社,1996。

4. 錢穆:《國學概論》,商務印書館,1997。

5. 錢穆:《八十憶雙親・師友雜憶》,生活・讀書・新知三聯書店,1998。

6. 錢玄同:《錢玄同文集》第 3、4 卷,中國人民大學出版社,1999。

7. 錢鍾書:《錢鍾書散文》,浙江文藝出版社,1997。

8. 錢仲聯:《夢苕庵論集》,中華書局,1993。

9. 錢仲聯:《錢仲聯學述》,浙江人民出版社,1999。

10. 《潛社彙刊》,1937 年。

R

1. 任訪秋:《中國新文學淵源》,河南人民出版社,1986。

2. 《如社詞鈔》,1936 年。

S

1. 桑兵:《國學與漢學——近代中外學界交往錄》,浙江人民出版社,1999。

2. 桑兵:《晚清民國的國學研究》,上海古籍出版社,2001。

3. 上海文藝出版社、上海圖書館編:《中國新文學大系（1927～1937）》第 20 集（史料・索引）,上海文藝出版社,1989。

4. 邵洵美:《不能說謊的職業》,上海書店出版社,2008。

5. 沈從文:《沈從文文集》第 9 卷、12 卷,花城出版社、生活・讀書・新知三聯書店香港分店,1984。

6. 沈從文:《沈從文全集》第 15 卷,北嶽文藝出版社,2002。

7. 沈松僑:《學衡派與五四時期的新文化運動》,（臺北）國立臺灣大學出版委員會,1984。

8. 沈祖棻:《沈祖棻創作選集》,人民文學出版社,1985。

9. 石曙萍:《知識分子的崗位與追求——文學研究會研究》,東方出版中心,2006。

10. 司馬朝軍、王文暉:《黃侃年譜》,湖北人民出版社,2005。

11. 《私立金陵大學一覽》,（民國二十二年）,金陵大學。

12. 《思想家》第 I 輯《傑出人物與中國思想史》,江蘇教育出版社,2000。

13. 《思想家》第 II 輯《中國學術與中國思想史》,江蘇教育出版社,2002。

14. 宋原放主編:《中國出版史料》(現代部分),山東教育出版社,2001。

15. 蘇雪林:《中國二三十年代作家》,（臺北）純文學出版社,1983。

16. 蘇雪林:《浮生九四——雪林回憶錄》,（臺北）三民書局,1991。

17. 蘇雲峰:《從清華學堂到清華大學 1911～1929》,（臺北）中央研究院近代史研究所,1996。

18. 蘇雲峰：《從清華學堂到清華大學 1928～1937》，生活‧讀書‧新知三聯書店，2001。

19. 蘇雲峰：《三（兩）江師範學堂》，南京大學出版社，2002。

20. 孫敦恒：《清華國學研究院史話》，清華大學出版社，2002。

21. 孫尚揚、郭蘭芳編：《國故新知論——學衡派文化論著輯要》，中國廣播電視出版社，1995。

22. 孫永如：《柳詒徵評傳》，百花洲文藝出版社，1993。

23. 孫玉蓉編纂：《俞平伯年譜》，天津人民出版社，2001

T

1. 湯一介編：《國故新知：中國傳統文化的再詮釋》，北京大學出版社，1993。

2. 湯因比：《文明經受著考驗》（沈輝等譯），浙江人民出版社，1988。

3. 湯因比：《歷史研究》（上、中、下，曹未風等譯），上海人民出版社，1997。

4. 湯志鈞：《章太炎年譜長編》（上、下），中華書局，1979。

5. 唐金海、劉長鼎主編：《茅盾年譜》（上、下），山西高校聯合出版社，1996。

6. 唐納德‧肯尼迪：《學術責任》（閻鳳橋等譯），新華出版社，2002。

7. 唐沅等編：《中國現代文學期刊目錄彙編》（上、下），天津人民出版社，1988。

8. 陶飛亞、吳梓明：《基督教大學與國學研究》，福建教育出版社，1998。

9. 陶行知：《陶行知文集》，江蘇人民出版社，1981。

W

1. 汪辟疆：《汪辟疆文集》，上海古籍出版社，1988。

2. 汪榮祖：《陳寅恪評傳》，百花洲文藝出版社，1992。

3. 王伯沆：《王伯沆〈紅樓夢〉批語彙錄》（上、下），江蘇古籍出版社，1985。

4. 王德滋主編：《南京大學百年史》，南京大學出版社，2002。

5. 王東傑：《國家與學術的地方互動——四川大學國立化進程》，生活‧讀書‧新知三聯書店，2005

6. 王汎森：《古史辨運動的興起》，（臺北）允晨文化實業股份有限公司，1987。

7. 王汎森：《中國近代思想與學術的系譜》，河北教育出版社，2001。

8. 王國維：《王國維遺書》，上海書店出版社 1996 年第二次影印本。

9. 王海龍：《哥大與現代中國》，上海文藝出版社，2000。

10. 王煥鑣：《因巢軒詩文錄存》，上海古籍出版社，2005。

11. 王煥鑣：《先秦文學著述四種》，浙江大學出版社，2009。

12. 王力：《龍蟲並雕齋瑣語》，商務印書館，2002。

13. 王慶祥、蕭立文校注 羅繼祖審訂:《羅振玉王國維往來書信》,東方出版社,2000。

14. 王泉根主編:《多維視野中的吳宓》,重慶出版社,2001。

15. 王森然:《近代名家評傳》(初集、二集),生活・讀書・新知三聯書店,1998。

16. 王世儒編撰:《蔡元培先生年譜》,北京大學出版社,1998。

17. 王守仁、侯煥鐐編:《雪林樵夫論中西——英語語言文學教育家范存忠》,南京大學出版社,2002。

18. 王衛民編:《吳梅和他的世界》,河北教育出版社,2002。

19. 王衛民編:《吳梅年譜》(修訂稿),載《吳梅評傳》,河北教育出版社,2002。

20. 王學典、孫延傑:《顧頡剛和他的弟子們》,山東畫報出版社,2000。

21. 王學珍等主編:《北京大學史料》,北京大學出版社,2000。

22. 王運來:《誠眞勤仁 光裕金陵——金陵大學校長陳裕光》,山東教育出版社,2004。

23. 威爾・杜蘭:《文藝復興》,東方出版社,2003。

24. 魏定熙:《北京大學與中國政治文化》(金安平、張毅譯),北京大學出版社,1998。

25. 魏建功:《魏建功文集》第4卷,江蘇教育出版社,2001。

26. 溫儒敏、丁曉萍編:《時代之波——戰國策派文化論著輯要》,中國廣播電視出版社,1995。

27. 溫源寧:《一知半解及其他》(南星等譯),遼寧教育出版社,2001。

28. 聞黎明、侯菊坤編:《聞一多年譜長編》,湖北人民出版社,1994。

29. 聞一多:《聞一多全集》第12卷,湖北人民出版社,1993。

30. 吳傳鈞、施雅風主編:《中國地理學90年發展回憶錄》,學苑出版社,1999。

31. 吳定宇主編:《走近中大》,四川人民出版社,2000。

32. 吳芳吉著、賀遠明等選編:《吳芳吉集》,巴蜀書社,1994。

33. 吳梅:《吳梅全集・瞿安日記》(上、下),河北教育出版社,2002。

34. 吳宓:《吳宓詩集》,中華書局,1935。

35. 吳宓:《吳宓詩集》,商務印書館, 2004。

36. 吳宓:《吳宓詩話》,商務印書館, 2005。

37. 吳宓:《文學與人生》,清華大學出版社,1993。

38. 吳宓:《吳宓自編年譜》,生活・讀書・新知三聯書店,1995。

39. 吳宓:《吳宓日記》(10卷),生活・讀書・新知三聯書店,1998~1999。

40. 吳宓:《吳宓日記續編》(10 卷),生活‧讀書‧新知三聯書店,2006。

41. 吳新雷編:《學林清暉——文學史家陳中凡》,南京大學出版社,2003。

42. 吳新雷等編:《清暉山館友聲集》,江蘇古籍出版社,2000。

43. 吳學昭:《吳宓與陳寅恪》,清華大學出版社,1992。

44. 吳澤主編 劉寅生、袁英光編:《王國維全集‧書信》,中華書局,1984。

45. 吳稚暉:《吳稚暉學術論著》,上海書店,1991(影印本)。

46. 吳梓明編:《基督教大學華人校長研究》,福建教育出版社,2001。

47. 吳梓明:《基督宗教與中國大學教育》,中國社會科學出版社,2003。

X

1. 蕭公權:《問學諫往錄》,學林出版社,1997。

2. 謝長法:《借鑒與融合——留美學生抗戰前教育活動研究》,河北教育出版社,2001。

3. 謝泳:《西南聯大與中國現代知識分子》,湖南文藝出版社,1997。

4. 休‧塞西爾:《保守主義》(杜汝輯譯),商務印書館,1986。

5. 徐葆耕:《釋古與清華學派》,清華大學出版社,1997。

6. 徐葆耕編:《會通派如是說:吳宓集》,上海文藝出版社,1998。

7. 徐規:《仰素集》,杭州大學出版社,1999。

8. 徐清祥、王國炎:《歐陽竟無評傳》,百花洲文藝出版社,1995。

9. 徐雁平:《胡適與整理國故考論——以中國文學史研究為中心》,安徽教育出版社,2003。

10. 徐正榜主編:《武大逸事》,遼海出版社,1999。

11. 許美德:《中國大學 1895～1995——一個文化衝突的世紀》(許潔英主譯),教育科學出版社,2000。

12. 許嘯天編:《國故學討論集》(上、中、下),上海書店,1991(影印本)。

13.《學林漫錄》第 1～13 輯,中華書局,1980～1991。

Y

1. 亞伯拉罕‧弗萊克斯納:《現代大學論》(徐輝等譯),浙江教育出版社,2001。

2. 楊步偉:《一個女人的自傳》,嶽麓書社,1987。

3. 楊東平編:《大學精神》,遼海出版社,2000。

4. 楊念群:《儒學地域化的近代形態——三大知識群體互動的比較研究》,生活‧讀書‧新知三聯書店,1997。

5. 楊仁山:《楊仁山全集》(周繼旨校點),黃山書社,2000。

6. 楊樹達：《積微翁回憶錄·積微居詩文鈔》，上海古籍出版社，1986。

7. 楊文會等：《中國現代學術經典·楊文會 歐陽漸 呂澂卷》，河北教育出版社，1996。

8. 姚丹：《西南聯大歷史情境中的文學活動》，廣西師範大學出版社，2000。

9. 姚奠中、董國炎：《章太炎學術年譜》，山西古籍出版社，1996。

10. 姚柯夫：《陳中凡年譜》，書目文獻出版社，1989。

11. 葉嘉瑩：《王國維及其文學批評》，河北教育出版社，1998。

12. 葉雋：《另一種西學——中國現代留德學人及其對德國文化的接受》，北京大學出版社，2005。

13. 以賽亞·伯林：《自由論》（胡傳勝譯），譯林出版社，2003。

14. 以賽亞·伯林：《浪漫主義的根源》（呂梁等譯），譯林出版社，2008。

15. 余英時：《重尋胡適歷程》，廣西師範大學出版社，2004。

16. 余英時：《現代學人與學術》，廣西師範大學出版社，2006。

17. 喻大華：《晚清文化保守思潮研究》，人民出版社，2001。

18. 元青：《杜威與中國》，人民出版社，2001。

19. 袁英光、劉寅生：《王國維年譜長編》，天津人民出版社，1996。

20. 約翰·亨利·紐曼：《大學的理想》（徐輝等譯），浙江教育出版社，2001。

21. 約翰·凱克斯：《為保守主義辯護》（應奇、葛水林譯），江蘇人民出版社，2003。

22. 約翰·卡洛爾《西方文化的衰落：人文主義復探》（葉安寧譯），新星出版社，2007。

23. 約翰·范德格拉夫等編著：《學術權力》（王承緒等譯），浙江教育出版社，2001。

24. 樂黛雲：《跨文化之橋》，北京大學出版社，2002。

Z

1. 張彬：《倡言求是 培育英才——浙江大學校長竺可楨》，山東教育出版社，2004。

2. 張弘：《吳宓——理想的使者》，文津出版社，2005。

3. 張宏生、丁帆主編：《走近南大》，四川人民出版社，2000。

4. 張傑、楊燕麗選編：《追憶陳寅恪》、《解析陳寅恪》，社會科學文獻出版社，1999。

5. 張靜廬輯注：《中國近現代出版史料》，上海書店出版社，2003。

6. 張菊香、張鐵榮編著：《周作人年譜》，天津人民出版社，2000。

7. 張連科：《王國維與羅振玉》，天津人民出版社，2002。

8. 張玲霞：《清華校園文學論稿》，清華大學出版社，2002。

9. 張其昀：《中華五》千年史》(第七版)，(臺北) 中國文化大學出版部，1981。

10. 張其昀：《張其昀先生文集》第 1～10 冊，(臺北) 中國文化大學出版部，1988。

11. 張其昀：《張其昀先生文集》第 11～21 冊，(臺北) 中國文化大學出版部，1989。

12. 張其昀：《張其昀先生文集》第 22～25 冊，(臺北) 中國文化大學出版部，1991。

13. 張其昀：《張其昀先生文集續編》第 1～3 冊，(臺北) 中國文化大學出版部，1995。

14. 張其昀：《張其昀先生文集三編》，(臺北) 中國文化大學出版部，2001。

15. 張人鳳整理：《張元濟日記》(上、下)，河北教育出版社，2001。

16. 張樹年主編：《張元濟年譜》，商務印書館，1991。

17. 張憲文主編：《金陵大學史》，南京大學出版社，2002。

18. 張源：《從「人文主義」到「保守主義」——(學衡) 中的白璧德》，生活・讀書・新知三聯書店，2009。

19. 張異賓主編：《百年南大》，南京大學出版社，2002。

20. 張蔭麟著、張雲臺編：《張蔭麟文集》，教育科學出版社，1993。

21. 張蔭麟：《素癡集》，百花文藝出版社，2005。

22. 張允侯等編：《五四時期的社團》(一、二、三、四)，生活・讀書・新知三聯書店，1979。

23. 章開沅主編：《社會轉型與教會大學》，湖北教育出版社，1998。

24. 章清：《「胡適派學人群」與現代中國自由主義》，上海古籍出版社，2004。

25. 趙家璧主編：《中國新文學大系》(1917～1927)，上海良友圖書印刷公司，1935～1936。

26. 趙憲章主編：《南京大學百年學術精品：中國語言文學卷》，南京大學出版社，2002。

27. 趙新那、黃培雲編：《趙元任年譜》，商務印書館，2001。

28. 浙江大學校慶文集編輯組：《浙江大學校慶文集——建校八十五週年》(內部印刷)，1982。

29. 鄭師渠：《晚清國粹派》，北京師範大學出版社，1993。

30. 鄭師渠：《在歐化與國粹之間——學衡派文化思想研究》，北京師範大學出版社，2001。

31. 鄭逸梅編著：《南社叢談》，上海人民出版社，1981。

32. 鄭振鐸：《鄭振鐸全集》第 2、3 卷，花山文藝出版社，1998。

33. 中國蔡元培研究會編：《蔡元培全集》第 3、4 卷，浙江教育出版社，1997。

34. 中國社會科學院近代史研究所編：《五四運動回憶錄》（上），中國社會科學出版社，1979。

35. 中國社會科學院近代史研究所中華民國史組編：《胡適來往書信選》（上、中），中華書局，1979。

36. 中國社會科學院近代史研究所中華民國史組編：《胡適來往書信選》（下），中華書局，1980。

37. 中央大學南京校友會、中央大學校友文選編纂委員會編：《南雍驪珠——中央大學名師傳略》，南京大學出版社，2004。

38. 周策縱：《五四運動：現代中國的思想革命》（周子平等譯），江蘇人民出版社，1996。

39. 周忱編選：《張蔭麟先生紀念文集》，漢語大詞典出版社，2002。

40. 周勳初：《周勳初文集》第 6、7 卷，江蘇古籍出版社，2000。

41. 周作人著、鍾叔河編《知堂序跋》，嶽麓書社，1987。

42. 周作人著、鍾叔河編：《知堂書話》，南海出版社，1997。

43. 朱斐主編：《東南大學史》（1902～1949），東南大學出版社，1991。

44. 朱謙之：《文化哲學》，商務印書館，1990。

45. 朱慶葆主編：《南京大學百年學術精品：歷史學卷》，南京大學出版社，2002。

46. 朱壽桐：《中國現代社團文學史》，人民文學出版社，2004。

47. 朱維錚：《求索真文明》，上海古籍出版社，1997。

48. 朱維錚：《音調未定的傳統》，遼寧教育出版社，1995。

49. 朱自清：《朱自清全集》，江蘇教育出版社，1996～1997。

50. 竺可楨：《竺可楨日記》第 I 冊、第 II 冊，人民出版社，1984。

51. 鄒魯：《回顧錄》，嶽麓書社，2000。

52. 鄒振環：《晚清西方地理學在中國——以 1815 至 1911 年西方地理學譯著的傳播與影響爲中心》，上海古籍出版社，2000。

53. 左玉河：《從四部之學到七科之學——學術分科與近代中國知識系統之創建》，上海書店出版社，2004。

檔案：

1. 陳銓檔案（南京大學檔案館）。

2. 郭斌龢檔案（南京大學檔案館）。

3. 繆鳳林檔案（南京大學檔案館）。

後記（一）

　　我的「學衡派」研究，開始於 1996 年 11 月，至今已逾 10 年。最初的考慮是，把直面了 11 年的「中國現代自由主義運動」的亮點和核心人物胡適擱置一下，從胡適及新文化運動的「反對派」入手，深化自己關於五四思想史和學術史的研究。從「文化保守主義」到「人文主義」，我的視野和思考在逐步擴大，一些閱讀的感受和思考已在前期的階段性著述《回眸「學衡派」——文化保守主義的現代命運》（人民文學出版社初版，1999。臺北立緒出版社增訂本，2000）中顯示。

　　這本《「學衡派」譜系》的整體構思和寫作，開始於 2001 年 11 月，個別章節起草於 1999 年冬。2002 年 1 月，我到南京大學中文系工作後，有更多的時間在圖書館翻閱舊報刊，幾乎每周都有幾天是在翻舊報刊。關注「學衡派」成員的個人事功和著作是主要的，對他們個人的認識和理解，自然要在本書中體現。我之所以把「學衡派」的群體活動放置在文化載體（報刊）、大學場域中解說，是基於我 10 年來對 1949 年以前 80 多種舊報刊的閱讀，和對中國 10 所大學校史的系統考察。南京大學文科的基礎是原南京高師—東南大學—中央大學大學遺產的一部分。一些「學衡派」成員的學術活動一直延續到 1980 年代。這裡，我對大學場域的關注是精神、學術層面，而不是學制、管理體制。

　　翻閱舊報刊的直接目的是找材料，感受原有的歷史文化語境。我把這種「回到現場」的工作視為由樹木而見森林，在森林裏說樹木。對大學場域的關注，體現在本書中相關內容，是以「學衡派」為中心的。這幾年通過對中國 10 所大學校史的系統考察，我感覺到每一所大學都有屬於自己的「歷史」，

但不是每所大學都形成了可以言說的屬於自己的所謂「大學精神」和「學術傳統」。中國大學很多，有學術特色，形成學派的卻很少。「學衡派」成員的活動，主要是在 1949 年前南京高師—東南大學—中央大學、清華學校—清華大學、浙江大學、中正大學四所大學展開的，因有各自的校史和相關的論述，本書沒有就這些大學的體制和校史的具體問題展開，而是只選取幾個興奮點，作史論上的連接。

正如卡爾·曼海姆所說，對保守主義思想的發掘是由那些自命為保守主義者的理論家來從事的。作為 20 世紀 90 年代成長起來卻又是受五四新文化精神養育的學人，我本人不屬於保守主義者，因此，我所從事的工作不是要發掘保守主義的思想，而是從知識譜繫上，進行歷史的閱讀和敘事。歷史事實是客觀的存在，我只是選取了自己可言說可敘事的那部分。為保存歷史的真實，不忍丟失寶貴的史料，我寧可省去自己的論述，讓事實說話。因此，書中移植了大量的原始材料。

我在前期的工作中，對「學衡派」的重要成員吳宓、胡先驌有過專門的論述，如今沒有新的進步，這裡就沒專節涉及。對梅光迪又有專門的論述，是由於論題的深化。同時，我在本書中對前期著作中的一些錯誤，也進行了修正。通過對這一課題的全面關注，如今已基本上摸清了「學衡派」各個時期的成員和他們活動的報刊、學校，明確了他們所關注的基本問題。同時也明晰了新文學如何進入大學的知識系統，與古典文學並重，形成相應的學術體系，並負載新思想的傳播。

「學衡派」成員的親屬王綿（王伯沆之女）、柳曾符（柳詒徵之孫）、郭喜孫（郭斌龢之子）、張鏡湖（張其昀之子）、陳光琴（陳銓之女）、王四同（王易之孫）和弟子徐規（張蔭麟的學生）等許多相識、不相識的學人，在資料和信息方面都提供了積極的幫助。還有許多為此項研究、發表和出版提供幫助的朋友，在此請接受我誠摯的謝意。

沈衛威 2007 年 2 月 26 日於南京大學中文系

後記（二）

　　在寫作此書之後，我所完成的《民國大學的文脈》一書，實際是「學衡派」研究的繼續和深化。兩者之間的關聯，首先體現在史實的進一步發掘上，繼之才細化和明晰了民國學術史的幾個基本的問題。

　　借花木蘭文化出版社印行繁體字本之機，改正幾處明顯的錯漏，增補一些材料，並爲繆鳳林加寫了一節。

沈衛威

2014 年 4 月 12 日於南京大學